| 论 衡 |

# 知所先后

## 近代人事
## 与文献的考索

裘陈江　著

上海人民出版社

# 目 录

# 自　序

　　这本小书是我近十年来部分文章的合辑，文章风格大体偏于考证一类。我自己感觉做考证跟破案似的，揭示一篇文献的生命轨迹，验证一些成说或猜想，其间日拱一卒式的解密，甚至天缘凑巧般的好运，至今想来仍能带来无穷的乐趣。我不敢说对于考证有何心得，只是在编辑整合这部小书的过程中，重新翻看已经变成铅字的文字，不免回想起那些趣事，这些往往被隐藏在枯燥琐碎的考证文字背后了。

　　有几篇文章的写作，都与我的博士论文研究主题"孔教会"有关。比如朱祖谋、张尔田是孔教会在上海发起时陈焕章最为倚仗的遗老之二。尤其是朱祖谋，康有为指示陈焕章在上海创教时，就点名其与沈曾植是维新旧侣，可以援引。朱氏后来又成为孔教会的发起人，并为陈氏《孔门理财学》撰写跋语，加以鼓吹。而狄郁是孔教会刊物最重要的作者之一，在该会总部迁往北京后，更是其重要的参与者和主持者。但起初除了在孔教会相关文献得知二人参与外，由于朱祖谋留存多为诗词，难以解读利用，而狄郁又声名不彰，几乎没有相关研究，对其具体如何参与以及是否关联毫不知情。直到读到白敦仁先生的《彊村语业笺注》，发现《踏莎行　狄文子

1

客淮南过江见访》一词,白氏误将狄文子定为狄平子(狄葆贤),猛然想到"狄文子"很可能便是《孔教会杂志》中多次出现的"溧阳狄郁文子"。但这毕竟只是姓字的重合,并不足以确证,且已有文献也远不足以笺释《踏莎行》一词。就在兴奋和迷茫俱来时,偶然在华东师范大学图书馆的检索系统中,用作者信息查询"狄郁",赫然出现了"狄郁《七一斋文诗集类编》"的条目。于是立即赴古籍阅览室调阅,在翻看后发现诗集中有两首与朱祖谋相关的诗词,且从诗题一望可知。由此进行比勘考证,原来朱、狄二人从光绪初年便已订交,且尚有一"夷门十子"的文学圈存在。此前笔者几乎已查询了各种数据库和各大图书馆目录,均未有收获,谁能料想远在天边近在眼前的学校图书馆中竟然藏有如此关键的线索,回过头想或许是"天诱其衷"吧。

由此又想起我的一位老师曾经指点过考证的方法,他指出人和书是最重要的线索。故在作文时,我特别喜欢关注文献的生成、流传,以及对其中所涉人事的还原、追踪。有时候是由人及文,有时候则是由文及人。比如书中有关赵元益、张尔田、吕思勉、陈旭麓、陈三才诸文,多是因为对于人物的关注,而延伸到对其散佚文献的搜罗、考证。而有关张佩纶佚信、章太炎佚信、耆龄日记、陈恭禄史论诸文,则是通过文献的整理,延伸到所涉人事变迁的梳理。我自认性格褊急,然而发现整理文献往往有养气静心的效用,因此有些文章便是文献整理工作的副产品。

本书取"知所先后"为名，则是源自《大学》开篇所云："物有本末，事有终始，知所先后，则近道矣。"当然我并非自认有"近道"的企图，只是本书的内容多涉近代人物、史事和文献的考索，旨在定其时序、求其始末而已。书中所收文章，多以散佚文献和隐晦人事的考证入手。其中前一项工作我觉得近似于文物残片的修补缀合，通过找寻残片的边缘痕迹或原有纹路，使之与已知史事或文献相印证，以冀稍能发抉幽隐。而因为社会的变迁，往往以人物的升降为枢纽，因此后一项工作关注"人与人之离合，事与事之交互"，便自然成为钩沉历史的必由之路。

本书收录的文章，先后发表在《华东师范大学学报》《历史教学问题》《上海书评》《史林》《探索与争鸣》《文汇学人》《新闻出版博物馆》《中国出版史研究》等刊物。尤其是《上海书评》，本书中有近半数作品发表其上，其间有幸见证了她从纸质版到新媒体的转型。书中每篇文章从资料搜集到写作发表，都得益于众多师友的指正帮助，有的是参会评议，有的是编辑评审，有的是闲谈群聊，凡多一道工序，均是对拙文多一番造就，在此一并深表谢忱。

裘陈江

序于壬寅春夏大疫之中

# 变动时代士人升阶的常与异

科举制度自隋唐定制以来,成为天下士子升阶食禄的主要门径,也是社会流动的主要通道。到了晚清,自李鸿章辈感叹的"三千年未有之大变局",到甲午战败一变为士人口中的"危局",至于庚子、辛丑的世纪之交再变为重待收拾的"残局",这几十年的世局推移清楚地反映中国人的"智勇俱困"随着时间越陷越深重。[1] 若从士人升阶着眼,则这一时期内伴随着异途的百样新出,由科举出身的常道变得急遽拥挤和狭仄。因此,个人的际遇和命运稍有不慎不幸,其结局便可能天壤有别。本文讨论的是近代最重要词人之一朱祖谋与友人狄郁在晚清民初交往分合的始与末,同时希望以此二人前后命运之别延伸出对变动时代士人升阶的常态与异态的观察,从而更进一步看出这种变动导致的个人与时代之间的屈从和背离、应和与抗拒。

## "狄文子"考与朱祖谋早年诗文交友之始

朱祖谋作为晚近一代词宗,叶恭绰辑《广箧中词》评朱词

朱祖谋(1857—1931),原名朱孝臧,字藿生,一字古微,号沤尹,又号彊村,浙江归安人。光绪九年进士,官至礼部右侍郎,为清末四大词人之一,编有《彊村丛书》。

时曾赞云:"彊村翁词,集清季词学之大成,公论翕然,无待扬榷……彊村翁或且为词学之一大结穴。"[2]钱仲联《近百年词坛点将录》更称许朱氏"集天水词学大成,结一千年词史之局"。[3]故学界关于朱祖谋的研究主要集中于中年从王鹏运学词以后的词学成就(加上朱氏后半生留存史料颇丰,生平事迹也较为清晰)。但相较于中年之后,朱祖谋早年的事迹多隐而不显。朱氏去世后,夏孙桐和陈三立分别撰有《清故光禄大夫前礼部右侍郎归安朱公行状》和《清故光禄大夫礼部右侍郎朱文直公墓志铭》,对其早年的交友和诗学成就仅有片断记载,且语焉不详。而后世的研究,也未能就此问题有新的突破。本文是以朱祖谋辛亥年(1911年)的一首词入手,首次钩沉朱氏早年在河南的诗文交友经历。

辛亥年春,朱祖谋曾作有一首题为《踏莎行狄文子客淮南过江见访》的词:

> 腊雪欺梅,春灰沥酒。过江人落东风后。狂名消与短衣装,离心纷若长亭柳。
>
> 燕馆霜繁,梁园月瘦。卅年景物供怀旧。白头费泪与江南,乱花歧路愁时候。[4]

该词收于朱氏词集《彊村语业》,定为辛亥年第一首。词中可以得到如下信息:第一,上阕的"过江人"应是词题中的"狄文子";第二,当日狄文子客居淮南,过江造访朱祖谋,狄氏在江北,朱氏在江南;第三,这首词创作时间为辛亥年春。

然而词中的"狄文子"为何人?迄今只有朱氏词集的笺注者白敦仁提出过一种说法:"狄文子未详,疑即狄平子别署。平子名葆贤,字楚青,江苏溧阳人。又名高,名平,字平子。诸生,有《平等阁笔记》《平等阁诗话》,号平等阁主人。按平子报人,署名多变异,不知文子是其别署否,当再考。"[5]虽然白说仅是一种推测,但这一推测多为后来者沿用,如《朱彊村年谱》便一仍其旧,将白说径搬照引。实则"狄文子"并非"狄平子"别署,在历史中不仅确有其人,而且从该人物和朱祖谋这首词出发,可以钩沉出朱氏早年一段重要的交游经历。

据笔者考证,"狄文子"本名为狄郁,江苏溧阳籍。其存世的文集,名曰《七一斋文诗集类编》,收录《七一斋文集类编》上、下两卷,上卷分为论说类、记序类,下卷分为传志类、寄吊类、附录;《七一斋诗集》上、下两卷,上卷为古体诗,下卷为近体诗。这本诗文集为石印本,其印刷和发行均出自河南信阳文渊石印馆。从文集的自序中可知,出版于"中华民国五年夏时丙辰之岁五月中浣"[6](即1916年夏),由狄郁在豫南师范学校学生万凤楼等三人校对整理出版。[7]而狄郁本人在序末自署"溧阳狄郁文子自序",其《诗集》中录有两首寄赠朱祖谋的诗,与前文朱氏《踏莎行》一词在写作时间和内容上正好相符,由此可断定这里的"狄郁文子"即是朱词中的"狄文子"。

狄郁诗集第一首是古体诗,题为《将访朱大古微于姑苏先简以诗仿韩体》:

识君在艮岳,与子俱丁年。遭逢晤言契,结合文字缘。然膏每角艺,排闷时投笺。风诗摧匡鼎,杂佩贻董弦。吾党二三子,大都群屐翩。气豪隘湖海,行芳撷兰荃。梁苑冬赋雪,金池宵扣舷。在[8]虚信陵席,右拍洪崖肩。俊语竞相饷,古心还自鞭。高台缅清吹,精刹悦幽禅。觞政索掌故,灯谜钩心传。系马以隋柳,窥龙于洧渊。日酣眈游兴,山积唱和篇。人生得斯乐,俗虑良可捐。长承浚姝告,何羡班生仙。白驹瞬征迈,苍狗惊变迁。各牵生世计,屡醒别离筵。云乃与泥隔,胶徒投漆坚。大名胪唱沸,秘笈词曹研。骥足已千里,鲵生犹一毡。阔分三十稔,远哉九重天。中间历棋劫,同类嗟釜煎。蛮蛮发怼戾,衮衮襄狂颠。妖凭郭京术,毒饱李阳拳。锁钥北门脱,乘舆西狩骈。苌弘血流碧,杜宇魂泣鹃。奠鳖帝有诏,履虎臣无愆。守官卫钟簴,迎跸驱偓佺。回甘忆谏果,撤御辉金莲。圣学资传弼,秩宗让夷贤。网珊苴珠海,烹茗怀玉仙。征庸特科异,汲引微长偏。荐鹗终铩羽,活鲋频分泉。散材近庄叟,执讯疏赵宣。急棹退何勇,善刀藏更全。士方读疏奏,公辄归园田。吴会师表重,胥潮客程便。从闻隐寄处,倍亿贫交前。会慳道修阻,俦寡思邈绵。秋访沪轮左,春潮江

狄郁《将访朱大古微于姑苏先简以诗仿韩体》

月圆。(去岁八月抵苏,值公有沪上之行,故此简预约相待,期中和节把晤也。)宿草凄旧雨,横流痛齐烟。登堂但取醉,莫问霜毛鬑。

从诗题可知,狄郁作诗对象的"朱大古微",正是朱祖谋。当时狄郁得知朱祖谋在苏州,将欲拜访。而从诗末倒数第三联作者自注又可知,狄氏写作此诗的前一年八月曾赴苏州拜访朱祖谋,当时朱氏在沪,两人未能碰面。故此次狄郁先寄诗相约,以期在中和节——农历二月初二日与朱氏把晤。

所以这首诗的写作时间应为新年二月初二日之前,仅写作年份尚未确定。所幸狄郁《诗集》中还有一首近体诗,题为《辛亥人日立春寓邗上得姑苏朱古微覆函再简以诗》:

立春在人日,喜得故人书。雪舞扬州鹤,冰开笠泽鱼。草堂诗更寄,柳岸景方舒。相访须携手,登台吊阖庐。

该诗作于辛亥年(1911 年)人日——农历正月初七日,应是狄郁在邗上(即扬州)得到朱祖谋从苏州覆信之后,而这封回信很可能便是回复前文古体诗所谈来年相约之事。故前文古体诗大致可以断定作于辛亥年初,且是正月初七日之前。这首诗的末联"登台访阖庐"一句,"阖庐"即吴王阖闾,春秋时吴国定都苏州,故可知仍是将访朱氏于苏州一事。诗题中"再简以诗"的"再"字,也提示此诗应作于前引古体诗之后。且当时狄郁明确身处扬州,与朱词词题所言的"客居淮南"在时间和地点上均相吻合。

同时对照朱祖谋辛亥年前后的事迹:1904 年朱氏任广东学政,"乙巳(1905 年),以修墓请假离学政任回籍。次年,遂以病乞解职,卜居吴门。既而江苏创立法政学堂,聘为监督。"从此之后直至民国去世,朱氏主要"往来湖淞之间,以遗老终"。[9] 从上述可知,朱祖谋从广东学政卸任之后,卜居苏州,而且到民国往来于苏、沪、湖之间,这与上述朱、狄二人的诗词内容也相符合。

故前文朱祖谋《踏莎行》词题提到的"狄文子过江见访",应与狄郁此诗所言将欲拜访朱氏于苏州为同一事。且据狄诗可知,应共有两次过江造访,第一次庚戌年(1910 年)与朱氏失之交臂,故朱词与狄诗所共指的应为辛亥年(1911 年)的第二次拜访,而这一次苏州之行朱、狄二人终于晤面。以上通过对朱、狄二人三首诗词往来的时间、事件稽考,可以断定朱祖谋词中的"狄文子"为江苏溧阳籍的狄郁。故在确定"狄文子"的身份,以及庚戌、辛亥二年朱、狄二人诗词往复和晤面的史事之后,应有必要对狄郁身世和生平事迹作进一步考察。据现掌握的资料,狄郁(1855—1932[10]),原名毓乡,字文子,号七一子,又号杏南,江苏溧阳人。其祖为道光进士,累官至甘肃兰州道。其父在清末曾任过河南祥符和汝阳两任知县,故狄郁曾随父寄寓在开封、汝阳两地[11]。据孙履安《京尘杂忆》记载,孙氏兄长曾"摄祥符县篆,延狄司书启,"狄郁在诗文集中亦自称游幕四方。在清末新政时期,狄郁在河南地方参与过教育、出版等事业,创办过近代河南第一份私人刊物《与舍学报》,并任豫南师范学校教员。到民国时,狄郁还作为孔教会机关刊物——《孔教会杂志》的主要撰稿人,并充任孔教会创办的孔教大学教员乃至总务长。同时又因其诗曲之名,为王瑶卿等写过《儿女英雄传》等剧本,与名伶多有交往。狄郁留下的著作,主要有《七一斋文诗集类编》《诗说标新》《读左抉要》等。

## 朱、狄交谊的分合与仕途的分叉

在明晰"狄文子"大致生平后,则可进一步解析前文所提朱、狄二人三首往还诗词的本事,以钩沉二人自光绪初年开始交游的史事。从内容上看,前引狄郁《将访朱大古微于姑苏先简以诗》一诗最为丰富,可以解读的细节也最多。诗中首联"识君在艮岳,与子俱丁年"一句,所指的便是二人结交的时间与地点,即为河南开封,当时均仅为成丁之年。狄郁时随父任官开封祥符县,而朱祖谋则因浙北天平天国之事,在咸丰末年举家随其父朱光第游宦于河南。因此,从后来留存文字看,虽狄郁一贯自署江苏溧阳籍,但其成长、活动的经历大多在河南。故很可能当时朱、狄二人因其父均宦游开封,加上朱祖谋与狄郁学行、身份亦均相等,而由此相识交友。朱氏出生于 1857 年,狄氏出生于 1855 年,按相识之日以光绪初年计算,二人均为 20 岁左右,年龄亦极相仿佛。故两人大体应在光绪初年,至少光绪五年(1879 年)十月以前在开封订交。[12]

之后该诗中记载二人自因"晤言契"而结"文字缘",从此"角艺""投笺""灯谜""风诗"、畅游等等,可见少年意气风发之态与友朋气味相投之乐。而在狄郁《文集》的论说类前六篇,文末均有点评,似为同一时期所作。其中第五篇《冯谖为孟尝君市义论》,末有署名"古微朱祖谋"的评点:"论古不迂,以今日立宪时代专重民权之学说亦复吻合,是为通人之文,其用笔一波三折,伸缩自如,尤开后贤无限法门。"这篇论说列于文集开首六篇之一,可以作为朱、狄二人"文字缘"的证据。[13]不仅如此,诗中"吾党二三子"一联,更可确定当时同游的应不止朱、狄二人。1996 年出版的《古都艺海撷英》收有书画家萧劳父子回忆的《兰陵忧患生其人》一文,其中提到其父祖萧亮飞早年曾参与包括狄郁、朱祖谋在内的诗坛交友圈,原文云:

> 兰陵忧患生,姓萧,初名湘,继名遇春,字雪蕉、亮飞,后以亮飞为名,别号髯翁、遇园及兰陵忧患生。原籍广东梅县,寄籍河南开封。祖父萧保仁,因战功,于同治年封世袭云骑尉。父萧承恺曾任河南巡抚衙门幕僚,工

诗,著有《补目耕室诗草》。雪蕉先生生于河南开封,工诗词、书法。青少年时与当地文人朱祖谋、黎乾、狄郁、何家琪、黎承忠、何鋆、金绶熙、李葆恂、冯瓒等酬唱诗坛,时人称为"夷门十子"。〔14〕

且据笔者所查,狄郁诗集中便留有与萧亮飞交往的史料。《七一斋诗集》录有《乱后喜晤萧髯云都门饮次吟赠》二首,诗题中的"萧髯云"可推断即是萧亮飞。〔15〕此诗题名曰"乱后",诗中狄郁回忆辛亥年二人均在南京遭战乱,几濒于死。故此诗应作于辛亥后不久,狄、萧二人在京城相遇,回忆三十年前交友情形(狄郁于诗中自注:三十年前赠诗),而诗末作者感叹"夷门旧侣半摧凋"。〔16〕而此"夷门旧侣"正是"夷门十子",且"夷门"指代的正是开封。〔17〕由"二三子"以至于"夷门十子",更可回想当日朱、狄等人诗文交友的情景。

但是以朱祖谋和狄郁为主的诗坛圈子并未能持续多久,在科举时代,得获青衿以至天子门生乃是士子前途升阶最重要和常见的出路。狄郁诗中称许朱祖谋"大名胪唱沸,秘籍词曹研",所指的便是朱氏于光绪九年(1883年)会试中二甲第一名传胪而一步登天,〔18〕此外又随王鹏运学词,虽在词学上半路出道,但终成为一代词宗。相较于朱氏科场、词坛所谓"骥足已千里"的双双得意,狄郁的遭遇则并不顺利,"鲡生犹一毡"一句指的便是自身位居低微。据为狄氏出版诗文集的学生万凤楼后来回忆:"狄文子早年曾拒绝参加科举考试,成为清末的名士,深得时人钦重。"[19]而陈铭鉴为狄郁所撰的墓表中虽未有狄氏明确拒绝参加科考的记载,但也承认其名士派头,而狄氏文名确也曾被先后在河南担任河道总督的曾国荃和许振祎器重。[20]总之,不管是拒绝科举考试,还是试而不第,狄郁应是未曾在科场有所斩获。

故从本文关注的士人升阶着眼,则科举一途的成功与否,直接导致了朱祖谋与狄郁二人命运的分叉。晚清的中兴名臣曾国藩直到中进士(道光十八年,即1838年)、入翰林后,才逐渐认识到科举时文之外还有一个学问的世界,故家中子弟科名早晚始终是其家书中关心的重点。曾氏也庆幸自己早得科名,少受科考耗费青春心智之害。[21]考取功名的早晚,在曾国藩看来直接关系士人学术和功业的顺逆。但是在经历19世纪中期,特别是太平天国之后,科举制度本身以及连带举子晋身的路径已发生巨大变化。首先是因政府为扩充军费鼓励各地报效军饷,其中重要的一个诱饵便是扩大学额,即增加乡试及以下的秀才、举人录取名额。在结果上,这种加额看似使得考取的机会变大,但造成了更上一级考试的拥挤,毕竟会试名额未有扩大。同时大量士绅的造就,也导致出路更为拥挤。其次,同样是出于军费需求和军功奖励,太平天国的兴起也导致异途出身的人数急遽增加。捐纳和保举不仅导致异途出身人数的增加,而且在获取官位等升阶之路上,往往打破了原来相对稳定的候补时间和任官秩序。因此对于 1850 年代出生的朱祖谋和狄郁而言，面临的是一种科举制度变态后的新常态，一种异途已成为常见入仕门径的新局面，其处境与际遇比曾国藩时来得更为艰难。

不过朱祖谋幸而早得功名，此后沿着进士、翰林、考差、六部流转而缓慢循例升阶。与之相比，狄郁显然没有这样的际遇，其一生命运和经历尤其颠沛而曲折。据前揭狄氏辛亥诗以及其学生万凤楼的回忆，终其一生未得青一衿。故狄郁前半生涯大多是传统不第文人的游幕四方，据其留存的文字可知，曾辗转游幕河南省内多地以及北京、天津、镇江、扬州等多处。狄氏在《四十九初度自寿诗》曾叹："百岁光阴半逝波，知非奈我未能何。壮怀忽忽愁中尽，生日年年客里过。"[22]据狄郁生年推断，此诗当作于 1904 年，狄氏感叹半生已过，"壮怀愁中尽"，因游幕而"生日年年客里过"。第二年元旦又作《乙巳元旦》一诗，其中感慨自己乃是天涯"孤客"。[23]在游幕经历中虽也曾获得些微称许，但终究如其为老友桐柏宁君所作传文自况，乃是"老大风尘"，[24]混迹在官场底层。因此所谓"阔分三十稔，远哉九重天"，也是狄郁自感与朱祖谋后来在身份和距离相隔犹如云泥。

自狄郁与朱祖谋结交，再到二人因前程各异而"阔分三十稔"，这段时间恰是有清一代最为激荡变动的时期。但此三十年间，由狄郁这首《将访朱大古微于姑苏先简以诗》长诗中可以看出狄氏对于朱祖谋的重要事迹了如指掌。朱氏在近代词学上的地位和贡献已毋庸多言,但在政治上的作为也仍有几笔颇值得书写。1900 年,时当义和团与董福祥军围攻使馆不下,西太后在明文与十一国宣战之前,召开过数次御前会议。当时和战虽仍在争执,但端王载漪一方极为蛮横高亢,朱祖谋虽仅身为文学侍从之官,却跪奏直陈不可言战。狄郁诗中"郭京术""李阳拳"二事指的便是义和团,而尤其"回甘忆谏果"一句,本事即为朱祖谋直谏,所幸的是朱氏未遭严惩。[25]当后来两宫自西安回銮,朱祖谋的直言敢谏反而得到朝廷器重,1902 年任礼部右侍郎。因此在 1903 年清廷重提经济特科旧事时,当时狄郁也由朱祖谋荐举而获征召,似乎获得入仕的新转机。但在陈铭鉴所撰墓表中称:"癸卯,以侍郎朱祖谋荐召试经济特科,已中选,会慈禧太后有违言,不见用而罢。"[26]癸卯年经济特科,据掌故家高伯雨研究,当时内外大臣保荐的共有三百七十余名,但有不少人才不肯被保举,[27]也有视其为非正途者,故实际参加考试的人数已无法统计。[28]而狄郁墓表记载的"慈禧太后有违言",指的便是梁士诒被误作"梁头康尾"的闹剧。同时这次特科的选试,虽清廷目的在网罗人材,但结果却草草了事,所得人材极少,而应试入彀者的出路也不尽人意。不过如上文狄郁生平记载,因清末新政的实行,既然士人升阶之路早已花样新出,故在新政的诸多事业中也看到了狄氏的身影,其在河南地方便参与过教育、出版等维新事业。可见在与朱祖谋不同的阶梯上，在河南当地，狄郁还是获得了相当的地位。

1904年，朱祖谋放广东学政，其在任上对当时科举纠弊等事务擘画甚多，但由于当时两广总督岑春煊在清末有著名的"屠官"之称，岑氏自命秉性戆直，加上庚子年对西太后有保驾之功，颇受宠幸。朱氏在广东学政任上与岑春煊龃龉而自退，也可见其为人正直，不趋炎附势。因此狄郁赞其乃是"急棹"勇退、"善刀"全藏，得"归园田"也未尝不是善局。最后，狄郁长诗中的"吴会重师表"，指的便是1908年朱祖谋卜居苏州数年之后，任江苏法政学堂监督一事。正由于朱氏急流勇退，后隐居吴会。而狄郁在庚戌年（1910）也已寄居扬州，二人一水之隔，于是有了再会之期。而朱、狄二人在三十年后的辛亥会见，就狄郁而言，已由年少"气豪"而"老大风尘"；对朱祖谋来说，则是从热心时局到归隐江南。〔29〕可谓世易时移，沧海桑田。

## 余　　论

由狄郁《将访朱大古微于姑苏先简以诗》一诗可知，朱祖谋早年在河南与狄郁在内的"夷门十子"文字结缘，织成了一张朱氏光绪初年在河南学诗、交游的网络。同时对照辛亥年朱祖谋的《踏莎行》一词，也可探知朱、狄二人三十年交情全落实在二人往还诗词之中。朱祖谋早年原已有一定诗

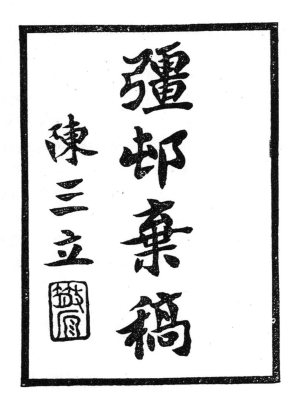

**朱祖谋《彊村弃稿》**

名[30]，至中年方转为作词。现存《彊村遗书》中的《彊村弃稿》便是朱祖谋晚年手定诗集，其中多为早年学诗的成果。据朱氏传人龙榆生所言："先生自庚子秋与半塘翁（王鹏运）以歌词相切磋，遂矢力倚声之学，不复措意于诗。原有《玉湖跌馆诗存》删汰几半，国变后所作尤少。"[31]在近人词作中，朱祖谋师法梦窗词，故词作多以晦涩难解著称。故《弃稿》诗中虽多为少作，但若据陈寅恪论诂释诗章提出的"考证本事"与"解释辞句"两要点，以考证今典尤为切要，也尤为不易。故本文讨论所及的朱、狄二人乃至"夷门十子"的交友圈，均有助于朱诗本事的考证和理解。

此外，细究晚清数十年变局之中朱祖谋和狄郁的交游，以升阶之路和后来地位计，二人由早年结交的同而变为异，甚至有云泥之别。但到辛亥鼎革，二人际遇则又异一变而为同。其中一面是二人在辛亥年春山雨欲来、大厦将倾之际的会面，流露出在鼎革未发之前对时局的敏感和担忧。另一面是辛亥鼎革之后，民初官方开始的废孔废经之举，使得自清末开始的倡议纷纷见诸行事。传统儒学制度化的凭借，如科举、法律、礼仪及皇权，到民国全部消失，造成了士林中部分群体的恐慌和反对，因而有孔教会等尊孔组织的大量出现。而如前言，在民国后，狄郁活跃于孔教会宣传和办学之中，朱祖谋则以遗老自守，更是孔教会最初在上海发起人之一[32]，由此也可探知二人在民初政教问题上心迹之相合。故后人谈及朱祖谋，尤其晚年心境，则认为"（《彊村语业》)中几乎是每一首词,都隐含家国的深痛"。[33] 而与朱氏更为亲近的张尔田在朱氏去世之后,也多次与龙榆生通信讨论朱词之本事,其中有云:"古丈词,故国之悲,沧桑之痛,触绪纷来,一篇之中,三致意焉。有不待按合时事而知之者,笺注本事,勿以现代之见,抹杀其遗老身分,斯得之矣。"[34]

## 注释

〔1〕三个"局"的论述,参见杨国强《衰世与西法——晚清中国的旧邦新命和社会脱榫》自序,中华书局,2014年。

〔2〕叶恭绰选辑:《广箧中词》,人民文学出版社,2011年,第225页。

〔3〕钱仲联:《近百年词坛点将录》,见《梦苕庵清代文学论集》,齐鲁书社,1983年,第160页。

〔4〕朱孝臧辑校编撰,夏敬观手批评点:《彊邨语业》,《彊村丛书》第十册,上海古籍出版社,1989年,第8264页。

〔5〕朱孝臧著,白敦仁笺注:《彊村语业笺注》,巴蜀书社,2002年,第243—244页。

〔6〕狄郁:《七一斋文诗集类编》序,河南信阳文渊石印馆,1916年,第2页a。

〔7〕狄郁:《七一斋文诗集类编》序,第1页b。

〔8〕原书作"在",应是"左"字之误。郭璞有诗:"左挹浮丘袖,右拍洪崖肩"。

〔9〕夏孙桐:《清故光禄大夫前礼部右侍郎归安朱公行状》,卞孝萱、唐文权编《民国人物碑传集》,第625页。

〔10〕狄郁生年,据狄氏1929年为孔教会会长陈焕章之母所撰《寿筵讲义》(见《高要陈母寿言》,自印本)当时署名"溧阳狄郁文

子,时年七十有五",可推知应为 1855 年。卒年据陈铭鉴《狄杏南先生墓表》记载,为民国廿一年(1932 年),见陈铭鉴《啸月山房文集》卷六,1937 年刻本,第 11 页 b—第 12 页。

〔11〕狄郁生平主要依据以下三份重要史料:陈铭鉴《狄杏南先生墓表》。孙履安《京尘杂忆》,江苏省剧目工作委员会编印,1957 年,第 40 页。万诚吾遗稿,韩三洲整理《我在"五四"运动前后——同恽代英等人在一起的回忆》,《河南文史资料》,1985 年第 14 期,第 145 页。

〔12〕"光绪五年十月"一说乃据朱祖谋父朱光第的任官轨迹而断定,据陈三立为朱父所撰墓表记载,朱光第赴开封前,长期在安徽萧县担任刑名幕僚长达二十余年。朱光第自咸丰末年离开原籍湖州,避乱江淮间的萧县。此后朱光第于萧县因帮助抵挡捻军侵扰的军功而晋秩,后以候补知州分发河南。而朱光第到河南之后,仍常被委任按事谳局,而"故事,谳居辖首府",故这段时间朱祖谋应随父在开封。陈三立所撰墓表还记载:"(留河南之后)寻补授邓州……居三年,州以大治。"据光绪六年夏和七年夏《缙绅全书》记载:"(河南邓州)知州,加一级,朱光第,浙江归安人,监生,五年十月补。"故朱祖谋随父任官开封的时间大约是光绪初到五年十月以前短短几年之间。

〔13〕《七一斋文集类编》《论说类》,第 6 页 b。不过朱祖谋评语的用词,如立宪时代、民权等,时代似应明显晚于光绪初年,姑且存疑。

〔14〕柳芗《兰陵忧患生其人》,见《古都艺海撷英》,北京燕山出版社,1996 年,第 330 页。

〔15〕狄郁诗中有"当年惨绿少年萧,鬓已如云尺五飘"一句。

〔16〕《七一斋诗集》下,第 8 页 b,《乱后喜晤萧鬋云都门饮次吟赠》。

〔17〕夷门,典出《史记·魏公子列传》:"魏有隐士曰侯嬴,年七十,家贫,为大梁夷门监者。"《史记》第七册卷七十七,中华书局,1963 年,第 2378 页。夷门乃战国魏都城的东门,后泛指城

门,亦成开封别称。

〔18〕顾廷龙主编:《清代朱卷集成》第55册,成文出版社,1992年,第269页。

〔19〕万诚吾遗稿,韩三洲整理:《我在"五四"运动前后——同恽代英等人在一起的回忆》,《河南文史资料》,1985年第14期,第145页。

〔20〕陈铭鉴《狄杏南先生墓表》,《啸月山房文集》卷六,第12页a。

〔21〕曾国藩:《曾国藩全集》第20册,岳麓书社,2011年,第77页。

〔22〕《七一斋诗集》下,第2页b。

〔23〕同上书,第5页a。

〔24〕《七一斋文集类编》,《传志类》,第11页a。文中言"今遭国难",且亦回忆与宁君三十年前订交,故可知此文应作于辛亥年前后。

〔25〕朱祖谋直谏事,参见李岳瑞:《悔逸斋笔乘》,山西古籍出版社,1997年,第157—161页;吴永口述,刘治襄笔记:《庚子西狩丛谈》,中华书局,2009年,第16页等。

〔26〕陈铭鉴《狄杏南先生墓表》,《啸月山房文集》卷六,第12页a。

〔27〕狄郁学生万凤楼的回忆中,将此事比作"博学鸿词科",称狄郁不曾应征召,而获得了更高的清誉,当时有"狄征君"之美称。见万诚吾遗稿,韩三洲整理:《我在"五四"运动前后——同恽代英等人在一起的回忆》,《河南文史资料》,1985年第14期,第145页。

〔28〕高伯雨:《听雨楼随笔》,辽宁教育出版社,1998年,第54—55页。

〔29〕朱祖谋在清末庚子之后,对于时事颇为留心,多次上疏言事。参见夏孙桐:《清故光禄大夫前礼部右侍郎归安朱公行状》,卞孝萱、唐文权编《民国人物碑传集》,第621—625页。

〔30〕夏孙桐《清故光禄大夫前礼部右侍郎归安朱公行状》记载云"少以诗名,孤怀独往,其蹊径在山谷、东野之间"。卞孝萱、唐文权编《民国人物碑传集》,第625页。

〔31〕朱孝臧辑校编撰,夏敬观手批评点:《彊邨弃稿》龙榆生跋语,《彊村丛书》第十册,第 8399 页。

〔32〕陈焕章:《孔教会开办简章》,《孔教论》,商务印书馆,第 100 页。

〔33〕刘太希:《无象庵杂记(续集)》,正中书局,1975 年,第 316 页。

〔34〕张尔田:《四与榆生论彊邨词事书》,《词学季刊》第 1 卷第 4 号,第 195 页。

# "输入泰西医学之一大关键"

## ——赵元益的译书事业

上海作为近代最早的开放口岸之一,是西方器物和思想引入中国的桥头堡。尤其在晚清庚申和甲午两次大败之后,时人称"天津之约成而西籍内输,马关之和定而东文中渐。"[1]格致新学大量输入国内,西方医学也作为新学之一被引入中国,以江南制造局翻译馆赵元益为代表的一批旧学根基深厚、精熟中医医理的知识分子参与其中,为中西医学的会通构架桥梁,居功至伟。

不同文明交流的初期,互通互译必是最重要的沟通方式。即使到了民国时期,如1925年8月15日,时任教育总长的章士钊在《创办国立编译馆呈文》追溯晚近以来的译书历史,依然推崇江南制造局翻译馆的译介工作,"昔徐建寅、华蘅芳、李善兰、徐寿、赵元益、汪衡辈,所译质力天算诸书,扬徐李之宗风,贯中西之学脉,字斟句酌,文义俱精;由今视之,怳若典册高文,攀跻不及。"[2]其中医学领域,虽有合信等传教士十九世纪五十年代在广州翻译《全体新论》等西方医药书籍,但稍后江南制造局翻译馆的译者中,赵元益无疑

赵元益

是最重要的人物,正如其弟子丁福保评价乃师的翻译工作"为输入泰西医学之一大关键,至今学者犹宗师而俎豆之"。[3] 而陈邦贤《中国医学史》也称赵译使得"西洋的医学的输入,有一日千里之势。"[4]

# 家 世 生 平

赵元益(字静涵),生于清道光二十年六月二十八日(1840 年 7 月 26 日),卒于光绪壬寅十一月二十五日(1902 年 12 月 24 日),江苏新阳信义镇(今昆山正仪)人。[5] 据江阴金武祥为赵氏家传集《新阳赵氏清芬录》所撰序言可知,赵氏为吴地名家,"敦善隆礼,比五世不陨厥声"。[6] 其先世自杭州移居上海,后又迁往昆山,最后定居新阳信义镇。

始迁至新阳信义的是赵元益高祖赵昶(1716—1795),字东嘉,号二知。起初受父田产五十亩,与同母兄弟二人均以孝悌出名,后一同迁居信义。赵氏以店业营生,力行节俭,中年后渐渐富裕,成为当地著姓。殷实之后,赵昶在地方文教和慈善两方面出力尤多。据家传记载,其"雅慕范文正遗风,有创建义庄之志","遇贫族婚丧事,即出资襄助;有清明无力祭扫、岁暮不能举火者,酌给钱米。至里邻亲串间有实贫之户,无不暗为赒恤。"[7] 赵昶少时好学,因早孤而辍学,但仍考究宋儒性理之学,至老弥笃,其乐善好施,也源自修齐治平之说。尝语人曰:"为善最乐,而为善必先读书。"[8] 亲族子

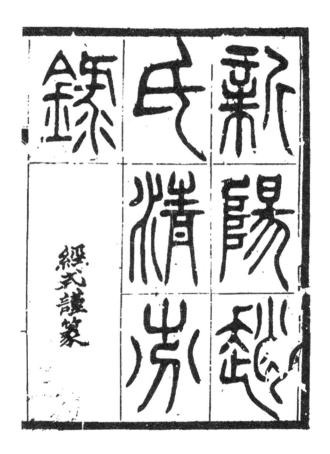

《新阳赵氏清芬录》

弟中，凡见有失学者购书籍，具脩膳，延师督课。到了光绪年间曾玄孙辈（即赵之骧、赵元益两辈）时，仍仰承其遗志，增置义田，足见门风传世。而赵昶也得江苏巡抚表彰，建庄立祠，春秋致祭[9]。曾祖赵青来（1755—1818），字宸望，号腺庑，赵昶次子。乾隆丙申年（1776），入新阳县学，为附贡生，此后累试不第，因父年高，兄长病殁，家务繁冗而放弃举业。其师事同乡翁仁发（号澹园）、魏思陞（名模）两位先生，博综经史，务为根柢之学。其中，翁仁发在乾隆七年62岁时由刘墉拔置第一，士林钦佩。翁氏攻儒外，兼工医理。[10]赵氏孝悌，长兄病故后，抚养寡嫂孤侄。晚年儿孙林立，于舍旁增拓三楹，额曰"高斋"，购书万卷，延名师设教。赵青来品谊纯粹，专务实行，不求名誉，在当地颇具清誉。[11]

两代购书劝学的家学氛围浓厚，至祖父赵文彬，于嘉庆癸酉年（1813）中举人。赵文彬（1780—1837），原名安止，嘉庆甲戌会试时改为文彬，字汇珠，号兰溪，又号觉松。幼聪颖，读书数行俱下，从同里魏思陞、徐西亭两先生游，二人曾是昆新当地"星溪诗社"的后起之秀。[12]故"经史子集靡不毕览，于《选》理尤精熟"。[13]道光丙戌（1826），以举人身份获大挑二等，担任徐州丰县教谕。任职期间，于当地文教贡献甚多，其主张"黉舍之兴废，系文风之盛衰，转移文风，学官责也"[14]，提倡捐俸禄修缮学宫，而对"无力从师者，不取修贽，朝夕督课，谆谆以敦品立学为训，培植士类，造就良多"。[15]因病离职之时，当地数百人送归，泣哭惋惜不已。

新阳当地,赵文彬与其师魏思陖并称有清以来品学最著之二人。去世后留下著作十数种,经兵燹散佚,仍留有文集二卷、赋一卷、诗稿三卷等。可见,赵文彬是新阳赵氏文名鹊起的关键人物。

父赵之骥(1804—1847),文彬次子[16],原名鸾书,字穆仲,号云卿。家传称,其资性过人,伟躯干,寡言笑,年十八中秀才,道光己丑(1829)补廪膳生,甲午(1834)中举人,第二年会试时本已选中,后因名额超出而被裁去,主考潘世恩(潘祖荫祖父)大为惋惜,命将其试卷钞录示众,以彰其名,同时延请其担任家塾教师。赵之骥会试失利后,仍被挑取担任誊录,留京供差,为来年会试准备,不幸母亲病故南归奔丧。到甲辰年(1844)会试,虽被推荐,惜未中进士,获大挑一等,担任东河河工即用知县,在任颇受上司器重。丙午(1846)冬回籍扫墓,第二年丁未正月到省城苏州准备再次参加会试,因湿阻气虚而止,至十月初三日竟以脚气冲心去世,年仅四十四岁。未展长才,时论惜之。赵之骥先后娶过两位夫人,赵元益为继配夫人华氏所生。[17]

影响赵元益一生的发展轨迹,则不得不提到其外祖金匮荡口华氏家族的情况。华氏是无锡当地望族,人丁兴旺且家道富庶,尤重文教,"藏书甚富"。赵之骥英年早逝,赵元益年方八岁。从赵之骥后期经历来看,可知父子相聚时间极为短暂。而赵元益的出生情况,在其表弟华世芳(1854—1905,字若溪)所撰的《表兄赵静涵小传》记载甚详,"信义距余家荡口

27

仅一日程，余姑时归宁而痁忽作，以是兄即娩于余家……时东河君方会试不第留京师，旋大挑一等以知县分发东河，故余姑恒依余王父母以居，而兄朝夕侍侧，得余王父母欢。”[18]可见，赵元益出生于华家，此后也成长在华家。父去世后，赵元益随母回到外祖父家，并跟从老师读书学习。据华世芳称：“余王父母暨余父母以兄之早失怙也，爱之尤挚，故教之益勤。”[19]华世芳提到的祖父即赵元益的外祖华沛恩，父亲即赵氏舅父华翼纶。同时，母亲也谆谆教导赵元益以读书为业，到二十岁（应是1859年）便考中秀才，从此益发奋力学。赵元益成长过程中，家学熏陶极为关键。外祖父华沛恩，号味莼，又号琴樵，为贡生，精通医术，家藏“灵素以来医书百十种”，并亲手校录，赵氏自幼便习见外祖父疗治病人。鉴于母亲染病，辛酉年（1861）为庸医所误而卒，赵元益“乃发箧治医方，尤笃信张仲景之法，为人治疾有奇效，名噪一时，远近争求之”。[20]赵氏医术可以说得外祖父真传，且医德高尚，“能活人而不索贿”[21]。而舅父华翼纶（字赞卿，号篴秋）的影响，则更为直接。华翼纶生于嘉庆丙子年正月二十七日（1816年2月24日），道光甲辰（1844）恩科顺天乡试举人。[22]担任过江西永新知县，当太平军进攻苏南时，组织乡里团练有效保卫荡口镇，而获朝廷奖赏。华氏文学书画造诣颇深，“私淑归有光、方苞、刘大櫆、姚鼐诸人，独好其文，复与侯桢、秦缃业等以古文相切摩，其为文原本诸子，折衷宋儒，理奥以精，文闳以肆”，留下《荔雨轩文集》等著作；其“为

文及诗画皆磊落有奇气,尤工画山水,气韵雄放,直入元人之
室"。[23]赵元益成家后搬离华府,舅父华翼纶有诗送之,依
依难舍、情真意挚,足显同居四十载甥舅之情,亦可推想华氏
对于赵元益人格、学问的造就。

前面提及华翼纶曾参与清军与太平军在苏南的战事,值
得注意,战乱对于江南及上海,对于荡口华氏和赵元益本人
都产生了巨大影响。战乱和破坏,使得传统时代江南的中心
城市(苏杭)衰落,而上海因缘际会快速崛起,大踏步成长为
近代化国际性的大都市。长达十多年的战乱中,大量难民避
入上海租界,江浙两省绅商士庶丛集沪城,人才和资本向上
海集聚,也带来了深刻的社会变迁。这一过程中,华翼纶虽
一度率领团练使荡口镇未被攻破,但战乱爆发不久,赵元益
已随华氏移居上海,只不时往来上海、荡口之间。此间,苏南
旧家的藏书大量散出市上,赵氏不惜典当财物购置大量珍
籍,留心校读整理,为其后来父子两代(与长子赵诒琛)成为
藏书名家奠定基础。内乱被平定后,与此前遭遇的庚申之
变,对当时中国社会的冲击、震撼,可谓前所未有。当时几乎
"无人不为自强之言",其直接手段便如曾国藩所言"师夷智
以造船制炮"。同治四年(1865)成立的江南制造局,即意在
学习洋人"机巧之器","以成中国之长技"。[24]至同治七年,
李鸿章会同曾国藩奏陈江南制造局情形时,特别提到:"另立
学堂以习翻译,盖翻译一事,系制造之根本……本年局中委
员于翻译甚为究心,先后订请英国伟烈亚力、美国傅兰

雅[25]、玛高温三名,专择有裨制造之书,详细翻出。"[26] 不仅学习器物,还要懂得其中制造原理。随着洋务运动的开展,学习西方的内容步步深入,这也是赵元益进入江南制造局翻译馆的前史。

由上述赵元益的家世及其遭遇的近代变局可以看出,新阳赵氏和金匮华氏均为江南一带素负名望、引领风气的书香门第,正如金武祥为《新阳赵氏清芬录》序言所提及:"观其(新阳赵氏)孝友节义,足为人范,睦姻任恤,积厚流光,而乐志典坟,究心根柢之学,著书满家,尤好辑刊古籍及有用之书,即近时风气大开,静涵先生随使出洋,又久在沪译书,与西儒相讨论,而其宗旨又确守正学,不惑歧趋,不磷不缁,兀为中流砥柱。"[27] 金氏对赵元益的推崇,不仅在其翻译新学,重点还在其旧学与守正。而开新与守正并举,正与其家世密不可分。

## 译 述 新 知

赵元益进入江南制造局是在"同治己巳年"(1869),也就是翻译馆成立的第二年,由其表兄华蘅芳引荐。赵氏平日兼治算学,因此华氏进入制造局翻译算学著作后,便邀请表弟到局从事校译工作。

在江南制造局翻译馆的发展历史中,无锡华蘅芳、华世芳昆仲,徐寿、徐建寅父子,是众所周知的中国翻译家代表。

清末时,无锡杨模曾编纂《锡金四哲事实汇存》一书,表彰四人翻译西学的贡献。其中称华蘅芳"承名父之业,壹意掔精理数之学,淡于荣利,布衣翛然,平生受各大吏知遇,币聘争先,未尝一涉宦途,暮年归隐,惟以陶育后进为事,诗文古学,各有专长,而世独尊为畴人专家"。[28] 所谓名父指的便是赵元益的舅父华翼纶。华蘅芳自幼长于家境学术悠长的家庭,十四岁时"见插架有程大位《算法统宗》残帙,读而好之,中列飞归等题,世俗所谓难能者,不数日而尽通其法。时故员(指华蘅芳)之父方家京师,因购求《数理精蕴》及《九章算术》等书,命之肄习,由是所学益进。嗣从无锡邹岁贡安邕游,得读秦九韶、李冶、朱世杰诸家之书,豁然通天元四元之术,校补术数书九章,凡数百字皆宋景昌校勘记所未详者。咸丰初,西人开墨海书馆于上海,代数、几何、微积、重学、博物之书次第译成。是时西学初入中国,钩辀诘屈,读而能解之者寥寥无几,故员独潜思冥索,洞烛扃钥,能推阐而发明之。"[29] 此后又与徐寿一同讲求博物之学,于声光化电各学互相讨论研习。咸丰十一年(1861),因"研精器数,博涉多通",与徐寿同由曾国藩推荐,入其麾下效力,在安庆期间,与徐寿一起建造了中国第一艘近代轮船"黄鹄号"。太平天国战乱平定后,上海设立江南制造局,华蘅芳直接参与建造工厂、安置机器等事业。翻译馆开馆后,与徐寿分门担任翻译笔述,华氏担任算学、地质一类。在上海先后居住近四十年,译成西书十二种,一百六十卷。还先后在格致书院、两湖书院、竢实学堂等担任教职,承学之士,闻风兴起。其翻译的科学书籍,东南学子,几乎家有其书,于西学东渐可谓功不可没。[30]当时,主要担任翻译之一的洋人傅兰雅在《江南制造局翻译西书事略》中称:"溯江南制造总局设馆翻译西书之事,起于西历一千八百六十七年冬。成此一举,藉无锡徐、华二君之力为多;盖当时二君在局内为帮办之员,志尚通博,欲明西学。"[31]而华世芳也在兄长华蘅芳影响下,阅读其秘藏书籍,对算学兴趣浓厚,也加入江南制造局翻译馆,在算学翻译及教学上颇费心力。[32]赵元益则与之类似,由于算学方面的基础,加上表兄弟关系,被华氏引入江南制造局翻译馆,担任笔述工作。

赵元益进入江南制造局前后,该局已进入快速发展时期。上文提到,同治七年(1868)时已设立翻译馆。[33]到光绪元年(1875)十月十九日,时任江苏巡抚李鸿章和两江总督沈葆桢联合上《上海机器局报销折》,详细汇报了制造局的情形,其中称:"窃自同治初年,臣鸿章孤军入沪,进规苏浙,辄以湘淮纪律参用西洋火器,利赖颇多。念购器甚难,得其用而昧其体,终属挟持无具。因就军需节省项下筹办机器,选雇员匠,仿造前膛兵枪、开花铜炮之属,上海之有制造局自此始。其地为各国官商荟萃之场,其人皆有炫奇斗巧之智。一名一艺,奔凑争先,孰楛孰良,见闻较捷,取彼之长益我之短,自强之基莫大于是。"这与曾国藩所言"师夷智以造船制炮"正是同一个意思。奏折中还列举了制造局五项大的事业,包括轮船、枪炮、火药子弹等军工事业,已经能够制造机器,也有很多近乎民用的事业,如镕铜、炼铁、印书、印图等业务,同时增建厂房,"经营近十年,而后规模粗具"。奏折特意提到"翻译课士"一事:

> 西法兼博大潜奥之理,苦于语言文字不同,将欲因端竟委、穷流溯源,舍翻书读书无善策,该局陆续访购西书数十种,厚聘西士,选派局员,相与口述笔译,最要为算学、化学、汽机、火药、炮法等编,固属关系制造,即如行船、防海、练军、采煤、开矿之类,亦皆有裨实用。现译出四十余种,刊印二十四种,借是稍窥要领,牖启高明;又挑选生徒数十人,住居广方言馆,资以膏火,中西并课,一抉其秘,一学其学,制造本原殆不出此。[34]

可见短短数年,翻译馆成果显著。翻译馆译书的方式正如《上海机器局报销折》中所言"厚聘西士,选派局员,相与口述笔译",其中担任口述的"西士"开始主要有伟烈亚力、傅兰雅、玛高温三人。据傅兰雅回忆,后来又加入金楷理、林乐知和中国人舒凤等,而担任笔译的中国人屡有更迭。最主要者,有自建馆始一直在馆的徐寿,同时赵元益也不同凡响。这种中外合译的模式,是近代早期翻译的常用方式,据傅兰雅记载:

儒門醫學卷上

英國海得蘭撰

英國　傅蘭雅　口譯

新陽　趙元益　筆述

論養身之理

天下之人莫不好生而惡死若無羅法綱蹈水火等事壽命未終可不至死昔人云人壽可至七旬稟賦素盛者可至八旬然人壽至八旬者甚少而一生無病之人絕無而僅有推原其故蓋由於不明養身之理或吸污穢之氣或食害人之物或常居暗室中或坐定不行動或令身體過於出力或常勞神思慮或為狹邪之事則不免於天札不

《儒門醫學》

　　馆内译书之法,必将所欲译者,西人先熟览胸中而书理已明,则与华士同译,乃以西书之义,逐句读成华语,华士以笔述之,若有难言处,则与华士斟酌何法可明;若华士有不明处,则讲明之。译后,华士将初稿改正润色,令合于中国文法。有数要书,临刊时华士与西人核对;而平常书多不必对,皆赖华士改正。因华士详慎郢斫,其讹甚少,而文法甚精。〔35〕

由此可见,担任中文笔述的译者在翻译中承担了极为重要的职责,尤其是早期这些西方译者,一般均非该学科的专家。〔36〕

　　至于赵元益,傅兰雅称其"原通晓中国方书,因欲探索西医与格致,即改故业而来译书,开馆后三年即进馆,至今译成之医书格致等书不少。"〔37〕赵元益入翻译馆后(在馆时间1869—1890、1894—1902年两个阶段),参与笔述、校对的翻译著作达二十余种之多(列举仅是已出刊本),主要参考宣统二年(1910)《江南制造局译书汇刻》丛书,按照时间顺序如下:

| 书　名 | 撰著/编纂 | 口　译 | 笔述 | 校对 | 出版年代 |
|---|---|---|---|---|---|
| 化学鉴原 | (英)韦而司 | (英)傅兰雅 | 徐寿 | 赵元益 | 1872 |
| 汽机必以 | (英)蒲而捺 | (英)傅兰雅 | 徐建寅 | 赵元益 | 1872 |
| 海塘辑要 | (英)韦更斯 | (英)傅兰雅 | 赵元益 | 沈善蒸 | 1873 |
| 冶金录 | (美)阿发满 | (英)傅兰雅 | 赵元益 | 江衡 | 1873 |

续表

| 书　　名 | 撰著/编纂 | 口　译 | 笔述 | 校对 | 出版年代 |
|---|---|---|---|---|---|
| 临阵管见 | (布)斯拉弗司 | (美)金楷理 | 赵元益 | 孙鸣凤 | 1873 |
| 行军测绘 | (英)连提 | (英)傅兰雅 | 赵元益 | 沈善蒸 | 1874 |
| 化学鉴原续编 | (英)蒲陆山 | (英)傅兰雅 | 徐寿 | 赵元益 | 1875 |
| **儒门医学** | **(英)海得兰** | **(英)傅兰雅** | **赵元益** | **徐华封** | **1876** |
| 爆药记要 | 美国水雷局 | 舒高第 | 赵元益 | | 1879 |
| 光学(附视学诸器图说) | (英)田大里 | (美)金楷理 | 赵元益 | 沈善蒸 | 1879 |
| 井矿工程 | (英)白尔捺 | (英)傅兰雅 | 赵元益 | | 1879 |
| 数学理 | (英)棣么甘 | (英)傅兰雅 | 赵元益 | 江衡 | 1879 |
| **西药大成** | **(英)来拉、海得兰** | **(英)傅兰雅** | **赵元益** | **孙鸣凤** | **1887** |
| **西药大成药品中西名目表** | **未署撰著者** | | **赵元益** | | **1887** |
| **内科理法** | **(英)虎伯** | **舒高第** | **赵元益** | **孙鸣凤、程仲昌** | **1889** |
| **水师保身法** | **(法)勒罗阿** | **(英)伯克雷译,程銮、赵元益重译** | | | **1896 前** |
| 意大利蚕书 | (意)丹吐鲁 | (英)傅兰雅、傅绍兰 | 汪振声 | 赵元益 | 1898 |
| 物体遇热改易记 | (英)瓦特斯 | (英)傅兰雅 | 徐寿 | 赵元益 | 1899 |
| **法律医学** | **(英)该惠连、弗里爱** | **(英)傅兰雅** | **徐寿、赵元益** | **赵诒琛** | **1899** |
| 测绘海图全法 | (英)华尔敦 | (英)傅兰雅 | 赵元益 | | 1900 |

| 书　名 | 撰著/编纂 | 口　译 | 笔述 | 校对 | 出版年代 |
|---|---|---|---|---|---|
| 保全生命论 | (英)古兰肥勒 | (英)秀耀春 | 赵元益 | 赵诒琛 | **1901** |
| 行军指要 | (英)哈密 | (美)金楷理 | 赵元益 | | 1901 |
| 农务要书简明目录 | | (英)傅兰雅 | 王树善 | 赵元益 | 1901 |
| 西药大成补编 | (英)哈来 | (英)傅兰雅 | 赵元益 | 赵诒琛 | **1904** |
| 济急法 | (英)舍白辣 | (英)秀耀春 | 赵元益 | 赵诒琛 | **1905** |

由上表可知,赵元益直接参与笔述翻译的著作,涉及内容极为广泛,按后世学科分类,大体包括数学、物理、化学、光学、军事、测绘、井矿、农学和医学等,在当时多属自强之学。而综观赵元益的译著,涉及医学的共九种(见表中字体加粗部分)。

江南制造局翻译的这批书籍,被"学问饥饿"的晚清士子视为"枕中鸿秘"[38]。梁启超 1896 年撰写《读西学书法》,评点当时所能看到的西学书籍时,给予赵元益在江南制造局参与翻译的著作十分正面的评价。对于《数学理》一书,梁氏认为"说理由浅而深,每门必及代数,颇嫌躐等,于初学不甚相宜。惟天才绝特者,读之或有速效。"[39]而与医学相关者如《西药大成药名录》,梁氏认为"泰西专门之学,各有专门之字,条理繁多,非久于其业者,不能尽通而无谬误也。何况以中译西,方音涓舛,尤不可凭,毫厘千里,知难免矣。局译……《西药大成药名录》等书,西字、译音,二者并列,最便查检。所定名目,亦切当简易。后有续译者,可踵而行之。"〔40〕而另外几种重要的医学书籍,梁启超更是称赞有加:"西人医学,设为特科,选中学生之高才者学焉。中国医生,乃强半以学帖括不成者为之。其技之孰良,无待问矣。……译出医书,以《内科理法》《西药大成》为最备,《儒门医学》上卷论养生之理,尤不可不读。"〔41〕故对赵元益等人的翻译工作甚为推崇,将之与明末西学东渐的杰出代表徐光启、李之藻相提并论,其在《清代学术概论》中讲"晚清西洋思想之运动"时称:"鸦片战役以后,渐怵于外患。洪杨之役,借外力平内难,益震于西人之船坚炮利。于是上海有制造局之设,附以广方言馆,京师亦设同文馆,又有派学生留美之举,而目的专在养成通译人才,其学生之志量,亦莫或逾此。故数十年中,思想界无丝毫变化。惟制造局中尚译有科学书二三十种,李善兰、华蘅芳、赵仲涵〔42〕等任笔受。其人皆学有根柢,对于所译之书,责任心与兴味皆极浓重,故其成绩略可比明之徐、李。"〔43〕赵氏的译著,同样受到医学界的极大关注与高度肯定。1910年,丁福保在其《西药实验谈》中,开首便称:"海外药学之输入中国也,始于道咸间,其说详合信氏之《西药五种》,嗣后有《西药略释》《西药大成》《泰西新本草》《外国药方》等书,相继而出,然数十年来,为中医者大抵不知西药之功用,可以补本草之不足者。"〔44〕1916年8月《申报》连载医学博士俞凤宾的文章《医学名词意见书》,评价近代以来国人翻译西方医学的情况,对于赵元益和傅兰雅合译的医书赞赏有加:"吾国人吸收西洋医学智识,自美儒傅兰雅来华始,而首先翻译医学书者,为博通国学兼长医理之赵君元益也。其时,二子译成《儒门医学》《西药大成》等书,风行一世,至今传诵。今之译者,果有赵君元益其人乎？否则必须得旧学、中医具有门径之流,方可事半而功倍。"[45]像俞凤宾等西医大家看来,赵元益的译书成就得益于旧学和中医的深厚根基,此正可为后世所沿袭。

## 良 医 明 师

前文提及,赵元益在翻译馆任职时间是 1869—1890 年、1894—1902 年两个阶段,中断的近四年时间是跟随薛福成远涉重洋出使欧洲。赵元益自幼跟从外祖父学医,又鉴于母亲为庸医所误,故习医为人诊治,声名鹊起。1888 年,赵元益中江南乡试第二十六名举人,其试卷被阅卷官评为"笔力清刚,气息浑厚""入理精深、出笔俊爽"。[46]次年会试失利后,便应同乡薛福成(赵氏自幼成长于无锡,薛氏为无锡宾雁里人)之招,加入使团,担任医官。

光绪十五年(1889)四月,薛福成奉命出使英国、法国、意大利、比利时四国,但期间兄长薛福辰病故,加之自己身患疟疾等病,推迟了出洋时间。直到十一月中旬到上海后,经良医诊治得愈,故买票定于十二月十四日(1890 年 1 月 4 日)乘坐法国公司"扬子"号轮船出行。然又得其前任使臣来电,当时德国、法国时疫正盛,无奈延缓一月,重新购买船票,乘坐法国"伊拉瓦第"号轮船正式出发,时间已是光绪十六年初。随行人员中,包括薛氏眷属、属官和仆从,多名随员,作为举人身份的赵元益也在其中。该使团中,后来成名的外交家甚多,如作为参赞的许珏、黄遵宪,随员还有钱恂、王咏霓,翻译学生有胡惟德等。光绪十六年正月十六日(1890年2月5日),薛福成在日记中还记录了傅兰雅纂《格致汇编》曾托赵元益向其请序之事,薛氏则直接嘱咐赵氏代拟一稿,再加以修订而转交傅氏。从日记可知,薛氏对赵氏的拟稿十分满意,故全文录入该日日记。从这篇序言可以看出,赵元益与傅兰雅颇为熟悉,在文中对其沟通中西之功特为推崇,称"西士傅兰雅先生,英国之通人也,航海东来二十余年矣,通晓中华语言文字,于翻译西书之暇,取格致之学之切近而易知者,汇为一编,按季问世。不惮采辑之烦、译述之苦,傅君之用心,可谓勤且挚矣……傅君《汇编》出,而人知格致之实用,庶几探索底蕴,深求其理法之所以然"。[47]

出使西欧四国期间,通过薛福成日记,可以找到一些赵元益思想或活动的轨迹。首先,光绪十六年十月二十五日(1891年2月3日)的日记中,薛福成与赵元益讨论墨子之学。薛氏认为"泰西耶稣之教,其原盖出于墨子,虽体用不无异同,而大旨实最相近",这一观点其实是晚清"西学中源"思想的一个表现。薛氏在于赵元益的讨论中,认为《墨子》一书导西学之先者甚多,且令其摘出数条,如"如第九卷《经说下》篇,光学、重学之所自出也。第十三卷《鲁问》《公输》数篇,机器、船械之学之所自出也。第十五卷《旗帜》一篇,西人举旗灯以达言语之法之所自出也"。[48]可见二人在诸子学与西学的对应上,所持观点非常接近。一则是晚清以来诸子学兴起的体现;再则近代中西会通的初期,以中学回应西学,诸子学的确占据了重要位置,而在科学领域墨子更是子学中的典型代表。

第二,游历欧洲期间,薛福成观察"西洋各国经理学堂、医院、监狱、街道,无不法良意美,绰有三代以前遗风",[49]对医院在内的事务颇为关注,并给予好评。光绪十六年十二月二十日(1891年1月29日),薛福成记载德国"柏林医生寇赫,新得疗治痨症之法,系用金锈制成药浆,可杀痨虫,且能不使此虫复生,各国皆遣医官往习其法"。薛氏还接到同为公使的洪钧来信,称"英德两馆宜各派一医官往学,并当派一德文翻译为之传话,若果得其秘要,行之中国,从此华人患痨症者,均有起死回生之望"。因此认为"其意甚美","派医官赵元益静涵,驰往柏林;派翻译学生王丰镐省三,伴之往。并令详纪路程及所见闻,以资考证。"[50]寇赫即罗伯特·科赫(1843—1910),德国医生、细菌学家,世界病原细菌学的奠基人和开拓者。因为出身医生,科赫的细菌学研究不同于巴斯德始于化学的微生物学研究,而是专注于解决医学上的实际问题,其细致观察事物的才华,使得现代微生物学成为可能,与其同时代的人称之为"天才的工艺学家和细菌学家"。十九世纪七十年代,科赫开始研究炭疽杆菌,解开炭疽病之谜,在此基础上,很有信心地预言细菌学的研究可以控制传染性疾病。至 1882 年,科赫首次发现结核杆菌,进而研究结核病的诊断和治疗。1910 年去世时,后来成为史学大家的陈垣先生曾撰写传记《古弗先生》(即科赫)表示纪念。文中称科赫于 1890 年"又发明所谓'土培尔克林'者,举世信之若狂,歌颂欢呼之声满市,反对者亦嘻笑而怒骂之。然'土培尔克林'者,乃结核初期诊断所必需之法,不可磨灭。"[51] 这里所说者,应该即是薛福成日记载录之史事,即所谓"柏林医生寇赫,新得疗治痨症之法,系用金锈制成药浆,可杀痨虫,且能不使此虫复生"。据玛格纳《医学史》称,正是在这一年,科赫于第十届柏林医学大会上,"声称找到了一种物质可阻止试管和活体中结核细菌的生长"[52],暗示已经找到了治疗结核病的办法。但实际上这里的活体是豚鼠而非人体,又因为豚鼠自然状态下并不感染结核细菌,只有用适当的方法接种才可致病。根据在豚鼠上试验的初步结果,大规模的人群试验尚未成熟。然而科赫不留神称其试剂为药物,若对科赫所言仔细推敲本可避免媒体对科赫所作的治疗前景的一时性评价,但急迫的患者已等不及比照试验,歪曲的报道导致过高的期望。媒体立即称这种试剂"科赫液""科赫素""科赫水",科赫称其制备液为"结核菌素"。[53] 结核菌素,英文称作 tuberculin,正是陈垣翻译的"土培尔克林"。而洪钧所谓"用金锈制成药浆",则显然是对科赫试剂的误会。同时科赫发明的这种不成熟试剂,当时被用来治疗结核病,初期虽有

中厯光緒二年正月
西厯一千八百七十六年二月

毎月出印一卷
此卷攺正重印

格致彙編

是編補續中西聞見録
在上海格致書院發售

英國傅蘭雅輯

《格致汇编》

些效果,但进一步试验中,有肺结核患者因结核菌素无效甚至有害,恰如陈垣文中所讲,褒贬之声不绝于时。可惜者,薛福成"令(赵元益)详纪路程及所见闻,以资考证",目前未能找到相应记载。

此外,赵元益出洋途中依然笔耕不辍,暇时译成西方地理书籍若干种。而在医学方面,目前据笔者所见,赵氏尚有三篇介绍时人新译西方医学著作的文章,较少得到学界的关注。1891年在傅兰雅主编的《格致汇编》第六卷秋季号上,刊登了赵氏的《万国药方后序》《割证全书外序》《易筋西经》三篇文章,其中《万国药方后序》文末自署"光绪十七年夏四月新阳赵元益识于英国伦敦中华使馆",可知三文的创作时间和地点。其中以《万国药方》(*A Manual of Therapeutics and Pharmacy*)一书为例,该书是美国医士洪士提反(S. A. Hunter)所译,原为英国思快尔(Peter Wyatt Squire)所作的《英国药典手册》(*Companion to the British Pharmacopoeia*),1890年由美华书馆出版印行。[54]《英国药典手册》在当时颇具盛名,据笔者所见,1894年和1909年《英国医学杂志》上曾刊有该书书评,称其已连印18次之多,在当时医药从业者中是家喻户晓并乐于遵守的。[55]而《万国药方》曾于《格致汇编》第六卷春季号上刊登书讯,值得一说的是该书由李鸿章作序,成为当时一大卖点。[56]赵元益在《后序》一文中提到是洪氏亲自将译稿邮寄相示,故为其撰文推介。赵氏自己翻译过《西药大成》等著作,故对于西药东渐颇有发言权,其在文中称："溯自中外通商以来,西药之贸迁来华者,其类至繁,西医之行道于中华者,又屡译其书,或阐明全体,或详述医法,或备载方药,由是华人始知有西医之法,可补中医之不足。"故文中盛赞洪氏译作对于中西药物交流的贡献,他认为药物乃是"历数千百年以来,人各出其心思材力,旁搜博取,舍短用长,不以其功力相等而弃之,亦不以其来自远方而屏之",这也正是该书所作的因缘。当然从中可知,赵氏固然盛赞其价值,但归旨则仍着眼于以西医补中医这一层面。因此其对于该书的褒扬,还有一点便是着眼于书中不仅仅是英国最新药物学的介绍,还增加了美国、印度和中国的药典内容,尤其是中国药物这一方面。赵氏称"此书所载药品,较之前此译述之书,详略互有不同,又特收中华之药至数十种之多,意者洪士提反君生长联邦,久居中土,习用本国之药,而我华植物又从采访得之,故所取独多耳",其寄希望于中华本草自身的"重加删订""去其薄劣,录其精纯",如此方能有裨于医道,而非仅停留于西方药物之传入。[57]不过赵元益在英伦三年,终因水土不服而身患"腹疾"。[58]因此在薛氏任期结束回国后,赵元益返回江南制造局翻译馆继续任职。

赵元益自幼学习医理,加之翻译出大量西方医学著作,精通中西医学理论,留下了诸多其为人诊治的事迹。[59]出国之前,当1881、1882年间,慈禧太后曾因病"诏令督抚保举知医之士",李鸿章打算推荐赵元益,然到天津后,得知太后已经痊愈而报罢。[60]虽未能进宫施展医技,但这样的推荐机会,一方面得益于赵元益属李鸿章一系的人物,另一方面足见赵氏医术之高明。1897年,翻译馆同僚陈洙因病求医于赵元益,得以很快痊愈。1900年12月14、15、16日《申报》,名陈祥生的患者刊登广告《上池功深》,频频为赵元益的高超医术做宣传。其文称:

> 余五月间患气虚肿胀,诸医棘手,几叹草木能活人,则神农可以不死矣。迨后请赵静涵夫子,甫投剂则病根切中,再施治而厥疾便瘳,始知前此之药石罔灵者,特未遇有真医国手也。窃以世上劳攘,气虚原不乏人;沪江湿地,肿胀必有其类。余今复原,特登《申》《新》二报,匪特为先生添种杏,实则为同病指津筏,先生壶悬法大马路得善里二十六号门牌德源行。陈祥生谨告。[61]

由此可知,赵元益当时在上海法大马路(今黄浦区金陵东路)设有诊所,医术令人信服。而在同一年,丁福保正式拜师赵元益,成为其受业弟子。日后,丁氏自述其与乃师的交往,1897年他任"竢实学堂算学教习,时著《算学书目提要》,谓先生所译之数学,理其深处,已寓微分之理。先生颇以余为知言,遂引福保为文字交"。[62]1899年春,又因《烈妇丁安人事略》而始有文字往来。1900年,丁福保到上海后,因"性喜习医,著《卫生学问答》,是时已刊行数年,而苦于无良师,屡见先生为人治病辄奏奇效,于是造先生之庐而受业焉"。[63]

赵元益会通中西,曾与丁氏回忆翻译馆期间和洋人的学术交往:"同治初年,西士傅兰雅等相继来游吾国,傅君工于算,旁通医籍,余见彼等之长于医也,恒与之作竟夕谈,始知西国之医固秩然有序。"〔64〕因此在赵元益这等明师的引导下,丁福保也逐渐成为中西医交流的关键人物。

译书、坐诊之外,与之相关的,赵元益还参与慈善事业、翻译社团以及格致书院等事务。如1895年,赵元益联合唐廷桂、郑官应、朱佩珍、经元善、钟天纬等二十五位上海缙绅,创设善堂组织"同仁公济堂",《申报》刊登了禀告当局的文告:

> 敬禀者,窃绅等见高昌庙一乡,坐落上海县十二图,昔固荒烟蔓草之区,虽有邨落,亦仅寥寥数家。自机器制造局由虹口迁移于此,工匠麇集,市廛鳞次,侨寓既久,莫不挈眷以来,至今生聚日繁,寄籍日众,地势亦日辟,稽核户口,已不下三四千家,居然有成聚成邑之象,实较边省州县有过之无不及。但地窄人稠,即不免疾疫时作;五方杂处,更不免风俗浇漓。凡养生送死之具,救灾弭患之方,以及化民成俗之规,均阙焉未讲。纵城中租界善堂林立,但相距既远,乞邻为难,阻隔城闉,鞭长莫及,其势不可无一善堂,道德齐礼而噢咻之。况工匠夫役,类多外来贫苦之人,弃婴需收养,嫠妇需保全,童蒙需设塾教诲之,老疾需抚恤留养之,伤病则需医药,死

亡则需棺衾,暂则寄厝殡房,久则掩埋义冢,种种善举,迄未举办。虽蒙历任局宪置备水龙,设立医局、保甲、路灯、清扫等事,但善缘未广,缺陷尚多,必须就地筹捐,俾款项有着,挹注于不竭之源,庶善政能垂诸久远。拟创设善堂一区,名曰同仁公济堂,先行举办惜字义塾乡约、接婴恤嫠、施医给药、施赊棺木等事,俟捐款稍裕,其余逐渐扩充。此事全赖当代长吏巨公、地方贤良官宰作登高之呼,为众擎之倡,庶几乡曲共沐仁风,穷黎咸登衽席,是则馨香祷祀以求之者耳。绅等拟邀志同道合之侣,劝募集腋,诚恐无知匪徒藉端生事,阻挠善举,为特联名公禀,并拟呈开办总章六条,环求宪台批准施行,给谕开办。除公呈上海外,伏乞大人俯鉴舆情,维持善举。倘蒙惠分廉泉,为众善之倡,尤深感泐。专肃寸禀,恭请钧安。绅董唐廷桂等谨禀。[65]

由文告可知,公济堂主要针对因江南制造局而聚集的社群,故名称中有"同仁"二字。所办之事大体均是当时上海善堂、善会的主要功能,即"弃婴需收养,嫠妇需保全,童蒙需设塾教诲之,老疾需抚恤留养之,伤病则需医药,死亡则需棺衾,暂则寄厝殡房,久则掩埋义冢",从中也可见赵元益的仁者仁心。

戊戌维新前后,赵元益还作为"协理"参与译书公会的发起,后来更成为该会的总理之一,呼吁启发民智。该会办有

《译书公会报》,其中章太炎和杨模为主笔,意在"挽回风气、富国保民""以采译泰西东切用书籍为宗旨"。[66] 同时,赵元益还一度担任上海格致书院的监理,主持院务,所撰《〈格致书院甲午课艺〉弁言》一文中表达了他在中西交冲大势下的学术和教育观点:首先,主张"学无论新旧,必以有益于世者为宗";其次,对于人才培养,认为"新学日出而不穷,世变迭乘而愈亟",因此与时俱进,"培植士林""优加策勉""乐育人才"方为要着。[67]

综观赵元益一生,译书介绍西方新知,始终是其最重要的志业。出洋期间,虽身患腹疾,仍笔耕不辍。回国之后,国势日趋恶化,参与维新社团、办报办学培养新式人才,也成为其重要的责任。扼腕痛惜的是,1902年冬,清末新政开展,京师亟需有经验之翻译人才,赵元益力疾赴京,但最终于十一月二十五日(12月24日)因腹疾旧症复发,病逝于前孙公园锡金会馆。所幸赵氏子孙成才者甚多,长子赵诒琛(字学南),随父加入江南制造局翻译馆,参与笔述、校对多部译著,更是与父齐名的近代藏书大家。次子赵诒璹(字颂南),则游学法国,后来随出使大臣许珏出国,担任意大利、荷兰使署翻译官等,均继家风、承父志。而作为清末西医药传入我国的关键人物,赵元益及其家族尤其在江南制造局翻译馆开展的译书活动,对于近代中西文化交流、医学会通,均留下了丰实成果和诸多思考。

**注释**

〔1〕雷缙编:《中外策问大观》学术卷二《刘邦骥答卷》,1903 年,转引自孙青:《晚清之"西政"东渐及本土回应》,上海书店出版社,2009 年,第 105 页。

〔2〕章含之、白吉庵主编:《章士钊全集》第五卷,文汇出版社,2000 年,第 147 页。

〔3〕丁福保:《历代名医列传》序,上海文明书局,1909 年,第 3 页。

〔4〕陈邦贤:《中国医学史》,商务印书馆,1937 年,第 192 页。

〔5〕马一平《中国译林先驱和名医赵元益》等文均已提及,可参见《中华医史杂志》2016 年第 1 期。

〔6〕金武祥:《新阳赵氏清芬录》序,见赵诒琛、赵诒翼等纂修:《新阳赵氏清芬录》,丁巳(1917 年)义庄重刻本,第 1 页。

〔7〕赵诒翼:《五世祖考二知公述略》,《新阳赵氏清芬录》卷一,第 9 页。

〔8〕同上。

〔9〕参见赵诒翼:《五世祖考二知公述略》,第 9—10 页。

〔10〕参见马一平主编:《昆山历代医家录》,中医古籍出版社,1997 年,第 92 页。

〔11〕参见赵诒翼:《高祖考腺庑公述略》,《新阳赵氏清芬录》卷一,第 13—14 页。

〔12〕参见连德英等修、李传元等纂:《昆新两县续补合志》卷二十三《杂记》,民国十二年(1923 年)刻本,第 6 页。

〔13〕赵诒翼:《曾大父觉松公述略》,《新阳赵氏清芬录》卷一,第 16 页。

〔14〕同上书,第 17 页。

〔15〕同上。

〔16〕到了这一辈,赵氏人才迭出,之骥兄弟四人有赵家"四马"之称,参见赵诒翼:《从叔祖均卿公述略》,《新阳赵氏清芬录》卷一,第 36 页。

〔17〕 参见赵诒翼:《先伯祖云卿公述略》,《新阳赵氏清芬录》卷一,第 24—25 页。

〔18〕 华世芳:《表兄赵静涵小传》,《新阳赵氏清芬录》卷二,第 12 页。

〔19〕 同上。

〔20〕 同上。

〔21〕 王德森:《赵静涵先生别传》,《新阳赵氏清芬录》卷二,第 19 页。

〔22〕 参见顾廷龙主编:《清代朱卷集成》99《华翼纶》,成文出版社,1992 年,第 199—208 页。

〔23〕 刘声木撰,徐天祥校点:《桐城文学渊源撰述考》,黄山书社,1989 年,第 87 页。

〔24〕 魏允恭编:《江南制造局记》卷二《建置表》,载沈云龙主编:《近代中国史料丛刊》第四十一辑,文海出版社 1973 年版,第 197 页。此丛刊本据清光绪三十一年(1905 年)刻本影印。

〔25〕 傅兰雅实为英国人。

〔26〕 魏允恭编:《江南制造局记》卷二《建置表》,第 207 页。

〔27〕 金武祥:《新阳赵氏清芬录》序,第 1 页。

〔28〕 杨模:《锡金四哲事实汇存》序言,1910 年,第 1 页。

〔29〕 杨模:《故运同衔升用府候选同知直隶州知州华蘅芳事略》,载杨模编:《锡金四哲事实汇存》,清宣统二年(1910 年)刻本,第 12 页。

〔30〕 同上书,第 14 页。

〔31〕 〔英〕傅兰雅(John Fryer):《江南制造局翻译西书事略》,载〔美〕戴吉礼(Ferdinand Dagenais)主编:《傅兰雅档案》第二卷《在上海江南制造局 1872—1896》,广西师范大学出版社,2010 年,第 531 页。

〔32〕 参见杨模:《华若溪同年哀词》,载杨模编:《锡金四哲事实汇存》,第 18—19 页。

〔33〕 傅兰雅回忆,设馆译书的最早构想起于 1867 年冬,而由傅兰

雅专办翻译之事则要到 1868 年 6 月中开馆,见《江南制造局翻译西书事略》,第 531、535 页。

〔34〕顾廷龙、戴逸主编:《李鸿章全集》6《奏议(六)》,安徽教育出版社,2008 年,第 413 页。

〔35〕〔英〕傅兰雅:《江南制造局翻译西书事略》,第 546 页。

〔36〕参见孙青:《晚清之"西政"东渐及本土回应》,第 313 页。

〔37〕〔英〕傅兰雅:《江南制造局翻译西书事略》,第 536 页。傅氏此文写于 1880 年 1 月,对于赵元益的进馆时间,与缪朝荃《诰授奉政大夫同知衔候选知县光绪戊子举人赵君静涵暨配孙宜人合葬墓志铭》所记之 1869 年略有差异。而赵璞珊《赵元益和他的笔述医书》提出,赵元益自 1865 年起在江南制造局附设译馆翻译西书,时间应有误(实则江南制造局 1865 年创办,而附设之翻译馆创立于 1868 年),该文刊登于《中国科技史料》1991 年第 1 期。

〔38〕梁启超:《清代学术概论》,上海古籍出版社,1998 年,第 97 页。

〔39〕梁启超著,夏晓虹辑:《〈饮冰室合集〉集外文》(下册),北京大学出版社,2005 年,第 1159 页。

〔40〕同上书,第 1160 页。

〔41〕同上书,第 1162 页。

〔42〕应作赵静涵,即赵元益。

〔43〕梁启超:《清代学术概论》,97 页。

〔44〕丁福保:《西药实验谈》,《中西医学报》1910 年第 2 期。

〔45〕俞凤宾:《医学名词意见书》(二),《申报》1916 年 8 月 8 日第 17 版。

〔46〕《光绪戊子科乡试赵元益朱卷》。

〔47〕同上书,第 72 页。

〔48〕同上书,第 252 页。

〔49〕同上书,第 272 页。

〔50〕同上书,第 276 页。

〔51〕陈垣:《古弗先生(近人或译为阁氏)》,《中西医学报》1912 年
第 3 卷第 5 期。

〔52〕〔美〕洛伊斯・N. 玛格纳著,刘学礼主译:《医学史》(第二版),
第 454 页。

〔53〕同上。

〔54〕〔美〕洪士提反译:《万国药方》,美华书馆,1929 年重印本。

〔55〕*The British Medical Journal*,Vol.1,No.1746(Jun.16,1894),
pp.1307;Vol.1,No.2510(Feb.6,1909),pp.342—343.

〔56〕《披阅新书・万国药方》,《格致汇编》1891 年第 6 卷春季号。

〔57〕赵静涵:《〈万国药方〉后序》,《格致汇编》1891 年第 6 卷秋
季号。

〔58〕参见华世芳:《表兄赵静涵小传》,第 13 页。

〔59〕齐君《赵元益与近代中西医学交流》等文均已提及,可参见《史
学月刊》2016 年第 2 期。

〔60〕参见华世芳:《表兄赵静涵小传》,第 13 页。

〔61〕陈祥生:《上池功深》,《申报》1900 年 12 月 14 日第 7 版、15 日
第 8 版、16 日第 10 版。

〔62〕丁福保:《赵静涵先生家传》,《新阳赵氏清芬录》卷二,第
15 页。

〔63〕同上。

〔64〕同上书,第 16 页。

〔65〕唐廷桂等:《照录善堂绅董禀道宪暨制造局宪稿》,《申报》1895
年 12 月 16 日第 3 版。

〔66〕《译书公会章程》,《译书公会报》1897 年第 2 期。

〔67〕赵元益:《〈格致书院甲午课艺〉弁言》,载王扬宗编校:《近代科
学在中国的传播》(下),山东教育出版社,2009 年,第 517 页。

# 张佩纶家藏张之洞来信流传线索补证

2017 年 2 月 17 日《文汇学人》刊载姜鸣先生系列文章，讲述张佩纶家藏信札的基本情况及其牵涉的晚清重要政事和人物，内容珍贵翔实，一时传播甚广。笔者拜读之余，对《张佩纶是如何与张之洞断交的》一节最感兴趣，并试图就张之洞致张佩纶信札的流传提供一些线索，以补证其说。

## 一

姜氏此文最大的贡献在于披露了张佩纶于 1900 年前后与张之洞绝交的一封书札，据称也是张氏家藏现今唯一一封二人之间的信札原件。在文中，姜氏提到张佩纶家藏信札有一个"奇怪的问题"，便是信札中独独少见与张之洞之间的往来书信。而姜氏援引张佩纶哲嗣张志潜编辑乃父《涧于集·书牍》后所作跋语云："与张文襄丈书所存甚少，当壬午、癸未（1882、1883）先公在朝时，书札几无虚日。然文襄于要函密牍不甚爱惜，随手辄散去。此集间有一二，犹系展转得自他处者。"[1] 这是张志潜对张佩纶致张之洞信札存世甚少给出

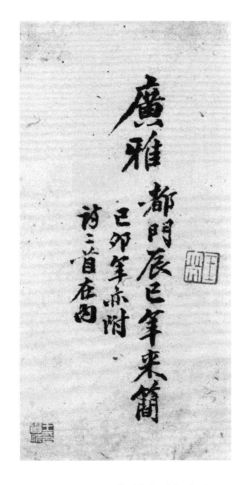

《张之洞致张佩纶未刊书札》张佩纶题识

的理由,此跋作于壬戌(1922)年,附于《涧于集》末尾。张佩纶家中保存如此之多与友朋往来函札,对比之下,所有藏札中张之洞写给张佩纶的书信一封也没有,这的确是很奇怪的。加上二张(张之洞、张佩纶)自光绪初年以后密切的关系,这一情况显得尤为突兀。

因此在张佩纶藏札之外,姜氏也注意到王贵忱收藏并影印出版的《张之洞致张佩纶未刊书札》,就笔迹和标识而言,均为张佩纶旧藏张之洞来信原件。姜氏的转介过程中,有两处笔误,即该集中共有信札62通、诗札2通,而非68件。且姜氏标注的时间误为"光绪四年到五年",察看《未刊书札》可知,张佩纶在这批信札的题识中曾自记为:"广雅都门辰、巳年来简,己卯年亦附诗二首在内。"[2]"广雅"便是张之洞,从此题识可知均为在都门时张之洞所作(光绪七年十二月即1882年初,张氏离京到山西就任巡抚之前),且最后二首诗札为己卯——光绪五年(1879年),而其余均为庚辰、辛巳——光绪六年、光绪七年(1880、1881年)写给张佩纶的。而笺注者林锐也在前言中详加考证,指出这批书信除了张佩纶所言光绪六年、光绪七年之外,尚有光绪五年下半年的信札,且现存信札次序并非按时间排列。至于这批张之洞写给张佩纶信札的流传情况,从收藏印章题记可知,信札除了张佩纶本人题记外,其余收藏标记有"王贵忱印""王大文""可园室印""可园长物"等,均为王贵忱、王大文父子的印章。只有一枚"莫小菱"的印章,尚未能考证是何人。因此可知这批

畿辅先哲祠

**畿辅先哲祠**

书信从张佩纶家散出,最后由王贵忱收藏,中间流传的线索暂时不得而知。

至于王氏所藏 60 余封信札所提供的内容,姜氏注意到了二张早年担任清贫京官时同甘共苦的一面。而据这批信札的整理笺注者所提示,就二张交谊的事情而言,还有比"素馅馒头"[3]所反映的清贫窘迫的京官生涯更具价值的内容,其中最主要的便是畿辅先哲祠的倡建和《畿辅先哲录》的编纂。据民国时由陈宝琛、赵凤昌等人审定,许同莘编撰的《张文襄公年谱》记载:"祠在宣武门外下斜街,无碑记。陈师傅(陈宝琛)云:光绪五年(1879 年),直隶告灾,李文正(李鸿藻)倡议募振款于京内外,既竣事,商之沈文定(沈桂芬),以余款建畿辅先哲祠,文定虽南人而籍隶顺天,乐观厥成。其规画一切,则公(张之洞)主之。按祠屋为刘副宪有铭故宅,稍加葺治。张瓞民(张祖继)为公五十寿诗,记是年事有'去年捐振治流亡,今年建祠祀贤良'之句,瓞民诗注:乡祠有如意斋、北学堂、君子馆、绿胜盦诸胜,则建祠后所名也。如意斋藏赵忠毅铁如意拓本,公集田琬德政碑字为《铁如意颂》。君子馆藏河间献王君子馆砖故名。"[4]可见此事是由隶籍畿辅的清流大佬定议,张之洞主持负责。这在张佩纶光绪五年八月十六日(1879 年 10 月 1 日)的日记中也得到印证,其云:"在都时,与李兰荪师、张孝达前辈方营畿辅先贤祠,当作书告之,务慎选司馆之人。"[5]而据许氏所言,他见过张之洞与张佩纶的书信,其中谈得很多的便是购买乡贤书画一事,以备先哲祠收藏展览之用。在王氏所藏信札中,便多有这方面的记载。如第 6 札提到赵南星"铁如意"的拓本(即《年谱》所提"如意斋藏赵忠毅铁如意拓本"),[6]第 12 札中的杨继盛书信,此札及第 24 札同邀赴先哲祠,第 29 札孙承忠等三位畿辅人物的文献,第 30 札石珤、石玠兄弟和赵南星的手迹,第 43 札李化龙的手札(张之洞信中称之为"明万历年间畿辅上等人物")等,正如张之洞本人在《抱冰堂弟子记》自道"在京与同乡创建畿辅先哲祠,祀历朝乡贤,专收藏乡贤书画手迹"。另外如第 5 札张之洞邀张佩纶到宅中同纂《畿辅先贤录》,第 60 札催张佩纶提交乡祠纪念文章等。[7]由上述可知,二张在光绪五年下半年就畿辅先哲祠和畿辅先贤文献收集的书信讨论往来频密。

不过二张关于畿辅先哲祠一事的往还书信,在已知之外,还有其他信札存世。如在许氏《年谱》中,就录有同时期张之洞写给张佩纶的另一封短札:"由龙树院诣先哲祠,日晡必到,望即过绿胜盦共话,且看补种竹树已活否也。"[8]绿胜盦便是前揭先哲祠中的景胜,这封短札的文字并未见于《张之洞全集》和王贵忱所藏书札,但其原件今已下落不明。而就笔者目力所及,发现尚有一封信札原件存世,而讨论的内容是关于畿辅先哲祠极为重要的文献。在 2012 年湖南省博物馆影印出版的馆藏名人手札中,收有多封张之洞手札,其中有一封编者标为"张之洞致仁兄"的书信,而细看便知这位"仁兄"正是张佩纶。故将原札释读如下:

昨晚困惫慢客,罪甚!(祠联竟忘谈及,荒率昏聩甚矣。)睡至寅初即觉,只可起坐,幸头痛已解,无苦矣。存注感感,今日月朔,必无客来,如惠临,可罄谈也。祠名主字须面罄,袁处钱物事,幸为留意,至祷。曾、李有回报否?敬复幼樵仁兄左右。期之洞顿首。

鄙意谓祠名"先哲",中龛"圣贤"最妥。若"贤哲"之称,指摘太多,人将谓我护前,可以不必,且与"圣"连文,则"贤"字较尊(专指从祀为义),于旁龛无碍。"贤哲"之"贤"较宽,似旁龛皆不得为贤矣。此前数日友人所说,似亦有见,"圣贤"两字,既较自然,且名目宏大,吾乡既有乡圣,即不甘以乡贤小之耳,请裁酌为幸。[9]

因此可知此札与王贵忱所藏畿辅先哲祠一事诸札同时,而据《未刊书札》笺注者林锐考证,可确定同时期张之洞信札末署"期"字者,因当时其继氏王夫人去世,所作时间区间定为光绪五年九月二十八至十一月十五日。[10]此札张之洞自言是月朔日所作,因此可推断是十月初一或十一月初一日(1879年11月14日或12月13日)。接续前引许同莘《年谱》所记:"称先哲祠者,仿杭州先觉堂例。中龛祀圣贤,圣谓伯夷叔齐也。时有议称贤哲祠者,公谓贤哲之贤,其义较宽,若中龛称贤哲,则旁龛皆不得为贤矣。说详公致张侍讲书。"[11]故从前后内容比对可知,《年谱》提及的"致张侍讲书"正是这封湖南省博物馆馆藏的信札,二人讨论的是先哲

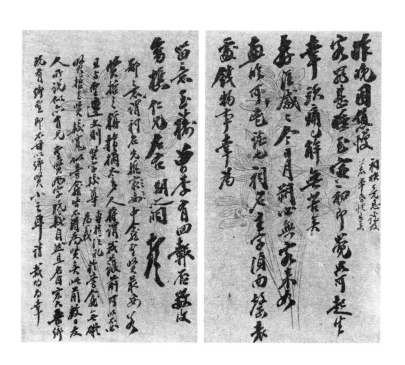

《湖南省博物馆藏近现代名人手札》中的"张之洞致仁兄"手札

祠和祭祀各龛的名称问题。这也可以解释为何在前引诸札中出现二张将先哲、先贤等词混用的情况,可知此信作于畿辅先哲祠和《畿辅先哲录》定议之前,可惜的是这封信札的流传线索也不能明晰。

畿辅先哲祠和《畿辅先哲录》是围绕在李鸿藻周围清流北派所倡的雅事,可看作是塑造清流北派共同体的一种行为。有学者的研究中,也曾将此事看作是光绪年间南北清流地域学术分疏的标识。[12]关于清流南北分派的史料和研究甚多,而袭其常说,则在光绪初年当翁同龢为帝师后,二张奔走于李鸿藻门下,攻击沈桂芬和王文韶颇力。王文韶是沈桂芬的学生,均为南人,故也互相援引。此所谓清流南北之争,也被视作甲申政潮的源头。但从畿辅先哲祠一事来看,其实当时所谓清流南派首领沈桂芬也参与其中,因沈氏"虽南人而籍隶顺天",所以有关畿辅地方的祀奉先哲一事也与其相关,且照陈宝琛的说法,沈氏是乐观其成的。此事看似虽小,但可注意的是清流南北派系之分的界限可能未必那么清晰,分派也未必如此板结。

二

在前述信札之外,据笔者所见,尚有其他多封张之洞致张佩纶信札流传的线索。1936 年,黄濬在《中央时事周报》连载《花随人圣庵摭忆》,其中就记录曾见过诸多张佩纶家藏

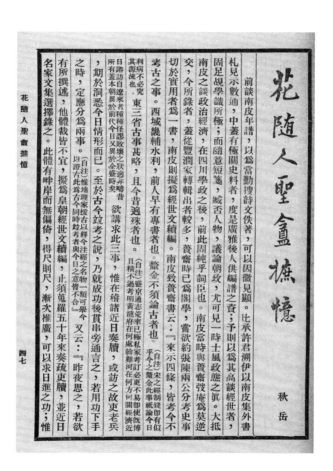

《中央时事周报》第 5 卷第 9 期之《花随人圣庵摭忆》

张之洞来信的抄件,均是许同莘为编张之洞年谱从丰润张家抄出。这批张之洞的来信,与王贵忱所藏60余通时间相近而略晚,且更具史料价值,也更可为二张在光绪初年的交往详情作注脚。

《花随人圣庵摭忆》一书流传版本甚多,在后来合订出版的几种本子里,有一条笔记被名为《南皮集外书札》(也作《张南皮集外书札节录》),其中共提及20通张之洞致张佩纶的信札,抄录了其中19通的文字。查《花随人圣庵摭忆》该则笔记最早刊布期刊的版本可知,该文1936年3月14日刊于《中央时事周报》第5卷第9期。[13] 这19通信札后被2008年武汉出版社出版的《张之洞全集》收录,故广为学界所知,但对其流传情况却所知甚少。

据黄濬自道,此则笔记的缘起是:“比承许君溯伊以南皮集外书札见示数通,中盖有极关史料者,度是广雅后人供编谱之资。”[14] 许君溯伊就是许同莘,他本人是张之洞幕府的后起之秀,在张氏去世之后,以整理编纂张之洞的遗稿和年谱为职责。另外,在1936年第1期《中央时事周报》的连载笔记中,黄氏就说过已看到李宣龚送来许同莘所编的《张文襄公年谱》初稿,不久后又看到了许氏转抄的张之洞集外书札,所以推测是许氏编谱之用。[15] 根据黄濬笔记所提供的线索,笔者在查找许同莘的著作时发现,《花随人圣庵摭忆》的这则笔记,其中关于张之洞信札部分几乎全盘收录了许氏在1936年初发表于《河北月刊》第4卷第1期的《旧馆缀遗》

许同莘(1878—1951),字溯伊,江苏无锡人。光绪庚子、辛丑并科举人,张之洞晚年幕僚,后负责主持张氏著作的整理工作,编纂《张文襄公全书》和《张文襄公年谱》。民国时期担任北洋政府外交部佥事、河北省政府主任秘书等职。晚年主要精力用于公牍学研究,著有《公牍学史》等。

续篇的相关内容(许氏当时供职于河北省政府秘书处,对政治极为淡泊,时向河北月刊社投稿),只是局部稍微改动了一些文字而已。从黄濬的叙述可知,他对于许同莘有关张之洞及其文献的整理成果是极为关注的。而从两文发表时间来看,黄氏也很及时地看到了许氏的文字,因此转抄的事实是可以确定的。史料笔记转录以保存史料,在当时极为常见,而随着《花随人圣庵摭忆》的广为流传,许氏辑录编纂的文献也得以广播于世。

至于这批许同莘所辑信札的来源,则比对许、黄二人的记载便能有所发现。许氏在《旧馆缀遗》中记云:"(张之洞)与张阁学(张佩纶)书,论时政者,本集所载缺漏犹多,近见丰润张氏所藏手札装为巨帙,节录其尤要者于此。"〔16〕黄濬则两处提到信件是从丰润张家辑出,一是开首云:"今所录者,盖从丰润家转辑出者较多。"另一处在文中云:"至南皮与篑斋论时政者,本集所载缺漏殊甚,溯伊从丰润家藏手札巨帙中节出甚多,其尤要者如下。"〔17〕可见二者的意思基本是相同的,而其中透露出来的重要信息就是这批信札是许同莘从张佩纶家藏书札中辑录。因此可以断定,在 1936 年前后,张之洞的来信还保存在丰润张家,这些信件应是后来失散的,只是迄今未能查到原件下落。另外,许氏所言"本集所载缺漏犹多"指的应该就是《张文襄公全集》,据查集中所收 20 通张之洞致张佩纶的信札中,并没有许氏所辑的这批信件,且集中全是张之洞任山西巡抚之后(即光绪七年十一月),因此

《花随人圣庵摭忆》中抄录的有文字的 19 封信在 2008 年被收入最新版的《张之洞全集》中了。只是黄濬在笔记中也照录"本集"二字,则明显是转抄许文时,因疏忽而未曾修改的痕迹。

黄濬整部笔记中,对于张之洞的事迹极为关注,故当其看到许同莘的文章时,应是极为看重的。而在转抄的同时,于文章的首尾两处,黄氏也加入了自己的考证和评论。首先就这批之洞写给张佩纶信札的内容而言,黄氏认为其中文字"高谈经世者,固足觇学识所极;而随意短笺,臧否人物,议论朝政,尤可见一时士风政态之真",[18] 因此史料价值极高。在许文(即《花随人圣庵摭忆》该条笔记)中,这批录有文字的信札是分作两个部分加以介绍的。第一部分是前 3 封信札(系作于光绪六年冬),另一部分就是后 16 封(作于光绪七年至十年),在武汉版《张之洞全集》中按时间先后录于一处。而考察原文需注意到的是,在前三札之前还有一札,虽文字未能见全豹,但许氏概括其中内容也是讨论建畿辅先哲祠,以及松筠庵公祭一事。因畿辅先哲祠是光绪六年建成,故许氏断定前面三封书信的所作时间大约为光绪六年冬。

第一部分的 3 封信札,主要是讨论经世之学,当时张佩纶曾想约张之洞和陈宝琛分别考证史事切于实用者编为一书,而张之洞则索性提出编《经世文续编》的想法。据许氏云:"文襄(张之洞)自督蜀学回京,世变日亟,不复措意于金石考据,惟与张幼樵阁学、陈弢庵太傅讲经世之术。尝欲约张、陈两公分考史事切于实用者为一书，文襄则拟为《经世文续编》。"〔19〕因此可以看出，这是自同治中兴大难初平后，京城中兴起的金石考订风气将欲丕变的征兆。现存张之洞的集中就有其早年为潘祖荫考释藏器的文字，但在历经数次考差之后，尤其是在四川学政任满之后，阅历世事渐深，已隐约感到时势将变，故转而倡导经世之学，这已是光绪五年的事情了。不过有关《经世文续编》的倡议，至少在后人如许同莘看来则多半是一时兴起的想法，并没有看到张之洞有着手于此的记录。当然经世之学的致用一面，则从光绪初年言路发舒、清流慷慨的奏章中显而易见。尤其是与这部分书信几乎同时，在光绪五年、六年间发生的同俄国就西北谈判的外交大案、吴可读尸谏引发的穆宗立嗣案等等，都成为清流健将笔下极好的题目。

第二部分的 16 封信，许同莘明确指出是张之洞与张佩纶议论时政之事。信中所谈内容，涉及李鸿章海防论、阎敬铭任户部尚书前后的政治与人事动向、鸦片税与厘金、彗星凶兆、中越战事以及山西洋务等等。黄濬在抄录后也约略概括其事，这批张之洞离京就任山西巡抚之后的书信，其中个别隐语甚多，也难以索解。幸好的是，许同莘将这 16 封信札一一加以系年，故颇具研究的实用价值。只是笔者在撰写此文，核对许同莘这篇文字与《花随人圣庵摭忆》该则笔记的各个版本以及《张之洞全集》书札卷所收版本时发现，许氏所辑信札的系年在近年流传的版本中存在着一个以讹传讹的现象。

这16封信札,许文中将前4封系于光绪七年(1881年),第5—10封系于光绪八年,第11—14封系于光绪九年,最后2封系于光绪十年。这些在1936年《中央时事周报》和1983年上海古籍出版社影印1943年版的《花随人圣庵摭忆》均照录无误。但在1999年山西古籍出版社和之后中华书局李吉奎整理的版本中,第14封信后的"以上光绪九年"六字被遗漏了,导致第11—16封信均被系于光绪十年。而2008年版的《张之洞全集》书札卷中,其合并19封信札为一体,该集整理者称是录自1983年版《花随人圣庵摭忆》,但在转录时将其中第14封也就是许文中的第11封由原来的光绪九年误系于光绪八年。以上种种,须提醒使用这批信札的学者注意。

综上所言,张之洞与张佩纶自光绪初年订交,在京时过从甚密,这从二张之间来往的书信以及张佩纶光绪初年的日记便可一目了然。而就两人来往书信的数量来看,的确现存张之洞所作的信札明显多于张佩纶的,这应该就是张志潜所说的"文襄于要函密牍不甚爱惜,随手辄散去"的缘故所致。而着眼于张之洞所作的信札,则通过此文可知,即使在最新版《张之洞全集》以及王贵忱所藏未刊书札之外,仍有原件或者信件文字存世,只是其间的流传线索断断续续,不能掌握其全部始末。因为从张志潜的跋语中,并不能推断1922年时丰润张家已散失张之洞的来信。许同莘辑录的信札恰可说明，在 1930 年代，许氏所录张之洞致张佩纶的至少 20 余封信札仍收藏于丰润张家，只是此后原件下落何处已无从探知，未免令人遗憾。

另就张佩纶的藏札而言，张志潜的跋语中也讲到有部分手札原藏于张佩纶与李鞠耦在南京共筑的"鸥园"，然"辛亥之乱，未及取出，遂毁于兵"。跋中并未提及内有张之洞的来信，只是少了一部分张氏昆仲辗转搜得的张佩纶其他信札。后来王揖唐在《今传是楼诗话》中也感叹张佩纶的"鸥园藏书被劫，稿毁于兵，现只存《涧于集》四卷印行"。当然王氏所叹的，只是张氏那"诗学大苏，闳壮忠恻，奄有众长"的作品仅存四卷之数而已。[20] 不过幸好张佩纶家藏书札全帙出版在即，公诸学林，正可翘首以盼之。

### 注释

〔1〕张志潜《涧于集》书牍跋语，《清代诗文集汇编》768 册，上海古籍出版社，2010 年，第 620 页。

〔2〕广州图书馆主编，丁玲、林锐笺注：《张之洞致张佩纶未刊书札》，广西师范大学出版社，2012 年，第 148 页。

〔3〕广州图书馆主编，丁玲、林锐笺注：《张之洞致张佩纶未刊书札》，第 79 页。

〔4〕许同莘：《张文襄公年谱》，商务印书馆，1944 年，第 24—25 页。

〔5〕张佩纶著，谢海林整理：《张佩纶日记》（上），凤凰出版社，2015 年，第 21 页。

〔6〕广州图书馆主编，丁玲、林锐笺注：《张之洞致张佩纶未刊书

札》,第 23 页。

〔7〕广州图书馆主编,丁玲、林锐笺注:《张之洞致张佩纶未刊书
札》,第 21、139 页。

〔8〕许同莘:《张文襄公年谱》,第 25 页。

〔9〕欧金林主编:《湖南省博物馆藏近现代名人手札》五,岳麓书
社,2012 年,第 2919—2920 页。

〔10〕广州图书馆主编,丁玲、林锐笺注:《张之洞致张佩纶未刊书
札》,第 3 页。

〔11〕许同莘:《张文襄公年谱》,第 25 页。

〔12〕孙明:《论光绪年间南北清流之地域学术渊源——以光绪十二
年黄宗羲、顾炎武从祀文庙之争为中心》,《明清论丛》第五辑,
紫禁城出版社,2004 年,第 514 页。

〔13〕这则笔记的整理版见李吉奎整理:《花随人圣庵摭忆》(中),中
华书局,2008 年,第 475—481 页。

〔14〕黄濬:《花随人圣庵摭忆》(中),第 475—476 页。

〔15〕黄濬:《花随人圣庵摭忆》,《中央时事周报》1936 年第 5 卷第 1
期。整理版见《花随人圣庵摭忆》(中),第 390 页。

〔16〕许同莘:《旧馆缀遗》,《河北月刊》1936 年第 4 卷第 1 期。

〔17〕黄濬:《花随人圣庵摭忆》(中),第 476—477 页。

〔18〕同上书,第 476 页。

〔19〕许同莘:《旧馆缀遗》,《河北月刊》1936 年第 4 卷第 1 期。

〔20〕逸塘:《今传是楼诗话》,《国闻周报》1930 年第 7 卷第 30 期。

# 耆龄家世生平考证

## 耆 龄 之 死

笔者最早知道耆龄这个人物,是在阅读《世载堂杂忆》关于1928年清东陵盗案的记载时,知其与宝熙、陈毅等遗老负责了当时的善后工作。[1]而在几年前整理《胡嗣瑗日记》时,因为胡氏在1931年4月30日明确记录了耆龄去世的时间,[2]以及耆氏病故经过、清帝褒扬赠谥等情况,故对其人产生了兴趣。在爬梳史料考证耆龄生平事迹时,又得悉其尚有篇幅可观的《赐砚斋日记》存世(抗战期间连载于瞿兑之主编的《中和月刊》[3]),此为整理《耆龄日记》的缘起。

在胡嗣瑗1931年3月初的日记中,由于耆龄当时与载涛一同负责小朝廷在北平留守的办事处,故留下了业务上往来的记录。[4]而后便提到耆龄得病的消息,3月21日,耆龄之子惠均因计划于天津设立"湖社"召徒学画,来拜访胡氏,见面时提到其父"病有起色"。[5]可惜不久传来的却是耆龄病重的噩耗,4月9日胡嗣瑗回北平办事,与陈敬弟见面,陈氏称已拜访过耆龄而未得见面,"据仆人言,右手、右足全无知觉,说话吃力,偶能吐一二字而已",[6] 可见是中风严重的症状。当 12 日胡氏将北平情况报告在天津的溥仪时,也颇以耆龄病状为念。[7] 到了 30 日,胡嗣瑗在张园接到北平来电,耆龄已于当日午刻病故,胡氏马上与陈宝琛取得联系,二人为此同感悲咤。[8] 此后便是商讨耆龄的身后大事,5 月 1 日,胡氏将噩耗奏闻后,溥仪便派皇室成员祭奠、赏赐陀罗经被。翌日,耆龄遗折递到,传谕加恩予谥,并赏治丧银一千元。耆龄的谥号后来定为"勤恪",应是对其工作勤勉谨慎的褒扬。而这份遗折,秦国经在《逊清皇室秘闻》一书曾节录过主体内容,其中耆龄自道其病情云:"自交春以后,昼夜泄利,旋患风痹,木贼土衰,饮食不进。展转床褥,医药俱穷,望清跸而长辞,知生机之已尽。"[9] 所提"风痹"之症,也正与胡嗣瑗所记中风症状相吻合。该折由耆氏口授,其子惠均缮写呈上。

此后又有一个插曲,便是这笔赏赐的治丧银,由于当时小朝廷经费已颇为拮据,故难以一时到位。而在 5 月 11 日,胡嗣瑗接到商衍瀛的来信,则又提及耆龄身后的萧条景况,称其家属仅存百余元,无力办理丧葬。因此胡氏也对赏款迟迟未能下发而担忧彷徨,幸好由于其职务便利,一有机会便可为耆龄的治丧银请命。直至 6 月 9 日,终于这笔赏款得以下发,翌日胡嗣瑗便致函惠均告知此事,并随同寄去一千元,由此也可见遗老之间的惺惺相惜。此外,胡氏还为耆龄撰写挽联称"气类益凋零,更闻有诏悲亡鉴;艰危积忧愤,竟使吞

耆龄

声到盖棺",〔10〕除了兔死狐悲、物伤其类这一层之外,似乎还另有为其鸣不平的意味。

## 家 世 亲 属

关于耆龄的基本生平,由于在清代出现过多个同名之人,因此各处文献的记载中颇为混乱。叫做"耆龄"的官员,如较早而名气最大的便是字九峰者,举人出身,曾参与剿灭太平天国,与中兴名臣多有交往,后又担任广东巡抚、闽浙总督等职。因此在 1991 年《读书》第 12 期上刊登有署名"远志"的《这"耆龄"不是那"耆龄"》短文,其中辨析了《中国历代藏书家辞典》将二人混淆的乱象。〔11〕实则"耆龄"远不止此二人,据笔者所见,如在《清代官员履历档案全编》中曾录有一份光绪二十五年(1899 年)五月二十八日的名叫"耆龄"的任官履历,全文称:"奴才耆龄,镶黄旗汉军崇英佐领下举人,年三十一岁,中式光绪壬辰科进士,改庶吉士,散馆引见,奉旨着以部属用,钦此。签掣户部,呈请改归知县原班铨选,今签掣安徽颍州府颍上县知县缺,敬缮履历恭呈御览,谨奏。"〔12〕但是从年纪来看,此档中之耆龄 1899 年时为三十一岁,故应是生于同治七年。而本文主人耆龄,据其日记可知,生日为八月初五日,当 1921 年 9 月 6 日即该年八月初五时,其自记是五十一岁生辰,因此应是生于同治十年八月初五日(1871 年 9 月 19 日),可见二者虽极为接近但不相符合。而此外之耆龄更有数人，不一一赘述。在揭示耆龄的生卒年之后，其字号则又是一大麻烦，现有记载也较为混乱。笔者据耆氏留存的日记、书信等可靠史料查证：耆龄，字寿民，号思巽、无闷居士、支离道人等，[13]室名有濩斋（亦作蠖斋）、学易斋、见山楼、居易堂、赐砚斋、惜阴堂等。[14]

而关于耆氏的家世，其家族出自满洲伊尔根觉罗，日记中回顾祖上的荣耀时，又称"曾祖清恪公，以尚书弘德殿行走"。笔者幸得豆瓣网友"橘玄雅"提示，耆龄曾祖即为爱仁，在嘉业堂钞本《国史馆列传》（即《清国史》）卷九中有传记存世，全文如下：

> 爱仁，伊尔根觉罗氏，满洲正红旗人，由翻书房翻译官中式举人。道光十四年，授兵部笔贴式。十五年，赏额外主事，仍留翻书房行走。十八年，补官。二十一年，擢工部员外郎。二十四年，充富新仓监督。二十八年，充国史馆总纂，寻擢翰林院侍讲。二十九年五月充日讲起居注官，十月迁侍讲学士。三十年授大理寺卿。咸丰元年，稽察左翼觉罗学。二年升吏部右侍郎。三年三月授左翼总兵，五月授镶蓝旗汉军副都统，十一月充国史馆清文总校，十二月管理户部三库事务。四年正月兼署工部右侍郎，管理钱法堂事务，六月调镶白旗满洲副都统，十月上以爱仁拣选族袭佐领任意错谬，革去侍郎副都统，降为三品顶带，仍留左翼总兵任。五年五月授理

藩院左侍郎,六月授镶蓝旗蒙古副都统,九月充翻译乡试正考官,十二月调镶红旗满洲副都统。六年充翻译会试正考官。七年正月奏请银钱钞票仍照初定章程互换,允之,二月调礼部右侍郎,八月以失察步军统领衙门司员舞弊,自请严议,上加恩改为降三级留任。八年转左侍郎。九年正月充左翼监督,旋充国史馆副总裁,五月覆纂臣工画一列传告成,传旨优叙,十月调吏部右侍郎,十一月赐紫禁城骑马。十年五月升都察院左都御史,六月授镶白旗汉军都统,八月充崇文门副监督,十二月充经筵讲官。十一年擢工部尚书。同治元年正月,调兵部尚书,充实录馆总裁,时户部清厘五字钞票,命偕尚书万青藜覆加覈算,寻奏言一切卷宗并各项条款均属相符,司员裴音等尚非蒙混办稿,富绩等亦无牵混情形,诏如所议。二月奉两宫皇太后懿旨,在弘德殿教习清文。四月授总管内务府大臣,五月命偕左副都御史王茂荫往山西查办事件,分别奏结如例。二年十一月卒,遗疏入。谕曰:兵部尚书爱仁由翻译举人供职部曹,转升词馆,屡荷先朝知遇,洊跻正卿,清慎恪恭,克勤厥职。同治元年夏间,命往山西查办事件,迄今一载有余,案牍纷繁,均能次第清厘,不辞劳瘁。本月初旬,因交查各案均已办竣,谕令回京,方冀长资倚畀,兹据刘长佑奏称,该尚书由山西回京,抵正定途次,因喘嗽旧疾复作,调治未痊,即于初九日在正定寓所病故。披览遗章,良深悼惜。爱

> 仁着加恩照尚书例赐卹,任内一切处分悉予开复,并准
> 入城治丧,应得卹典,该衙门察例具奏,伊孙一品荫生诚
> 勋着俟百日孝满后由该旗带领引见候旨施恩,用示朝廷
> 笃念荩臣至意,寻赐祭葬,予谥清恪。五年十二月,《文
> 宗显皇帝实录》《圣训》告成,上以爱仁曾充总裁,赐祭
> 一坛。[15]

由此可知,爱仁由于翻译官清文翻译举人出身,加上后来屡
任国史馆清文总校和副总裁等职,故到了同治元年二月,获
得两宫皇太后垂青,入弘德殿教授小皇帝清文,而一生为官
"清慎恪恭"故得谥"清恪",与耆龄所言完全吻合。

　　此外日记中还提到"先考弼德公,官至一品",耆龄父亲
的身份则据其友人陈诗的《江介隽谈录·耆思巽侍郎诗》记
载可知:"长白耆思巽侍郎龄,乃诚果泉中丞冢嗣,崇尚儒术,
笃嗜风雅。"[16]"诚果泉中丞"即诚勋,在翁同龢、那桐、荣庆
等晚清重臣的日记中都可以找到其与日记主人交往的记录,
据《清代官员履历档案全编》中所见诚勋光绪十八年(1892
年)的详细履历可知,时为四十五岁,故应是生于1848年,隶
属满洲正红旗,因此耆龄的旗别也可以确定,非为镶黄旗等。
诚勋的早年经历,在其履历中记载十分详细:初"由一品荫生
于同治三年(1864年)七月恩赏六部郎中","六年四月签分
兵部",后因办事得力迭经议功保举。到光绪"五年(1879
年)十月,复因办理工程出力保奏,奉旨以知府在任遇缺即

选,俟得缺后赏加盐运使衔。八年二月,京察一等,记名以道府用,六月奉旨补放坐粮厅监督,十一月全漕告竣保奏,奉旨俟补道员后赏加二品顶戴"。"十二年四月,奉旨补授山东督粮道,八月奉旨调补直隶大顺广道。十三年五月,奉旨调补奉锦山海道兼按察使衔。十七年三月,丁本生母忧,六月回旗,八月由本旗带领引见,奉旨仍回原衙门行走,九月到部,十一月由吏部带领引见,奉旨着外用。本年三月服满,本月二十一日奉旨补授江西广饶九南道。"〔17〕可见其一路升迁极为顺利,毫无坎坷。至少到光绪二十四年七月十八日仍在此任上,并获得时任江西巡抚德寿保荐,有《奏为保荐九江道诚勋等道府以备录用事》折。此后的经历据笔者检索可知,从光绪二十五年开始又担任浙江宁绍台道,兼管浙海关。光绪二十六年十二月累迁至江苏按察使,二十七年七月廿日升迁为浙江布政使,二十八年十二月廿四日升为安徽巡抚,已经官至封疆大吏。〔18〕到三十二年二月初九日离任,改任江宁将军,留下的巡抚一职即由后来为革命党徐锡麟所刺杀的恩铭接任。该年十月初二日又调任广州将军,〔19〕又是短暂几个月后,于光绪三十三年正月廿日,调任察哈尔都统。〔20〕宣统元年八月廿四日,调任热河都统。〔21〕最后直到宣统三年二月廿二日,又调任广州将军,但并未履任,而是担任了弼德院顾问大臣,〔22〕于1915年去世,故耆龄称其为"弼德公",以上便是诚勋一生的任官经历。由于诚勋担任封疆期间,已是清末新政时期,故主持参与了安徽、察哈尔、热河等地兴学、办矿、市政等新政的开展。

诚勋任官期间,据笔者所见惟有光绪三十一年在安徽巡抚任上,曾被言官潘庆澜、蔡曾源等参劾"信任亳州知州宗能徵罔法营私",而后由当时署理两江总督的周馥奉旨调查。[23]周馥查明后覆奏"诚勋实无信任徇纵情事",但是最后谕旨颁布时,对于底下的墨吏还是加以严处,诚勋被劾事则"毋庸置议",[24]故未遭到任何贬斥,第二年反而升任江宁将军。不过有意思的是,到了民国初年,诚勋却以热河都统任内贪污公款的罪名作为被告,上了民国的法庭。宣统三年二月廿二日(1911 年 3 月 22 日)诚勋卸任热河都统,此后直至清亡的不到一年时间里,依次由溥颐、锡良和昆源先后继任。而昆源接任时已是辛亥革命爆发之后,待到民国伊始,袁世凯很快就派熊希龄前往接替。民国二年(1913 年)7 月 21 日,熊希龄因为到任之初财政支绌,入不敷出,故整顿财权、厘清旧案,发现诚勋在任内曾在"财政局销存项下提用银三万五千两,既无用途清单,又无支款细帐",因此两次致函询问。而待诚勋回覆后,熊氏认为其支吾其词,只顾推诿给属员。而由于诸人当时均不在热河当地,熊氏无法,只能上呈大总统袁世凯,请求移交司法部门,"传令该员等到案,如数追剿,以重公项,而警贪婪"。袁世凯直接批覆:"交司法部查核办理。"[25]此案一直拖到民国四年(1915 年)审理,由京师地方监察厅查照办理,但两位原财政局属员"迄无着落",且此事已改由时任热河都统姜桂题(熊希龄于 1913 年

7月已组建其第一流人才内阁去了)续办。而经查后,认为诚勋侵蚀证据不足,免于追剿,判决书则由《政府公报》和《司法公报》等做了通报,其中所列理由有一条较有说服力:"该被告交卸系前清宣统三年四月,中间继其任者有溥颋、锡良、昆源,该被告谓历经三任,若果交代不清,当时溥颋诸人岂肯代人负责,而不举发? 其言尚属可信。现在国体变更,中经兵燹,而交替又不止一次,该被告谓署中文卷难保无一二散失,此亦势所难免。该被告提用之款既属外销,而又事隔多年,册籍不无散乱,究之有无用途清单,实属无从考核。"〔26〕不过当时诚勋应已年老体衰,或者是碍于尊严,并未出庭,由其长子耆龄作为代理人。而诚勋最后于该年去世,则或许与此案的冲击不无关系。

耆龄之孙惠伊深后来撰有《禁城夕阳》一书(该书虽以耆龄为主人公,自称是利用祖上留下的文献而撰成的小说,但所作文字多为戏说,惟所附人物照片较为珍贵),其中提到耆龄向上四代均为单传,其祖父无子嗣,诚勋乃是由远房过继而来,直到耆龄这一辈方打破单传的纪录,另一子便是次子增龄。〔27〕1924 年 1 月 30 日,耆龄在日记中记道:"先严子女三人,今日只留我在,妹出嫁甫六年,遇人不淑,以致短折,伤哉",当日其妹病故,而其弟增龄也先已过世。现存耆龄与冒广生三十通书信中,其中就有一封书信正好是增龄亡故之后所作,其中第十五封书信中云:"连接手书,并苦亡弟诗一章,情真语挚,读之泪下。亡弟先我而死,实梦想所不到。其作病之原,由于知耻,回思往事,能不痛心?"可惜这些书信均无确切时间,不过这封信的后半段提到"家严身体如昔,尚能自遣",则诚勋尚健在,可知增龄去世应在其父(1915年去世)之前。[28]不过增龄早年的详细履历也可从《清代官员履历档案全编》找到,时为光绪二十九年七月,其中称:"增龄,现年二十七岁,系正红旗满洲觉罗俊桐佐领下人,由监生光绪十六年六月遵郑工例报捐员外郎,指分六部行走,十七年七月遵新海防例报捐花翎,二十七年九月遵新海防例报捐知府分缺先选用,二十九年六月遵新海防例报捐道员双月选用,又捐指分江苏试用。是月呈请分发复遵新海防例报捐三品衔,于七月十一日由吏部带领引见,奉旨照例发往。"[29]可见其一路依靠的均是捐纳,而据第一历史档案馆档案目录检索可知,其父诚勋是于光绪二十九年八月初十日为其上折谢恩,折名为《奏为次子增龄以道员奉旨分发江苏谢恩事》,与增龄履历相符。而到了光绪三十二年,诚勋因调任江宁将军,与其子同在一省为官,故上折请示,是否应予以回避,折名称《奏为臣奉命来宁镇守次子江苏试用道增龄应否回避请旨事》,而时为两江总督的端方则在同年十一月二十七日上折,认为无须回避,折名称《奏为江苏试用道增龄无须回避仍归江苏补用事》。最后可知的是,宣统元年八月十九日,时任察哈尔都统的诚勋又上折谢恩,这次是增龄被保为副都统,折名称《奏为次子增龄蒙保副都统记名简放谢恩事》,以上便是增龄的大致任官情况。在史料笔记中还有一则与之相关

耆龄(右)、惠均(左)父子

的记载,其中称辛亥年被革命党暗杀的广州将军凤山,其一女便是嫁予耆龄,而后诚勋宅中曾遭失窃,因凤女失去一箧大为可惜,据说是因凤山贪婪而其女陪嫁甚丰之故。[30]

另外,惠伊深在《禁城夕阳》一书的序言中还提到,耆龄一家与清朝皇室有着多重姻亲关系。耆龄第一位夫人为佟佳氏,而其续弦夫人瓜尔佳氏是荣禄侄女,与溥仪生母(即醇亲王载沣的福晋)为堂姐妹。[31]关于这一点,庄士敦在《紫禁城的黄昏》一书中也称耆龄"和逊帝的生母醇亲王福晋的外家有婚姻关系。"[32]另外,耆龄有一子名惠均,即后来著名的画家惠孝同(1902—1979年,号柘湖,别号松溪,1920年入中国画学研究会,师从金城,参与发起"湖社"),他的第一位夫人为他塔拉氏(据《湖社月刊》可知,汉名作唐含章,字梅生,亦擅画[33];据惠伊深称,作唐梅,恐回忆有误),为珍妃、瑾妃的亲侄女,他塔拉氏之妹(汉名唐石霞)又嫁予溥杰。[34]因此当民国初年,耆龄担任小朝廷内务府大臣,其与宫中关系变得更为密切,这从日记中记载的四宫太妃(尤其是永和宫的瑾妃)对其家庭成员的屡次赏赐可见一斑。另外耆龄儿媳他塔拉氏常带子女进宫会亲,也不是一般大臣家庭所能有的资格。

耆龄的孙辈,据现存日记可知,其在世时至少已有女孙和男孙各一,分别于1920年8月28日和1922年8月19日出生,其中孙女乳名立格,孙子乳名保格,大名伊徹。1941年,《三六九画报》上刊登一则讯息,其中称"惠孝同先生女公子履中女士,于夏历二月廿八日于归,乾方为交通总长吴毓麟之孙公子吴乃璋(少轩)君",[35] 按照年纪来推测,履中应即是立格。另外惠均与他塔拉氏并未白头偕老,1932年《湖社月刊》登载惠氏的婚讯,[36] 可见是再娶,而后所生子嗣应即为1939年出生的惠伊深,故耆龄孙辈至少有三人。

## 仕宦经历

由耆龄《赐砚斋日记》可知,其本人长期有记日记的习惯,故篇幅实应远大于现有规模。而现存的这部分日记,其缘起便是耆龄被授予总管内务府大臣,且所记内容随着时间越来越详细。耆龄被授职一事,在其本人和同僚绍英的日记中都有记载,时间是1916年3月8日,[37] 而这也成为现存《日记》开始的日子。

其实耆龄在遗折中曾极为简略地叙述过自己一生的履历:"臣满洲世仆,受国厚恩。由八品笔帖式,洊擢至内阁学士兼礼部侍郎衔。国变以后,犹蒙圣明垂注,俾效驰驱,始翊卫于宫门,继宣勤于少府。"[38] 因为耆龄出身仅为监生,[39] 功名较低,非如有些记载所言的进士出身,故其仕宦是以八品笔帖式这一满员常用的进身之阶起家。1921年11月,耆龄曾因作诗与陈宝琛略起争执,为的便是其功名低微,更非翰林出身,为遗老诗友所轻,其在日记中称"弢老又谓余非翰林,故词藻对仗俱不工丽,此言过矣。诗不先讲意义理法骨干,徒事涂泽,虽翰林所作,亦当不取,况今之翰林在者不少,谁是读书而有根柢者耶? 吾实不服。"[40]

　　耆龄出仕的年纪未有明确的记载,其早年的任官轨迹也不十分明晰,只是在 1921 年 1 月 21 日的日记中称"二十年前官刑曹",那么应是在 1901 年左右在刑部任职。检索第一历史档案馆所藏档案目录可知,刑部于光绪二十八年(1902年)九月曾上过一道《为刑部满洲郎中耆龄学习期满留部事》的折子,可见耆龄于该年九月已经留在刑部担任候补郎中,与其自道的"官刑曹"正好相合。同在光绪二十八年,外务部总理大臣奕劻上《奏为刑部候补郎中耆龄分发浙江候补道荣勋办理崇文门税务不辞辛劳请旨奖叙事》一折,而其中详情据《大公报》1902 年 9 月 3 日刊登的时事要闻可知,当时有"崇文门正副监督所派委员有奏委、堂委名目,荣相所派奏委即浙江道荣勋字竹侬,甫自日本回国者,闻庆邸之奏委已派耆龄,即浙江藩司诚勋之公子"的报道。[41]正是这一年的 8月 29 日,随同吴汝纶一同到日本考察归国的绍英,也奉奕劻之命在崇文门充堂委差使,成为耆龄的顶头上司。从《绍英日记》可以看出,他与耆龄应是追随奕劻颇勤,故此时同在崇文门接任肥差。此后如 1903 年初,绍英便在其日记中提到与耆龄在公务上的往来。[42]到了该年十月初四日(1903 年11 月 22 日),已升任安徽巡抚的诚勋上《奏为长子刑部候补郎中耆龄奉旨加恩以五品京堂候补谢恩事》折,可见耆龄因为办理崇文门税务差使的褒奖已官至五品。1905 年 4 月 26

日,绍英在其日记中又记载一事,当日接到瑞丰来信,"云新借镑款明日系第一还期,如以崇文门税项作抵,应请奏委签字支单",而此项后来便是交予耆龄签字,[43]可知期间耆龄一直是在崇文门担任差使。

光绪三十二年(1906年)六月二十四日,有上谕称:"商部右丞着杨士琦补授,熙彦着转补商部左参议,商部右参议着耆龄补授。"[44]可能仍是耆龄办理崇文门税务有功的延续,故而进入农工商部。在此后数月间,耆龄的升迁速度简直可以用飞跃来形容。到九月二十四日的上谕中又称:"杨士琦着转补农工商部左丞,农工商部右丞着熙彦补授,耆龄着转补农工商部左参议,农工商部右参议着沈云沛补授。"[45]可见随着上头的一步升迁,下面马上各升一级。光绪三十二年十二月十九日,从上谕又看到变动:"农工商部奏遴员请补丞参各缺一折,农工商部左丞着熙彦转补,所遗右丞着耆龄补授,沈云沛着转补左参议,余着照所议办理。"[46]又到第二年的正月二十七日,上谕称:"农工商部奏请补左右丞缺一折,农工商部左丞着耆龄转补,农工商部右丞着沈云沛转补。"[47]从前一年的六月至这一年正月,正好七个月时间,耆龄已经从原来五品候补郎中升任至正三品的农工商部左丞。这里隐含的官场变动,就不得不提到清末新政中丙午、丁未年间的官制改革。胡思敬在《国闻备乘》中曾批评过这场"保荐开而世族盛"的"丁未设丞参","丞参不分满汉,满员同时用十一人,皆借门望以起,民政部左参议裕厚为学部尚书荣庆胞叔，礼部右丞英绵为大学士麟书子，右参议良揆为大学士荣禄子，商部左丞耆龄为江宁将军诚勋子……"胡氏列举多达八位丞参均是如此，认为其弊直如魏晋九品中正制。其实如前面介绍，耆龄之弟增龄也是如此步步高升，到宣统元年甚至升至副都统的地位。而耆龄、增龄昆仲每一次升迁，其父必有谢恩，甚至一次升迁要谢恩两次，无怪乎满汉之隙与日俱积，官场也愈加昏暗。在进入高级别的丞参之后，耆龄的升迁更是完全没有停止的势头。光绪三十三年（1907年）九月十八日，诚勋上《奏为恩赏臣子耆龄二品衔谢恩事》折。第二年七月初三日，耆龄一度还署理农工商部左侍郎。[48]七月二十七日，更是补授为内阁学士兼礼部侍郎衔，官位正式等同于一部的堂官。[49]而上述经历全在农工商部，其间与载振、绍英、熙彦、杨士琦、王清穆、唐文治等先后为同僚。故日记中也多次提到商部旧雨聚会，而绍英更是因为一直合作任事的关系，与其往来颇为频密。

1908年11月15日，慈禧太后驾崩，其在东陵菩陀峪经营多年的百年吉地终于要开启使用，照例要派官员先行勘查陵工及沿途情况。光绪三十四年十二月二十一日，上谕称："菩陀峪定东陵应修神路、营房工程，着派绍英、耆龄敬谨估修。"[50]据《绍英日记》可知，绍英是在第二年也就是宣统元年正月初三日（1909年1月24日）请训后，赴东陵查工，耆龄很可能与其同行。其后绍英先归，而耆龄要到二月十二日（3月3日）由东陵回京。当日铁良已与绍英商议，"交来菩

陀峪吉地保奖单,已由庆邸点定"。3月7日,诸人继续商议
此事。此后于闰二月十一日,耆龄再次前往东陵勘查。4月
20日,庆王奕劻正式上《奏保恭修菩陀峪定东陵工程人员》
一折,上谕立予批准:"监督铁良着交部从优议叙,绍英、荣
勋、耆龄均着赏给头品顶戴等因。"4月27日,诚勋也照例为
子升官上折谢恩。到八九月间,绍英与耆龄又先后接到赴东
陵查工的差使,待到完成后,于十月十二日(11月24日)又
进入庆王所拟的新一轮保案,十一月初十日,诚勋再上《奏为
长子耆龄奉旨补授马兰镇总兵兼总管内务府大臣谢恩事》
折,耆龄官职达到顶峰。晚清保举捐纳泛滥,官员升迁极难,
即使翰林也须有差使保举方得补缺,时称"帝师、王佐、鬼使、
神差名目,皆美授也"。[51]其实另外一点,帝王陵寝的修建,
从营造到奉安,一切参与人员皆可得到保奖,因此在清末光
绪、慈禧两宫隔日先后驾崩,无疑陵工也成为美差,耆龄、绍
英等人都是借此机会扶摇直上。奇怪的是,耆龄并未赴任马
兰镇总兵一职,据十一月十三日上谕称:"马兰镇总兵耆龄未
到任以前着载瀛暂行理事。"[52]而第二天的《邸抄》中也称:
"耆龄请假二十日。"[53]当十二月初五日假满之时,从《邸
抄》中得到的信息却是"奏请开缺"。第二日,正式批准,并由
苏噜岱继任。其中缘由,直到宣统二年五月十四日(1910年
6月20日)的《邸抄》方才得知,原来是因病无法远赴马兰镇
任职,或许也是耆龄不愿离京的托辞,到了五月这一日痊愈
请安,此后很可能一直赋闲未任事。

进入民国,耆龄后来在遗折中曾自道:"国变以后,犹蒙圣明垂注,俾效驰驱,始翊卫于宫门,继宣勤于少府。"而前面提到,1915年耆龄代父出庭打官司,当日判决书在代理人信息中写的是:"耆龄,旗人,住马大人胡同,年四十五岁,皇室侍卫,诚勋之子。"同时《绍英日记》中也详细记录了耆龄的任职情况,1915年5月1日,有谕旨称:"耆龄、荫桓着加恩赏给头等侍卫,在乾清门行走。"因此,耆龄之孙惠伊深在《禁城夕阳》中又称其是担任乾清门七品侍卫起家,则可能是与此混淆,不合实情。1923年初,耆龄欲为其子惠均谋求乾清门侍卫一职,甚至还托请同僚绍英帮忙说情,而当谋职成功后,他拿出两方王幼泉(清代潍坊印家,曾为溥仪治印)所刻的旧印赠予惠均,一为"乾清门侍卫",一为"期门执戟",[54]期门是汉武帝时所置官职,掌执兵扈从护卫,而其值勤时所持兵器即为戟,因此这两枚印记应是耆氏在民初担任过乾清门头等侍卫一职的确凿证据。而"少府"乃是古代九卿之一,掌管的是皇室私财和生活事务,因此在清代成为内务府大臣的别称。而耆龄在宣统元年本已被授予马兰镇总兵兼总管内务府大臣的职务,后因病开缺,到1916年重入内务府可以说只是旧事重提罢了。《中和月刊》编者在《赐砚斋日记》连载首页的按语中也说道:"君以乙卯之岁,入直禁中,已当鼎革之后,十余年中,笃忠匪懈,日记亦相终始焉。"《耆龄日记》的内容毋庸笔者多加赘言,其价值无疑在于详细记录了从1916年直到1924年溥仪被赶出紫禁城前的史事,尤其是小朝廷内务府的事务，与《绍英日记》等合看，便能极为细致地复原紫禁城中焦头烂额的经费维持、尴尬彷徨的政治处境、各怀鬼胎的私心算计等等，是展现民初小朝廷及其中人物生态图景的可靠资料，这在前辈学者高伯雨、吴相湘和苏同炳等人的文章中早已多有引用。

在溥仪离开紫禁城后，由于耆龄的职责所在，还担任了清室善后委员会的成员，与民国委派的人员一同点查清宫物件，作为交割善后。[55]另外尚有值得一说的，便是1928年耆龄与宝熙、陈毅、徐埴等人参与了东陵盗案的善后工作。《赐砚斋日记》连载于《中和月刊》，始于1942年第3卷第6期，此后几乎没有间断，日记所记内容在甲子年八月十五日（1924年9月13日）戛然而止，直接原因便是抗战胜利在即，有着亲日背景的《中和月刊》停刊（终于1945年第6卷第3、4期合刊），日记连载也不得不就此打住。而耆龄在1928年的东陵办事日记，以《耆寿民日记》为名，作为《戊辰东陵案文献》之一种，早于其他部分的《赐砚斋日记》，最先刊登在《中和月刊》1941年第2卷第8期，其中选录了与东陵一案有关的日记文字。宝熙、陈毅、徐埴三人留下的日记或纪事诗也作为《戊辰东陵案文献》一同刊登，几种史料合看，则对于被盗各陵的惨状、来回路途的艰辛，均可了若指掌。耆龄自1908年开始参与东陵估修，至此已二十年，于陵工熟悉且为人勤恳，也可说是拖着病躯做成了人生最后一项大事业。因此当1931年昭西陵被盗，溥仪君臣谈及几年前的东陵案

《中和月刊》之《赐砚斋日记》首页

时,感慨"当日在事者如陈毅、耆龄先后物故,今已不可再得,深可忧伤"。[56] 本文开头已经提到,耆龄于 1931 年 4 月 30 日去世,不过也有幸运的一面,因为没有来得及碰到溥仪出逃东北一事,免去了他必定要做出的抉择。需要附记的是,此次整理陈毅《东陵道》纪事诗,当校样已成,因时间紧迫,未能与后来得知南开大学所藏更为完善的《东陵道》版本相校勘,所录文字虽几近完备,但终究留下了遗憾,只能留待将来。

## 学 问 志 趣

除了官员这一身份外,耆龄本人还有很多兴趣,读书治学更是其日记最重要的内容之一。首先,前文提到有研究者质疑辨正《中国历代藏书家辞典》中耆龄条目的文字,可见耆龄也被当作藏书家而闻名于世。在伦明的《辛亥以来藏书纪事诗》中,便将耆龄专门作为一家列入,附带光熙一起作为满人藏书家的代表。伦明诗中称:"长白残阳硕果留,坐陪词客与僧流。十年衰盛香儿巷,纪事从兹讫满洲。"其中长白指的便是满人发兴之地,常被用作籍贯。另外说明文字中又称:"满洲耆龄字寿民,辛亥后尚存,与徐梧生善,终日摩挲古椠以为乐。所藏有汲古阁抄本《古文苑》《宋高僧诗选》《酒边词》《琴趣三编》等,后皆归袁寒云。"[57] 这从耆龄日记中也可以得到印证,其对于藏书颇为热衷,家中藏书楼也不止一座。如冒广生便有一诗记其书楼,其中有句称:"君家有高楼,楼开见西山。楼上万琳琅,楼下千琅玕。"[58]陈诗在《题耆寿民侍郎见山楼藏书图》中也将其定为满人中宝廷、盛昱以下之第三人。[59]而伦明提到的几种清初汲古阁影宋抄本,因为是仅次于宋本真迹的珍本,故在袁克文的藏书题跋中也有提及。李红英所著《寒云藏书题跋辑释》中,详细介绍了袁氏所藏清影宋钞本两《汉书》,其中袁氏题跋称"予所藏并此十品",而上述耆龄旧藏四种均在其列。其中《琴趣三编》即《闲斋琴趣》《醉翁琴趣》《晁氏琴趣》,袁克文得藏后将其并称为"三琴趣",并制"三琴趣斋""三琴趣斋珍藏"等印记,可见珍视。[60]至于伦明提到耆龄与徐梧生(即徐坊)交善,徐氏也是藏书家,其藏书楼"归朴堂"藏书之名与潘氏"滂喜斋"、盛氏"意园"并举,笔者在拍场中还见到数封耆、徐二人的往来短札。

耆龄其他藏书,照伦明的说法皆归袁克文所有,但后来袁氏藏书也四处流散,故只能通过他人著录以及现有各大图书馆的目录信息搜寻一二。如文献学家王雨的《古籍善本经眼录》中收录"明刊宋本临川先生文集百卷"一种,记载有耆龄"思巽藏书"印记。[61]笔者目前在北京大学图书馆馆藏信息中寻得四种有耆龄收藏印记的古籍,分别是姚鼐《惜抱轩文集》《惜抱轩诗集》,嘉庆十二年广州姚原绂刻本,钤"思巽校读""耆龄藏本";钱大昕《嘉定钱氏潜研堂全书》,光绪十年长沙龙氏刻本,钤"思巽所获书";沈钦韩《汉书疏证》,清光绪

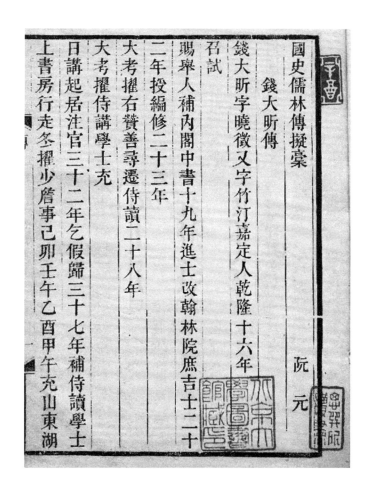

國史儒林傳擬槀

錢大昕傳

錢大昕字曉徵又字竹汀嘉定人乾隆十六年

召試

賜舉人補內閣中書十九年進士改翰林院庶吉士二十

二年授編修二十三年

大考擢右贊善尋遷侍讀二十八年

大考擢侍講學士兼

日講起居注官三十二年乞假歸三十七年補侍讀學士

上書房行走冬擢少詹事己卯壬午乙酉甲午充山東湖

阮

元

耆龄所藏《嘉定钱氏潜研堂全书》

二十六年浙江官书局刻本,钤"耆龄之印"。这几种书籍在耆龄日记中也都有阅读的记录,而钱大昕的著作尤其值得一提。1921 年 12 月 30 日,耆龄在日记中写道:"近读《潜研堂集》,颇心折于竹汀之学,因及《养新录》,记二十年前随侍九江,将还京服官,先师石沂甫先生手书书目一纸赐之,教曰'京曹多暇,不可废读,是皆尔应习者也'。目中书甚多,经史外附列者,有顾氏《日知录》、钱氏《养新录》。别后过上海,按目收之,有未得者至京续补,遂大备,暇即取读,从未间断。遇读之不能入者,置之,隔数月或年余再读,仍不能入,再置之,竟有三四读三四置者,终必期于能入而后已。遵行二十年,循环往复,一如师教,藏书渐渐能读矣。即如《日知录》,自去冬始能读。《养新录》则今日读之方无扞格,若非于无意中先读《潜研文集》,心有所获,触类引申,亦未必能遽入耳。读书贵能入,何可以轻心掉之,卤莽从事,安得起九原而告之,再请益也,为之黯然。"从其日记中可知,耆氏不仅爱藏书,更爱读书,于舆地之学尤为喜爱,《汉书地理志》《水经注》《读史方舆纪要》等书更是其案头常备校读之书,甚至"每至烦闷,多借其排遣,他书不能也",[62] 一度更是仿照沈垚《后汉书注地名录》辑录《通鉴地名录》以为读书日课。据其孙惠伊深《禁城夕阳》插图可知,耆龄留下了一部《惜阴日录》,正是类似这些日课文字。因此,耆龄于顾、钱之学颇为心折,读其书更是郑重其事,不敢轻心掉之,非如今日无知之辈,胡乱笺注,妄加批评。

前引耆龄日记中提到早年曾随其父游宦九江,所拜的老师名为石沔甫,笔者检索史料,未能考证其人具体生平,仅在福建词宗谢章铤的《赌棋山庄集》中找到一封《答石生沔甫》的书信,可以从中知道此人的一些信息片断。前文已经提到,光绪十八年(1892)诚勋开始担任江西广饶九南道,直到光绪二十五年(1899)离任,故耆龄师从石沔甫应是在此期内。《答石生沔甫》收于《赌棋山庄文又续集》卷一,该集于光绪戊戌仲冬刊行,信中主要内容是师生二人讨论宝廷所作的《古文尚书解纷》,据宝廷之子寿富所编《先考侍郎公年谱》所载,该书成于光绪十五年(1889),[63]故该信所作时间应是此后不久,与耆龄受师教的时间也极为相近。在这封信中,谢氏开头称当时石氏已到"海口道",但不知其确切所指。信中就宝廷之著作,谢氏认为其乃"名士每好訾謷前辈"之恶习,劝石氏要学习乾嘉诸老"读书好古,朝得一证,暮得一间"的实证精神,不可"巧于争名"。[64]由此与石沔甫叮嘱耆龄合看,显然接受了其师的教诲,间接对于耆氏的学风也产生影响。耆龄留下的印记甚多,其中有一枚极长的印记为"长乐谢枚如先生门下私淑弟子耆龄",便是此事最好的证据。谢枚如就是谢章铤,是咸同年间重振闽词的重要人物,其发起的聚红词榭雅集,更是晚清一个重要的词学流派。[65]上文提到,陈诗在其诗话中也专门抄录耆龄诗作,称其"崇尚儒素,笃嗜风雅"。另外,在1921年11月,耆龄曾与陈宝琛因作诗略起争执,其对自己诗词才华也颇为自信,因此认为自

"长乐谢枚如先生门下私淑弟子耆龄"印

己虽不是翰林却极为不服。其实伦明纪事诗中称"坐陪词客与僧流",已可看出耆龄的喜好,同时笔者也在其日记以及陈宝琛、冒广生、三多、毓朗等人的诗文中找到唱和往来的记录。而耆龄的诗词成就也得到了诗坛的肯定,孙雄在《道咸同光四朝诗史》中将其单独列为一家,收录七首诗作。[66]在后人所作《满洲文学史》中也对耆龄及其词作评价颇高,其所依据的便是叶恭绰在《全清词钞》中收录耆龄词六首,"录词之多,远超其他词家"[67],实则叶氏在《广箧中词》也是将耆龄单独作为一家,并收录其词作。钱仲联的《光宣词坛点将录》中,将耆龄定为排名第 104 的地劣星霍闪婆王定六,并引述叶恭绰评价耆龄《三姝媚》一阕为"掩抑低回"。[68]而据孙雄、叶恭绰及其他材料所言,耆龄的著作应有《蠖斋集》一种,《居易堂诗稿》钞本一种,《消闲词》或称《见山楼词》一卷,惜迄今均未能寓目。[69]

　　耆龄晚年还做过一件雅事,其日记中多次提到有《独立图》一卷,遍求当世名家为其题跋。近人邱炜萲在其《五百石洞天挥麈》中曾谈及题画诗这一特殊的体裁:"题画诗有二:一为观人所作之画而我为之题,一为我所自作之画而自为题之。观人之画,或则赞叹其妙,或则因寄所托。"[70]耆龄这幅画的大量题跋,即是邱氏所言的"因寄所托"。据王国维《题濩斋少保独立苍茫自咏诗图卷》二首可知,耆龄应是根据杜甫《乐游园歌》所作的画卷,该诗末句便是"独立苍茫自咏诗"七字,其画作完成的时间应是 1921 年 5 月 12 日,当时请

**耆龄所书联语**

宗室溥忻为其题写后付裱。其后参与题跋者,目前确切可知的至少有陈宝琛、杨钟羲、沈曾植、王国维、朱益藩、吴庆坻、郑孝胥、朱汝珍、陈伯陶、温肃、升允、铁良等十数人,故虽未见其图,但由杜诗及众人题跋大致可以推测其寓意所在。杜甫原诗为:"乐游古园崒森爽,烟绵碧草萋萋长。公子华筵势最高,秦川对酒平如掌。长生木瓢示真率,更调鞍马狂欢赏。青春波浪芙蓉园,白日雷霆夹城仗。阊阖晴开㸌荡荡,曲江翠幕排银榜。拂水低徊舞袖翻,缘云清切歌声上。却忆年年人醉时,只今未醉已先悲。数茎白发那抛得,百罚深杯亦不辞。圣朝亦知贱士丑,一物自荷皇天慈。此身饮罢无归处,独立苍茫自咏诗。"其中前面十二句从各个方面描写了开元盛时曲江游宴的奢华场面,但此后忽然跌入盛景不再而苦叹生平,由乐极而生悲,全诗形成巨大的张力。[71] 而从各家为耆龄《独立图》所作题诗中,也都反映出这一层意思,尤其因各家均为遗老耆旧,由杜诗的盛衰转移感慨清室的鼎革遭遇,大有"回首同光已惘然"之感。如陈宝琛言"古来欲遁何曾遁,今日言愁始欲愁",沈曾植言"天上客愁还恼悦,人间远望一凄其",吴庆坻言"十年尘梦感钧天",均是此意。而陈宝琛所言"中流",陈伯陶所言"劲草""孤松"等,则莫不是遗老间自况相砥的常用表达。

其实除了《独立图》题跋,还有如曾习经、冒广生、陈诗等曾为耆龄自画藏书楼《见山楼图》题过诗,不仅可见其藏书之名颇盛,亦可知其定擅长书画。而且在1922年,耆龄奉命与载泽、载润、溥忻、陈宝琛、朱益藩、袁金铠、朱汝珍、宝熙等人一同清查大内字画,获睹大量珍稀真迹,他更是清查工作章程的起草人。而其后来语人云"近来收藏家鉴别字画,审印章,辨茧纸,考款识,稽年月,皆皮相耳。古大家一落笔自有真处,不同凡近,绝非后生末学所能仿佛",颇为时人记为名言。[72]耆龄后又命其子惠均师从金城习画,同时在其熏陶之下,也成为现代著名画家。在拍场中,笔者也看到多幅耆龄题赠他人的书画作品,风格清雅。日记中也因多次记录亲贵反复请其题款而不胜其苦,从侧面也看出其在当时颇具声名。此外,对耆龄诗才颇为推崇的叶恭绰在《遐庵谈艺录》中还将其列为当世藏墨名家,并辑录其所作《墨守》一卷(又名《蠖斋藏墨记》),文字较长,故不在此迻录,[73]但从中可见其志趣之广与收藏之精,在清末民初满人中实属翘楚。

## 结　　语

由整理《耆龄日记》以及后续考证其家世、生平、志趣,笔者对于其人大致有了较为全面的了解。从日记本身来看,耆龄的记载有一个从略到详的过程,大体从1919年开始较为详细,所记内容也逐渐丰富。其中详细记载了紫禁城内发生的大小事件,如溥仪大婚的前后经过,1922年清查大内字画的始末等。另外留下了陈宝琛、朱益藩等诸多遗老的珍贵记忆,又如1923年6月1日,耆龄在日记中记录了王国维新任南书房行走后的观感，只是评价颇为不高："王静安国维来，见之，升吉甫（升允）所保荐，新派南书房行走者也，浙产，罗叔言（罗振玉）之戚，年四十七八，村学究耳。"

耆龄本人虽是满洲世家出身，但为人相对谨饬本分，故其谥号定为"勤恪"，因而也相对保守，正如庄士敦在其回忆录中评价："他（耆龄）为人聪明伶俐。在初时我以为他是个有作为的人，于是想通过他来进行一些改革紫禁城内部的工作。然而他对革新的兴趣，只是在言论方面，至于实行则敬谢不敏了。"[74] 又如1922 年4 月27 日溥仪率性在紫禁城内剪去了发辫，[75] 几日之后耆龄在日记中记道："上于初一日剪发，我辈于义应争，既已不及，则应随之剪去。五十二年受之父母者，一旦弃去，实有不忍，此举也殊难委决耳。内事之不堪设想者何许，是不过一端而已。"[76] 可见过于迂执。但也正是他的谨饬和迂执，又加上几分自带的书生气，使得耆龄在有些事情的看法上与同僚相比稍显正直。耆龄供职的内务府，此时已不仅仅是管理皇室私产而已，在其他部门早已废尽的时代，俨然成了小朝廷维持正常运转的首要部门。耆龄在日记中时常痛斥"内事棘手、纷扰、丛脞"，其中痼疾当然是积久而成，内务府初由世续领衔，其去世后由绍英继任长期总管。在日记中，耆龄对此二人多有批评，认为世续"无休休之度，有娼嫉之心，纯一私字所团结"，而绍英则"定力不坚，专工迎合……难为领袖"，"种种顾虑，畏难不迫"。[77] 这与庄士敦的观察正好相合，其回忆录中称世续曾"纵容他的属员作弊",绍英则"胆小怕事","凡是只有退保,没有前进"。[78]而溥仪之父醇亲王载沣则本是庸懦之人,故耆龄在日记中也对其多有指责,"邸既轻听,又复□□,隐患方长,思之心痗,遇事进言,反为迎合者作阶级,于事无补,更生枝节","内事枝节日多,嫌隙亦日积,皆邸不善调停所致",[79]所下判语也确为症结。同时耆龄也敢于直言讽谏,在溥仪大婚后不久,1922年12月14日的晚上,他忽然接到电话称溥仪要看《百美图》,其在日记中就直称此举乃是"可怜夜半虚前席,不问苍生问鬼神"。1923年7月28日,由于司房报价浮冒,溥仪对于内务府属员丧失信任,欲重添已被裁撤的太监十人,绍英等不敢觐见,公推耆龄前往,其直言"太监既裁不宜添传,刑讯久废更不宜再用",为溥仪所嘉纳,进而鼓励"嗣后有过失,尔可直言无隐,朕甚愿闻"。而最后直到遗折中,还在反复劝谏"皇上远佞亲贤,乘时懋德,殷忧所以启圣,常抱卧薪尝胆之思"。

但是尴尬维持的小朝廷内事既不堪,又常有"外侮环乘",故耆龄在后期也时常透露出心灰意冷而又进退两难的复杂心绪。在1922年12月20日的日记中便称:"年来闻见有日退无日进,此中殆有运数,自非一二人所能挽回,与其合污,何如自洁?又恐人以恝置见责区区,进退真两难矣。"到了1924年1月,"退志又萌","当思解脱之法,同流合污,余实有所不能也"。加上此时的耆龄早已百病缠身、老态屡现,因此这也可能是后来未随溥仪出逃天津而留守北平直至去世的原因之一。不过耆龄终究是退无可退的,现存最后的日记停留在 1929 年 1 月 29 日,所记的内容仍是东陵盗案的后续——民国军方又起获盗卖东陵赃物百余件。其后两年多的境遇,或许真如胡嗣瑗挽联中所言"艰危积忧愤,竟使吞声到盖棺"。

**注释**

〔1〕刘禺生:《世载堂杂忆》,中华书局,1960 年,第 233 页。

〔2〕胡嗣瑗著,裘陈江整理:《胡嗣瑗日记》,凤凰出版社,2017 年,第 28 页。

〔3〕关于该刊的介绍,可参考于静《林辰藏沦陷区期刊——〈中和〉月刊》《鲁迅研究月刊》2007 年第 5 期。但将《中和月刊》终刊的时间搞错,认为只到第五卷,实则还有第六卷第一至四期(其中三、四两期合刊)。

〔4〕胡嗣瑗著,裘陈江整理:《胡嗣瑗日记》,第 6 页。

〔5〕同上书,第 12 页。

〔6〕同上书,第 17 页。

〔7〕同上书,第 19 页。

〔8〕同上书,第 28 页。

〔9〕秦国经:《逊清皇室秘闻》,紫禁城出版社,2014 年,第 228 页。

〔10〕《胡嗣瑗日记》,第 35 页。

〔11〕远志:《这"耆龄"不是那"耆龄"》,《读书》1991 年第 12 期。

〔12〕秦国经主编:《清代官员履历档案全编》第 28 册,华东师范大学出版社,1997 年,第 376 页。

〔13〕字号主要依据上海博物馆图书馆编《冒广生友朋书札》收录的 30 封耆龄致冒广生书信的落款,上海书画出版社,2009 年,第 89—100 页。

〔14〕所有室号均可见于《赐砚斋日记》,多为其藏书之所。如"赐砚

斋"即为本日记之原名;"濩斋"则见于耆龄留下的书画作品及友朋陈宝琛等所作唱和诗词;"居易堂"有溥仪钦赐匾额为证;"见山楼"见于冒广生、陈诗、曾习经等为其《见山楼藏书图》题赠的诗词等。"惜阴堂"为耆龄书房,见惠伊深《禁城夕阳》上册插图说明,新世界出版社,2004 年。

〔15〕《清国史》(嘉业堂钞本)第十册,中华书局,1993 年,第 92—93 页。

〔16〕《国风报》1910 年第 1 卷第 33 期。整理本见王培军、庄际虹辑校《校辑近代诗话九种》,上海古籍出版社,2013 年,第 63—64 页。

〔17〕秦国经主编:《清代官员履历档案全编》第 5 册,第 383—384 页。

〔18〕以上经历见钱实甫《清代职官年表》,第 2201—2202、1960—1961 页,不过该书将诚勋旗别误作正白旗,见该书第 3257 页。

〔19〕魏秀梅:《清季职官表》,"中央研究院近代史研究所",1977 年,第 979 页。

〔20〕同上书,第 1019 页。

〔21〕同上书,第 1013 页。

〔22〕《清代职官年表》,第 3094 页;《清季职官表》,第 1001 页。

〔23〕参见中国第一历史档案馆目录系统所检档案,光绪三十一年正月三十日户科掌印给事中潘庆澜《奏为特参安徽巡抚诚勋等庸劣不职各员事》、八月初九日福建道监察御史蔡曾源《奏为特参安徽巡抚诚勋信任亳州知州宗能徵罔法营私纵盗虐良请饬下邻省大员严密查办事》、十一月十一日署理两江总督周馥《奏为遵旨查明安徽巡抚诚勋、亳州知州宗能徵被参各款请旨查处事》。

〔24〕《清代起居注册·光绪朝》第 73 册,联合报文化基金会国学文献馆,1987 年,第 37142—37143 页。

〔25〕周秋光编:《熊希龄集》,湖南出版社,1996 年,第 639—

640 页。

〔26〕《政府公报》1915 年 7 月 8 日第 1137 号;《司法公报》1915 年第 37 期;《诚勋案判决免予追剿》,《新闻报》1915 年 7 月 12 日第 5 版。

〔27〕惠伊深:《禁城夕阳》上,第 23 页。书中存在一些明显的史实错误,如第 21 页称同治五年,耆龄二十四岁等。

〔28〕上海博物馆图书馆编:《冒广生友朋书札》,上海书画出版社,2009 年,第 93 页。

〔29〕《清代官员履历档案全编》第 7 册,232—233 页。

〔30〕裘毓麐:《清代轶闻》卷七,第 34—35 页,上海书店出版社,1989 年。

〔31〕惠伊深:《禁城夕阳》上,序言第 2 页。

〔32〕庄士敦著,高伯雨译注:《紫禁城的黄昏》(评注插图本),上海人民出版社,2019 年,第 62—63 页。

〔33〕《唐含章女士人物山水》,《湖社月刊》1929 年第 23 期;《唐梅生女士人物山水册其二》,《湖社月刊》1929 年第 24 期。

〔34〕唐石霞口述,惠伊深著:《我眼中的末代皇帝:爱新觉罗·溥杰夫人口述史》,北京联合出版公司,2016 年,序言第 4 页。

〔35〕《艺讯一束》,《三六九画报》1941 年第 8 卷第 11 期。

〔36〕《画界琐闻》,《湖社月刊》1932 年第 60 期。

〔37〕绍英著,张剑整理:《绍英日记》,中华书局,2018 年,第 314 页,1916 年 3 月 8 日:"钦奉谕旨:总管内务府大臣着耆龄补授,钦此。"

〔38〕秦国经:《逊清皇室秘闻》,第 228 页。

〔39〕庄士敦著,高伯雨译注:《紫禁城的黄昏》(评注插图本),第 63 页。

〔40〕《赐砚斋日记》1921 年 11 月 27 日。

〔41〕《大公报》1902 年 9 月 3 日第 1 版。

〔42〕绍英著,张剑整理:《绍英日记》,第 42、43、60—63 页。

〔43〕同上书,第 108 页。

〔44〕《大公报》1906 年 8 月 14 日第 1 版。

〔45〕《大公报》1906 年 11 月 11 日第 1 版。

〔46〕《大公报》1907 年 2 月 2 日第 2 版。

〔47〕《大公报》1907 年 3 月 12 日第 1 版。

〔48〕魏秀梅编:《清季职官表》,"中央研究院近代史研究所",2002 年再版,第 331 页。

〔49〕《大公报》1908 年 8 月 24 日第 1 版。

〔50〕《大公报》1909 年 1 月 13 日第 1 版。

〔51〕陈康祺:《郎潜纪闻二笔》卷九,中华书局,1984 年,第 485 页。

〔52〕《上谕》,《大公报》1909 年 11 月 26 日第 2 版。

〔53〕《邸抄》,《大公报》1909 年 11 月 27 日第 1 版。

〔54〕《赐砚斋日记》1923 年 1 月 11 日。拍卖市场中有一幅耆龄所作的团扇面便有这枚印记。

〔55〕秦国经:《逊清皇室秘闻》,第 40 页。吴景洲:《故宫五年记》,上海书店出版社,2000 年,第 8 页。

〔56〕《胡嗣瑗日记》,第 32 页。

〔57〕伦明:《辛亥以来藏书纪事诗》,见东莞图书馆编《伦明全集》一,广东人民出版社,2012 年,第 105 页。

〔58〕冒广生:《随寿民阁学诣东陵途中赋赠八诗兼际怀民将军》之第二首,《小三吾亭诗》卷四,页 16a。

〔59〕尊瓠:《题耆寿民侍郎见山楼藏书图》,《国风报》1910 年第 1 卷第 31 期。

〔60〕李红英:《寒云藏书题跋辑释》,中华书局,2016 年,第 143—146 页。

〔61〕王雨著,王书燕编纂:《王子霖古籍版本学文集》第 2 册《古籍善本经眼录》,上海古籍出版社,2006 年,第 184 页。

〔62〕《赐砚斋日记》1923 年 10 月 21 日。

〔63〕宝廷著,聂世美校点:《偶斋诗草》,上海古籍出版社,2005 年,第 1013 页。

〔64〕谢章铤:《赌棋山庄文又续集》卷一,清光绪戊戌刻本。

〔65〕陈庆元主编:《谢章铤集》,吉林文史出版社,2009 年,前言第 1—2 页。

〔66〕孙雄辑:《道咸同光四朝诗史》,上海古籍出版社,2013 年,第 201—202 页。

〔67〕邓伟主编:《满洲文学史》第 4 卷,辽宁大学出版社,2012 年,第 398—400 页。

〔68〕钱仲联:《光宣词坛点将录》,收于夏承焘主编《词学》第三辑,1985 年,第 241 页。

〔69〕叶恭绰:《全清词钞》,中华书局,1982 年,第 1894 页。叶恭绰选辑,傅宇斌点校:《广箧中词》,人民文学出版社,2011 年,第 347—348 页。

〔70〕邱炜萲:《五百石洞天挥麈》卷十,页 6b。

〔71〕莫砺锋、童强:《杜甫诗选》,商务印书馆,2018 年,第 12—14 页。

〔72〕林葆恒辑,张璋整理:《词综补遗》第 1 册,上海古籍出版社,2005 年,第 20 页。

〔73〕叶恭绰:《遐庵谈艺录》,收于《叶恭绰全集》中,凤凰出版社,2019 年,第 888—889、896—900 页。

〔74〕庄士敦著,高伯雨译注:《紫禁城的黄昏》(评注插图本),第 63 页。

〔75〕爱新觉罗·溥仪:《我的前半生》(灰皮本),群众出版社,2011 年,第 113 页。

〔76〕《赐砚斋日记》1922 年 5 月 2 日。

〔77〕《赐砚斋日记》1921 年 1 月 19 日、1921 年 10 月 15 日、1923 年 7 月 8 日。

〔78〕庄士敦著,高伯雨译注:《紫禁城的黄昏》(评注插图本),第 61—62 页。

〔79〕《赐砚斋日记》1921 年 4 月 24 日、6 月 23 日。

# "筹安六君子"中的革命功臣

谈及袁世凯洪宪帝制开启的标志,筹安会的成立往往被视为最重要的时间节点,这在时人和后世的记载中多可寻绎。据记载,当1916年各省反对帝制声势急涨之时,袁世凯已开始与身边亲信几次密商取消帝制。就在发布退位申令的当口,袁氏几经犹豫反悔,诸妃、长子更是纷纷哭谏,吁请坚持到底。长子袁克定在最后的恳请书中,开首即言:"由筹安会发生以来,讫于今日,已历七阅月矣。"[1] 民初久处京师,对洪宪史事颇多闻见的革命元老刘成禺,其在《洪宪纪事诗本事簿注》中也多以筹安会的发生作为袁氏帝制活动大肆开始的标识。此外,曾担任袁世凯机要秘书的张一麐在为白蕉《袁世凯与中华民国》一书所作的志语中,也以筹安会事起作为其洪宪帝制经历的开始。

## 筹安会的缘起

因此可说,袁世凯洪宪帝制的由来也就是筹安会的起源。不过,记载追究袁世凯清末民初的称帝野心由来的正史、野史、秽史，以及各种掌故、笔记层出不穷。翻开这些记述，张一麐的记录由于其独特身份而尤其值得关注。张氏自清末便担任袁世凯机要秘书，深受亲信，但在袁世凯帝制最火热的关节，张氏一反众人的阿谀攀附，力劝袁氏勿跳火坑。加上张氏为人正直清醒，忠义双全，故其留下的种种笔记和回忆文字可以看作当时的实录。张氏作为亲历者，指出洪宪帝制的起源实在伏根甚久。在张氏的追溯中，首先被提及的是辛亥年冬，在南京临时政府派员北上迎袁世凯南下时发生的兵变，当日某公子（应即是袁克定）曾召集中下级军官欲夺清帝位，但被冯国璋所阻，此为初步试验。第二是癸丑之役，即二次革命时期，张勋属下曾欲劝张氏请愿大总统为大皇帝，为张喝止。第三在 1915 年 9 月，当国体争论激烈，参政院认定改变国体不合事宜之时，安徽倪嗣冲入京欲再效陈桥兵变事，拥戴袁氏称帝。而的确当二次革命民党溃败、领袖外逃之后，袁世凯周围攀龙附凤之徒纷然崛起。[2]

后来列名筹安会的严复在帝制结束后不久，与学生熊纯如的信中，回顾民初袁世凯往事云："项城自辛亥出山以来，因缘际会，为众所推，遂亦予圣自雄，以为无两。自参众两院捣乱太过，于是救时之士，亦谓中国欲治，非强有力之中央政府不可。"[3] 严复所谓的"因缘际会"大抵正是张一麐所述的几次关节，因为即使如反对洪宪帝制的张氏也承认，辛亥和癸丑这两次称帝时机远远好于后来的洪宪帝制。

不过帝制运动还是直到1915年才开始有大的动静，而筹安会的发起，除大事件之外，还有小细节。有研究认为，在1915年解决对日问题后，投机政客徐佛苏、丁世峄等窥伺出袁世凯的隐衷，秘密呈请袁氏改行帝制，袁曾命长史夏寿田就商于杨度。袁氏本意是想由杨度做一居间人，幕后指挥徐佛苏等组织一个研究国体问题的团体，并网罗一些名流参加，借为帝制打下基础。又因为杨度自清末已入袁世凯之幕府，袁系的色彩太浓，袁氏本不愿其出面。可杨度却宁愿亲自出马，不肯做无名英雄。最后夏寿田转达极峰的意见，命杨氏联络当时知名之士研究帝制问题，于是就有了"筹安会六君子"，即由杨度领衔，加孙毓筠、严复、刘师培、李燮和、胡瑛，共计六人。

这所谓"筹安会六君子"，在当时筹安会宣言发布时（1915年8月14日），其所排座次便是如此。而座次自有座次的道理，后来帝制取消时，追究帝制祸首也仅以为首的杨、孙二人入围。不过就后世的知名度而言，杨度为筹安会长，自不必在谈论此会时多言。严复为西学东传之渊薮，刘师培以古文考据著称，二人于近代学术思想史上占据极高地位。其余"六君子"中的孙毓筠、李燮和、胡瑛诸人，实则皆因辛亥年的革命而各有其历史地位，也并非籍籍无名之辈，但究竟几人在洪宪帝制期间扮演何种角色，尚可再加缕析。故本文以后几位参与洪宪帝制的活动为主要叙述主题，排比史事。

# 孙毓筠的过与悔

孙毓筠,字少侯,安徽寿州人,与清末的状元大学士孙家鼐为同族,且颇有家资,清末时已捐过道台。后因看了些佛经,受其感化,决定毁家纾难参与革命。在被清廷逮捕后,又因家世关系,两江总督端方卖了面子,使孙毓筠未获极刑。

辛亥革命爆发时,先前由南京转移囚禁于安徽的孙毓筠因早年参加革命的资历和功勋,被推为安徽都督。虽之后很短的时间内,孙氏因在皖省权力斗争中失败而被迫离境,但凭其前后身份,为袁世凯所看重。袁氏希望以孙氏来分化革命党,借其革命名士的身份为帝制活动掩人耳目。孙毓筠在离开安徽后,便到了北京。据其晚年自述,初到北京时就与袁世凯有过会面,且深受重视。当时的孙毓筠认为袁世凯虽不可能实行共和政治,但人民对其武力统一很有信仰,而若于此时对抗,则于己身不利。故孙氏入袁世凯彀中,虽未曾担任袁氏授意的教育总长和陕西省长诸职,却依次参与过与袁世凯有深切政治关系的国事维持会、政友会,当过国会议员,后来更是做了袁世凯操纵的约法会议的议长。彼时孙毓筠因领有袁氏慷慨馈赠的大笔进项(孙自称每月三千元),故能沉湎于鸦片和古董字画,在京城以豪客自居。[4]

从当时留下的文字可以发现,孙毓筠是"筹安会六君子"中杨度之外,最为积极,也无需邀请的人员。筹安会以杨度

孙毓筠(1872—1924)，字少侯，安徽寿州人。1906 年东渡日本，加入同盟会，后事泄被捕。武昌起义后，任江浙联军总部副秘书长、安徽都督。1912年 7 月赴北京，先后任临时参议院议员、约法会议议长、参政院参政等职。1915 年参与发起筹安会，拥护袁世凯称帝。1918 年获赦，在安徽声援护法运动等，晚年信佛。

为会长,孙毓筠则是副会长,杨、孙二人也确是该会活动的主要主持人和操弄者。朱德裳就曾记载云:"筹安会起,最初以为是慈善组织。而往往在北京饭店开会,主席者非杨度则孙毓筠。"[5]另外,当筹安会创立,有绅民上书反对其在共和国体下讨论进行所谓帝制问题的研究,甚至有请重责取缔者。如李诲上书内务部,其云:

> 孙毓筠等倡导邪说,紊乱国宪,公然在石驸马大街立筹安会事务所,如期遵照结会集社律,已经呈报大部,似此显违约法,背叛民国之国体。大部万无核准之理,如其未经呈报大部核准,竟行设立,藐视法律,亦即藐视大部。二者无论谁属,大部均应予封禁,交法庭惩治。顷过筹安会门首,见有警兵鹄立门首,盘查出入,以私人之会所,而有国家之公役为之服务,亦属异闻。若云为稽察而设,则大部既已明知,乃竟置若罔闻,实难辞玩视法令之责。去岁,宋育仁倡议复辟,经大部递解回籍,交地方官察看,以此例彼,情罪更重。若故为宽纵,何以服人,何以为国?[6]

该禀帖以孙毓筠为筹安会代表人,实属少见。帖中直斥筹安会所为乃是背叛民国,且未有报部核准,应予取缔。李氏所言更是指责筹安会乃是受人指使,且有军警守护,绝非常情常理所能容忍。虽然此事由袁世凯亲自压下,但毕竟也是筹安会仅仅维持两个月的重要原因。

而历数孙毓筠在洪宪帝制前后的重要举动,除约法会议议长时炮制袁氏约法外,因孙氏早年信佛,在筹安会成立后,孙毓筠倡议迎名僧月霞、谛闲来京讲《楞严经》,恭颂政教齐鸣之盛。[7]此外,当筹安会成立后,梁启超发布《异哉所谓国体问题者》宏文,帝制派一方力图寻人来撰写回应檄文,孙毓筠便作为枪手,撰成《论国体书》一文加以回击。[8]而后,据目击者记载,当1915年12月11日参议院开会通过帝制之日,孙毓筠与胡瑛更是在和者甚少的情况下,带头大呼皇帝万岁。[9]

不过稍好的是,在帝制消亡未过几年的1919年,孙毓筠撰写悔过书,取名《我对于一切人类的供状》,托戴季陶刊布于《星期评论》之上。文中将民国以来的种种劣迹公诸天下以求悔过,虽孙氏的措辞仅是口头的消极忏悔为多,但亦可见其勇于回转的态度。

## "六君子"合称与李燮和的污名

与孙毓筠在帝制结束后有自述招供不同,李燮和、胡瑛二人均付阙如,故其洪宪帝制前后详细的个人经历,多靠时人和后人留下的记述。由于沾上拥戴袁世凯帝制的恶名,这些记述尤显细琐和歧出。

追溯筹安会"六君子"的研究和评价,不得不提到民国记者陶菊隐写的《六君子传》(原《六君子传》是陶氏在孤岛时期的上海写就,由《新闻报》连载发表,但在 1941 年 12 月 8 日后,因日军占领租界接管报纸而中断。抗战结束后的 1945 年,再由陶氏补充完整而出版。之后直到 1981 年又由中华书局以《筹安会"六君子"传》为名出版,内容虽颇有改动,但对于"六君子"的评价基本一概持批判立场),此书也是仅见的直接以"六君子"为名的专书。[10]而李燮和的后人,其后来意图为父祖洗冤刷耻,便将"六君子"说法的起源,追究到陶菊隐处。李燮和的侄孙婿——原湖南文史馆馆员刘绍东,在晚年回忆其师钱基博曾为李燮和鸣冤云:"盖尝查洪宪称帝前后,不闻燮和公有拥袁复帝一言一行之微与新贵春风疾马之适,筹安六子实只三人。陶菊隐何得顺蒋陈宣传胃口,据《时报》昙花一现之列名为实档而希旨写《六君子传》专书?"[11]而钱基博的这种说法,实可从李燮和在辛亥年上海光复中的起落找到根源。

李燮和,字柱中,是湖南安化人。与众多湖南革命党相同,他首先参加的是华兴会;而与大多数两湖学生参加革命不同的是,他的革命地位和功绩主要是其任光复会首脑时得来的。李氏生涯的高光表现莫过于辛亥年在上海谋划和主导光复起义,但就在革命即将成功之际,因兴中会背景的陈其美操纵的权力斗争和暴力威胁而被迫放弃沪军都督一职。此后,李氏一度居于吴淞而自命都督以分庭抗礼,后因章太炎建议而撤督称光复军总司令。不久光复会首脑陶成章被

李燮和(1873—1927),字柱中,湖南安化人。1904 年,加入华兴会。1906年,加入光复会。次年,在日本又加入同盟会。1911 年 11 月,与陈其美等筹划并领导上海起义,是推动辛亥沪宁光复的功臣。1915 年参与筹安会,支持袁世凯复辟。袁氏死后,退隐家园,不再过问政治。

陈其美派人刺杀,李燮和也因更为孤立而退出。追溯这段历史,其根源则是在 1908—1910 年左右的同盟会内部反孙风潮中,李燮和与陶成章、章太炎二位光复会首脑是骨干成员。这一笔兴中、光复两会的新仇旧账,终于在革命成功前后以光复会首脑的黯淡结局而收场。

李燮和在 1913 年应袁世凯之邀入京任总统顾问,当时的境遇,在孙中山一派的记载中,主要可由一句话加以概括,即"潦倒穷途,不得志于民党"。[12]李氏政治前途的穷窘和不得志,即是前揭与孙中山一派新仇旧怨的结果,这在冯自由的记述中已可稍见端倪。同时钱基博所谓陶菊隐乃顺蒋陈宣传胃口,也可从蒋陈二家的背景推断。但李燮和入京之后的表现与孙毓筠并不相同,其并未大量参与袁世凯的政治组织和行为。反而李氏因袁部将龚先耀以浮冒军饷、侵吞公债、敲诈商民、滥保亲属四大罪状的举报,不受袁世凯优待,且杨度亦与之渐为疏远。而李燮和则一面因对筹安会间有资财捐输,得以继续虚与委蛇;另一面,反倒可接济光复会受困同人如章太炎等,颇显仗义。[13]

至于附逆于筹安会一事,李燮和列名其中,公布于报端,固毋庸讳言。但具体所谓附逆期间的所作所为,则史料记载较少,不过仍有几则可以稍加剖析。掌故家陈灨一的《睇向斋逞臆谈》记云:"其时(筹安会成立时)孙少侯(毓筠)希用事,胡经武(瑛)悴憔京华,均与其谋。瑛与乡人李燮和善,以言动之,燮和亦首肯。"[14]此说固是指认李燮和首肯参与筹安会一事,但李氏被动的地位一目了然。此外,刘成禺的《洪宪纪事诗本事簿注》中引萧寿昌所著《袁氏本末》云:"李燮和附从袁党杨度,组织帝制,燮和胞弟见共和时代不宜再易专制,有碍国体,致起五族群鼓攻之,恐祸及身家,故上述国务卿转达袁氏,与和脱离骨肉关系,直陈利害,可与凯弟世彤上荣相亲供,并垂不朽矣。"[15] 萧氏所谓的李燮和胞弟,在后来很多记载中都认为即是前引上书痛斥孙毓筠和筹安会的李海,但由李氏后人确认,李海并非族人,更遑论胞弟,故萧说不足采信。因而,凡此种种反倒是加深了旁观者对于李燮和的同情。

## 胡瑛降顺劝进之疑

胡瑛与孙毓筠、李燮和并提,当然因其都是辛亥革命功臣,而胡与李更是同乡兼同志的关系,所以前引陈灜一的记载应该也是根据孙毓筠—胡瑛—李燮和三人之间的人脉逻辑而来。

胡瑛大名虽前后有变,但后来常以经武为字,是湖南桃源人。清末两湖学生多入革命党,华兴会的主要成员便多出于此。胡瑛早年便追随黄兴学习和革命,在1903—1905年前后多次谋划和参与革命活动。后于1905年因革命形势不利而东渡日本,在日期间,胡瑛颇为活跃。在1906年底,他又回国组织中国中部革命起义。到1907年因有人告密在武

胡瑛(1884—1933),字经武,湖南桃源人。黄兴的弟子,1904 年入华兴会,后又加入同盟会,是辛亥革命武昌起义的组织者之一,任武昌临时政府外交部长,南京临时政府山东都督。1915 年参与发起筹安会。袁世凯死后,仍参加护法运动等革命活动,1933 年在南京病逝。

昌被捕入狱，被判终身监禁。但即使在狱中，胡瑛仍继续从事接头以及中转情报等革命活动。因而在 1911 年武昌起义以前，胡瑛在两湖党人中已经获得极高威望。待到武昌起义，胡瑛被救出狱，旋即在湖北军政府中担任外交部长一职。不过这一外长只是空虚头衔，后来为参加南北和议的伍廷芳以外交代表一职所取代。但由于胡瑛在清末的革命功勋，在南京临时政府时期，胡氏被举为山东都督。不过山东在辛亥鼎革期间，因其处于南北交通要道，故形势前后反复变幻。且当时山东被袁部将张广建围攻，而到了南北和议一成，袁世凯更是直接插足山东，以周自齐为都督，胡氏被迫离任。

此后胡瑛只是以湖南籍国会议员身份游走京师，但由于稍后发生的刺宋案和二次革命，使得胡氏与孙中山、黄兴等国民党领袖一起亡命海外。由于追究二次革命的失败之责，孙、黄二位首脑发生路线分歧，而又由于胡瑛与黄兴的渊源，所以顺理成章地站在了黄兴一方，参加了欧事研究会。欧事研究会和黄兴本人在当时被视为国民党的温和派，但随着袁世凯帝制活动的渐次展开，该会也成为反帝制势力的一部分。[16] 故也有记载中称，胡瑛是代表黄兴赴京联络反帝制各势力。而胡瑛归国前，其岳父在湖南因讽刺袁世凯被害，故家人纷纷劝其勿入虎穴。而胡氏并未听从，到了北京后不久，便发生了列名筹安会一事，可见前后事态变幻太过迅速。当然与孙毓筠等同，胡瑛的革命功臣身份是袁世凯极意想要借重的。而除了王锡彤亲见的那次高呼大皇帝万岁外，另在刘成禺的《洪宪纪事诗本事簿注》中记载了一则胡瑛参与筹安会的史料：

　　一日六君子会食中央公园之来今雨轩,胡瑛曰:外间皆呼我等为走狗,究竟是不是走狗? 杨度曰,怕人骂者是乡愿,岂能任天下事哉。我等倡助帝制,实行救国,自问之不怍,何恤乎人言。即以"走狗"二字论,我狗也不狗,走也不走的。孙少侯曰:我不然,意志既定,生死以之,我狗也要狗,走也要走的。严幼陵曰:我折中其说,狗也不狗,走也要走的。胡瑛曰:然则我当狗也要狗,走也不走。翌日"走狗"言志,传遍津、京。天津《广智报》绘《走狗图》一幅,曲传奇意,四狗东西南北对列,如狗也不狗,走也不走,则人首犬身,屹立不动。如狗也要狗,走也要走,则狻犬昂首,四足奔腾。如狗也不狗,走也要走,则人首犬身,怒如骏马。如狗也要狗,走也不走,则一犬长顾,四足柱立。正中画项城宸像冕毓龙衮,垂拱宝座,题曰《走狗图》,从此词林掌故,又获一名典矣。[17]

这则讽刺史料所载是否确有其事可暂不置评,其以胡瑛作为引子,而引出的是筹安会"六君子"中四人对袁世凯帝制的立场,至少可反映当时外界对于杨度、孙毓筠、严复、胡瑛四人的观感,也可看出四人参与筹安会的地位和立场不尽相同。

在这则记载中,胡瑛的形象最为丑陋——顽固地做走狗。

但在胡瑛知交的记载中,胡氏依附袁世凯的作为,原是伪作降顺,为革命作掩护。据同为湖南革命党的杨缵甫记载:"经公(即胡瑛)怵于癸丑失败,国内外革命景象消沉,遂密商克强先生,决定屈身入都,姑示降顺,以期昵刺奸谋得当报国之深衷,乃孔子所谓大仁大勇之事。"入都期间,在助蔡锷脱身一事上,胡瑛也起了诸多作用。但后因袁世凯自毙,胡瑛所谋未成,可帝党的污名已无可洗涤。且黄兴旋也病故,所谓的入都刺奸更成了死无对证。[18]而在革命党一边,对于胡瑛的确许久不表谅解。前引孙毓筠在1919年作悔过书时,国民党内追随孙中山的戴季陶和朱执信,特别是朱氏,对于孙毓筠和胡瑛的"变节",胡氏更未就参与洪宪帝制表示悔过,而在公开的文字中深表痛心和不满。当然对李燮和则完全取蔑视态度,直称其本为"竖子成名",连痛心的资格都谈不上。[19]

# 余　　论

清末自洋务运动起,士人群体出现新旧分化。到甲午战败之后,激变至戊戌变法,竟以新旧相杀终局,开启的是士人群体的分裂。原来相对稳定的士人群体成为中国社会中最不安定的一类,从而导致此后中国社会长期且剧烈的动荡。尤其是晚清最后的十年和民国最初的十年,思想和政局更迭变幻的速率最为急遽。在士人群体分裂的大势下,合作缔造共和的立宪派和革命派本身也是分之又分,至于个人更有其各自的思想和人脉渊源。

大体"筹安六君子"中,杨度和严复本站在立宪一边,而尤以杨度最为一以贯之。杨氏自晚清便已入袁世凯幕,入宪政编查馆等也皆得袁氏之力。至民初政局乱象频出之后,呼唤强人的声音时起,故杨氏再倡立宪代共和,于洪宪帝制中更不甘居于幕后。如严复者,在辛亥鼎革之际,曾也作为袁世凯任命的北方代表,参与南北交涉之中。当日严氏以师弟情分赴武昌见黎元洪,武昌党人的主张中便有赞成袁世凯为大总统,且相信可在共和制度之下,"以民主宪纲箝制之"。[20]故虽后来严复及其门人反复申诉筹安会一事乃是袁氏强力所加,但严氏实也曾承认"自参众两院捣乱太过,于是救时之士,亦谓中国欲治,非强有力之中央政府不可。"赞成袁氏称帝未必是真意,但对共和乱象的深恶痛绝,则非惟严氏,众多晚清引领风气的如康有为、梁启超等人也复如是。康有为更是连其原本首倡的立宪之议也痛加追悔,自认"戊戌时鄙人创议立宪,实鄙人不察国情之巨谬也"。[21]

而刘师培与本文三位人物,均为早年革命阵中鼓吹践行之辈,因此显得转变最大。但刘师培在清末因革命被逮后,则已明显委顿,帝制期间也多迎合之举。[22]至于孙毓筠、李燮和与胡瑛三人,则因参与筹安会被讽刺为"两截人",[23]所指责的即是几人在共和与帝制之间的前后自我否定。三人作为曾经的革命功臣,在革命后的短短几年间极速地"堕落",这种现象在绝大多数时人和后世的记载中,是万难被宽宥的。但其前后反复的缘由,一面是三位人物在民初革命成功之后的不得志和落寞,是原革命党内部分而又分下的矛盾体现。一面实则是清末倡导立宪和共和的知识人,在民初亲身缔造和经历之后,原本共和宪政理想破碎的深刻反照。筹安会"六君子"在民初的变与不变,正是反映了彼时几类上层知识人政治和思想变与不变的逻辑和理由。

**注释**

〔1〕许指严:《新华秘记》,中华书局,2007年,第161页。

〔2〕张一麐:《五十年来国事丛谈》,《古红梅阁笔记》,上海书店出版社,1998年,第59页;张一麐:《记筹安会始末》,《大风》1940年第63期。

〔3〕王栻主编:《严复集》第3册,中华书局,1986年,第634—635页。

〔4〕孙毓筠:《我对于一切人类的供状》,《星期评论》1919年第29期。

〔5〕朱德裳:《三十年闻见录》,岳麓书社,1985年,第10—11页。

〔6〕《李海上内务部之略禀》,鹤唳生编《最近国体风云录》函件类,1915年,第27页。

〔7〕刘成禺:《洪宪记事诗本事簿注》卷一,《洪宪纪事诗三种》,上海古籍出版社,1983年,第68页。

〔8〕孙毓筠:《论国体书》,《协和报》1915年第6卷第1期。

〔9〕王锡彤:《抑斋自述》,河南大学出版社,2001年,第215页。

〔10〕陶菊隐:《筹安会"六君子"传》,中华书局,1981年。

〔11〕李举民编:《李燮和、李云龙研究资料汇编》刘绍东序,1999

年,自印本,第2页。

〔12〕冯自由:《光复军总司令李燮和》,《革命逸史》上册,新星出版社,2009年,第335页。

〔13〕汤志钧:《章太炎年谱长编》(上),中华书局,1979年,第475页。

〔14〕陈灨一:《睇向斋秘录》(附二种),中华书局,2007年,第104页。

〔15〕刘成禺:《洪宪记事诗本事簿注》卷二,《洪宪纪事诗三种》,第244页。

〔16〕李剑农:《中国近百年政治史》,商务印书馆,2011年,第411页。

〔17〕刘成禺:《洪宪记事诗本事簿注》卷二,《洪宪纪事诗三种》,第226—227页。

〔18〕参见湖南省桃源县政协文史资料研究委员会编:《辛亥革命时期桃源人物集》,《桃源文史》第三辑,国际展望出版社,1991年。该集收录多篇胡瑛的相关史料。

〔19〕戴季陶、朱执信对孙毓筠《我对于一切人类的供状》的评语,《星期评论》1919年第29期。

〔20〕王栻主编:《严复集》第3册,第502—503页。

〔21〕康有为:《国会叹》,汤志钧编《康有为政论集》下册,中华书局,1981年,第882页。

〔22〕可参看张仲民:《"以学殉时"——洪宪帝制期间的刘师培》,《史林》2019年第2期。

〔23〕天忏生、冬山合编:《八十三日皇帝之趣谈(上卷)》,文艺编译社,1916年,第20页。

# 章太炎与孙至诚的交往论学始末

## 章、孙往来书信时间考证

《章太炎全集》新版于 2017 年由上海人民出版社出齐，其中《书信集》共上、下两册，是马勇教授在原《章太炎书信集》基础上增订而成，搜集较为完备，是目前篇幅最大的章氏书信总汇。惟章氏交游甚广，尚有不少《书信集》失收之文存世。近日杭州师范大学陆德富教授整理辑录《章太炎佚文辑》，大量搜罗章氏佚文，是近年来最大规模的一次佚文集合。[1] 笔者近又新见章太炎致孙至诚佚信一封，刊于 1933 年《林虑月刊》所载孙氏《化鹏室文录》中，或因印数太少、流传不广，罕为学界所知，亦未被《书信集》《章太炎佚文辑》收录。而查《林虑月刊》全刊可知，实则共有孙至诚致章太炎书信三通，章氏回信四通，其中有三封书信已收于《书信集》，故藉此可以校正书信文字。同时由于七通书信之间互相关联，故一并参看，有助于考证其写作时间。考释信中内容，也有助于更为详实地了解章孙二人的生平及其交往始末。

《林虑月刊》第二期孙至诚题签

兹先将新见佚信全文录下：

> 思昉足下：昨者叙谈，未及呰论，以足下之精心向道，而才力又足以赴之，他年深造，岂可限量？所述《老子》，待精意阅之，再为校订。文章之道，似宜更取宁人《救文格论》及近代专言义法者观之，自尔简净有则，不堕俗趣。所属书楹联一事，已写好，适马君文季欲为扬州之游，属其面致。仆与通伯丈相知有素，文季传其家学，实当今美材，方今文学陵夷，而通丈诸嗣，亦唯此子为贤，留沪一载，与仆从容讲论，具见其中所有，足下能常与相近，可资他山之益。仆不敢自方董相，然弟子转相传授，亦庶几乎古人之志也。书此，即问兴居佳胜。章炳麟白。[2]

章太炎这封书信的对象是孙至诚，字思昉，亦作思仿，其个人生平资料散乱缺失甚多。据笔者查证，孙氏出生于 1900 年，卒年未知，河南浚县人。[3] 有回忆称其"十七岁考入北京大学，从钱玄同攻文字学"，[4] 而据现存 1919 年 3 月 7 日《北京大学日刊》可知，孙至诚入学时为文预科法文乙班，时为一年级生，且因病休学一年。同时在 1918 年 10 月 21 日《日刊》中，还刊登孙氏向刘复主持《歌谣选》栏目投稿的古代民歌，故可知其应是 1918 年入学北大预科。[5] 在校期间，1923 年孙氏参与了北大歌谣研究会的活动，于《歌谣》周刊上发表

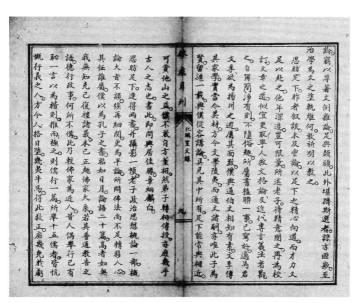

《林虑月刊》之《化鹏室文录》

集录的歌谣作品。[6] 毕业之后从政,1925年下半年已就职于冯玉祥部将张之江所在的察哈尔都统署。1927年12月10日,开始担任国民政府秘书书记官,至1928年4月3日辞职离任。此后孙氏辗转担任河南多地县长之职,如1928年担任郾城县长,1929年担任洛阳县县长等。到1932年冬,又担任林县县长之职。[7] 而《林虑月刊》正是孙氏在此任内编辑发行,创刊时间为1933年3月。林虑本为林县旧称,故刊物以此为名。而据该刊版权信息可知,编辑者和发行者均为林虑学社编辑处,印刷者为林县华昌印刷局。在《林虑月刊》创刊号中,刊有《林虑学社简章草案》一则,载明该社"以研究学术、挽救人心为宗旨",社员以林县党政教学各界人员为主,研究修身的方法包括要求"社员每日最低限度须读五页以上之开发知识、增长道德以及各种有益之书籍","须重日记,凡学有心得及疑义均宜择要书录,于每月第一次会期提出互质","社员有互相规戒指教之责","会期除劝善规过考课外,由社员轮流讲演,籍以启发智慧,增进道德,如不善讲演,亦得录为讲演稿,以资通观"。该章程中还记载有"编辑"一章,其中注明"本社社员有所著述,并海内名宿以著述相饷者,均交编辑部择尤汇订成帙,月出学报一则,分送各社员,籍资考镜",[8] 这份学报指的应该就是《林虑月刊》。孙至诚作为县长,很可能便是社员之一,故其著作《化鹏室文录》在刊物中连载发表。[9]

孙至诚与章太炎的这批来往书信均未署时间,故有待考证。这批书信在《林盧月刊》刊布时，佚信之前尚有孙至诚致章太炎信一封，名为《上章太炎先生问学书》：

> 余杭大师有道：廿年私淑，一旦亲炙，其乐固不可量。前依传闻，妄意大师有弥正平之傲物，汪容甫之善骂。及既见止，则叹为开朗潇散，在魏晋之间，而和易平实，竟与宋儒为近。晚年悟道，岂是之谓？然后知所闻不逮所见远矣。追维绪论，疑佛法尚不足转移人心，然转移人心之任，果焉属乎？又论文重义法，蕲以入史，而颇右宁人《救文格论》。窃以尊著《文例杂论》，足与颉颃，此外堪跻斯选者，谅亦匪尠。至治学为文之涂规维何，敢祈明以教之。

同时章氏佚信后紧接又有一封章太炎写给孙至诚的长信。与章氏佚信同为孙氏《上章太炎先生问学书》的回信。而《问学书》的题目中有"附来书覆书各一"的字眼，三封书信的顺序很可能是孙氏作《问学书》求教，章太炎作两封书信回覆。从形式和内容上看，三封书信成为一组往还文字。[10] 这封长信现已收录于《章太炎全集·书信集》，作为章致孙通信第二封，注明来源为《制言》半月刊 1937 年第 46 期刊载，名为《与孙思昉论学书》。同时，章氏《论学书》除了笔者所见最早的 1933 年《林盧月刊》版外，还见于 1936 年第 13 卷第 19 期《国闻周报》所刊载的徐凌霄、徐一士《凌霄一士随笔》，均早于《制言》版。与此同时,在《国闻周报》版中,原有开场白一句:"孙思昉君游章(炳麟)门,藏有章氏手札,兹借录其论学、论文等答书,以飨读者,颇足发人思致也。"而将孙氏《问学书》附于其后。另外在该版中,于"上方宁人,则吾岂敢?"后还有徐氏按语一则:"章氏与思昉另书有云:'文章之道,似宜更取宁人《救文格论》及近代专言义法者观之,自尔简净有则,不堕俗趣。'"[11]此句正是出自这封章太炎的佚信,同为徐凌霄、徐一士昆仲从孙至诚处抄录。[12]

在新版《书信集》中,章氏《与孙思昉论学书》是第二通,之前尚有一封也是录自《制言》同期的书信——《与孙思昉论文书》,作为第一封章孙通信,[13]实则此信也是更早刊登于同期《林庐月刊》和《国闻周报》(此版惟开头文字稍有省略)。而据《林庐月刊》和《国闻周报》版本可知,此信前也有孙氏去信一封,名曰《上章太炎先生论文书》。故结合章氏《论学书》与《论文书》三个版本可知,二信在《书信集》中的排列顺序错置,《论学书》实应在《论文书》之前。[14]但由于章太炎几封书信的三个版本均未注明书信的具体写作时间,故《书信集》中也没有指明时间,只是将其列于第三封写于1931年秋的书信之前,也就是说佚信和《与孙思昉论学书》《与孙思昉论文书》的写作时间均在1931年秋之前,而这个时间是根据汤志钧先生《章太炎年谱长编》推测得来。[15]而据书信内容可知,《书信集》中的第三封信也曾刊登于《论学书》《论文书》所刊的同期《林庐月刊》和《国闻周报》,同时也附有孙至诚去信一通,在《林庐月刊》中孙氏将之定名为《上章太炎先生论果报书》[16],其中章氏回信(即《书信集》第三封)则在他处被定名为《与孙思昉论果报书》[17]。故章孙二人七通书信的时间顺序,按照孙氏自己所排,依次是《上章太炎先生问学书》→佚信→《与孙思昉论学书》→《上章太炎先生论文书》→《与孙思昉论文书》→《上章太炎先生论果报书》→《与孙思昉论果报书》,时间均不晚于1931年秋,只是仍不够精确。

实则在1936年6月14日章太炎去世后,孙氏先后撰写的《太炎先生伤辞》《谒余杭章先生纪语》等回忆文字,结合其他相关材料,可以更为精确地判定新见佚信以及这组往还通信的写作时间。在孙氏《上章太炎先生问学书》中开头提到"廿年私淑,一旦亲炙",可见孙氏对于章太炎一直自认为私淑弟子,而写信之前已经完成第一次的拜见。在章氏去世后不久,孙氏于《太炎先生伤辞》中讲到自小闻业师"角山(王棼林)、井北(陈肇卿)二先生论文",有"清季文士善反古,湘潭一反而至汉魏,余杭一反而至周秦"[18]之语。其中湘潭指的是王闿运,余杭就是章太炎。自是之后,孙氏自道其作文"往往拟湘潭、余杭为式,署所居曰拜炎揖秋之蕳",并自认私淑弟子,直到"辛未始获受业为弟子",[19]辛未就是1931年。而在《谒余杭章先生纪语》一文中则更详细提到订交时间:"民国二十年夏,谒余杭章先生沪寓(时先生寓法租界同孚路同福里十号)。"[20]这是孙氏第一次亲见章太炎,从此得列门墙。[21]因此与孙氏《问学书》开首提到的正是这次晤面的情形。而信中所记对于章太炎形象由想象到亲见的对比描写,也与《太炎先生伤辞》中所记极为相似。《问学书》中说:"前依传闻,妄意大师有弥正平之傲物,汪容甫之善骂",《伤辞》中讲"意先生倜傥之士,不可以绳尺求也"。而亲见之后,《问学书》记载称"及既见止,则叹为开朗潇散,在魏晋之间,而和易平实,竟与宋儒为近",《伤辞》中称"乃讶其和易平实,与宋儒为近,开朗潇散,在魏晋之间。"甚至所用描写词汇也如出一辙,更可证明二文所记实为一事,虽然一是当下的回信,一是逝后的回忆。因此可以将前列章孙二人往还的七通书信(其中章四通,孙三通)的时间定于1931年夏二人见面之后。

进一步考证,在章孙二人的通信中,多次提到了孙氏所撰的《老子政治思想概论》(以下简称《概论》)一书,可以为确定书信时间提供佐证。章氏在佚信中提到"所述《老子》,待精意阅之,再为校订。"《与孙思昉论学书》中又到《老子政治思想概论》一书,应是孙至诚初见时面赠,章氏称"《概论》大旨不误,俟再细读,更为平论"。而《与孙思昉论果报书》还称:"《老子政治思想概论》序已交文季带致,近想已到矣。"由此可知,应是孙氏在拜门时,以其《概论》一书请章氏作序,故章氏后来在正式序言中也明确称"今年夏,浚县孙至诚思昉来及吾门,以所著《老子政治思想概论》求正"。[22] 实则孙至诚所撰《老子政治思想概论》早在1931年8月便由商务印书馆初版发行,收于《国学小丛书》。该书后又再版,是为"国难后第一版",时间为 1933 年 5 月,其中就有了章太炎的序文,所署时间为 1931 年 9 月,故上述七通书信的写作时间可进一步定为 1931 年 8—9 月间。

细究佚信在内的章孙七通书信内容,除了《老子政治思想概论》作序一事,其中还有孙氏请章太炎书楹联之事。在章氏佚信中提道:"所属书楹联一事,已写好,适马君文季欲为扬州之游,属其面致。"孙氏在稍后的《上章太炎先生论文书》中则对此表示欢迎,其称"极愿与马君文季,乐数晨夕,姜督归徕,当三沐三薰以报。"章氏在复信《与孙思昉论文书》中,则提到了有关此事更为详细的内容:"文季来说子姜五十生日,无以祝之,勉作楹联一事,仓猝写成,未能尽善,并望转致。文章意趣,或有未尽,仍与文季商略可也。"由此可知,原来孙氏所请乃是为"子姜"五十生日,请章太炎撰联贺之。[23]而在《与孙思昉论文书》中则已经撰成,并已寄到孙至诚处。据笔者查证,子姜即张之江(1882—1966),直隶盐山人(今河北黄骅),辛亥革命元老,西北军著名将领,武术活动家。子姜是其字,又名子岷(亦作紫岷),别号天行,又因信奉基督教,教名保罗。[24]孙氏在《上章太炎先生论文书》中称其为"姜督",则是因为张氏当时在江苏扬州担任江苏绥靖公署督办,孙至诚正是在其手下担任秘书长一职,[25]故在五十生辰即将到来之际,托马文季转请章氏撰写寿联。原来张之江自清末以来,长期随冯玉祥在军中任职,与宋哲元、鹿钟麟等四人并称为西北军五虎将。1926 年 8 月,冯玉祥军

孙至诚《老子政治思想概论》张之江题签

与直奉军阀南口大战结束之后,张之江因身体原因逐渐脱离军界,此后短暂任过第二集团军前敌总执法、国民革命军总司令部参谋团上将主任、全国禁烟委员会委员长等职,[26]到 1930 年底担任江苏绥靖公署督办,驻节扬州。[27]故孙至诚与章太炎通信的时间,正是孙氏在扬州辅佐张之江任职期间。张氏出生于 1882 年农历七月廿一,故当时正逢五十寿辰,正日是在 1931 年 9 月 3 日。当时贺寿的新闻在报刊上也多有刊登,一度成为热点。由于张之江信教,故如基督教界在《真光杂志》等报刊上发表《上海五团体祝张之江督办五旬诞辰》《张之江督办五秩寿诞》等文以示祝贺,其中提到原拟开庆祝大会,后为张氏"以时艰灾急"婉拒,[28]且将所得寿仪悉数捐助赈灾,获得舆论好评。[29]而细查章孙二人的通信中谈到此事的文字可知,在此次发现的佚信中,章氏已声明"所属书楹联一事,已写好",且可由马文季当面到扬州转交孙氏。故按照常理推论,寿联必是在寿诞正日之前送到为好,所以上述七通章孙来往书信中,前五通均作于 1931 年 8 月至 9 月 3 日之间,且应是非常接近 9 月 3 日。而孙氏《上章太炎先生论果报书》与章氏《与孙思昉论果报书》二信时间稍后,但《与孙思昉论果报书》提到"《老子政治思想概论》序已交文季带致",而佚信提到马文季当时正有扬州之游的计划,《与孙思昉论文书》中则提到"文季即日治装为扬州之游",故可知论果报二书与此前书信也相距甚近,所以可以说这七通书信都作于 1931 年 9 月 3 日前后。

# 论 文 章 之 道

　　回到这封章太炎佚信本身,结合相关史料,则书信内容颇可加以解读,其中的主题便是讨论文章之道。信中除了回应前文提到的孙至诚为自著《老子政治思想概论》请序和为张之江求寿联之事,章太炎在开头所称"昨者叙谈,未及邕论",与孙氏《上章太炎先生问学书》开头"廿年私淑,一旦亲炙"一语,同指的是孙至诚到苏州拜访章太炎后,二人通信的缘起。中间夹带几句客套话之后,便讲到了具体的论学内容,章氏称:"文章之道,似宜更取宁人《救文格论》及近代专言义法者观之,自尔简净有则,不堕俗趣。"章氏此语是为孙氏指示文章的法则,以顾炎武"《救文格论》及近代专言义法者"为观摩学习榜样。对应的问题,其实在二人初见时已经谈及,即孙氏当时请教的"治学为文之涂":"论文重义法,蕲以入史,而颇右宁人《救文格论》。"同时孙氏在《谒余杭章先生纪语》中也有较为详细的回忆,当时章太炎曾讲道:"文求其工,则代不数人,人不数篇,大非易事;但求入史,斯可矣。"故孙氏在去信请教的同时,也极力推崇了老师一番:"窃以尊著《文例杂论》,足与颉颃",将之与顾炎武《救文格论》相媲美。

　　关于这一问题,与佚信同时回覆的《与孙思昉论学书》(《林庐月刊》版)中,章太炎也继续加以展开,信中称:

思昉足下：连得两书，并摄影一帧，《老子政治思想概论》一部。《概论》大旨不误，俟再细阅，更为平论。所问"佛法尚不足转移人心，其任谁属？"仆以为孔子之书，昭如日月，《论语》二十[30]篇，高者如无我无知、克己复礼诸义，本已正趣佛家大乘，若其普通教告之语，德行政事，何所不备？此乃较佛家为近人。昔人偶举行己有耻一言，以为楷则。推而极之，则《儒行》一篇，所举十五儒者，皆忼[31]慨行义之人。方今人格日堕，几夷牛马，得此救正，庶几免于亏辱。盖释迦生于印度热地，衣食易给，社会不繁，政事更不足论。故劝戒或有未密，小之如景教亦然。平居不出闾里，守之亦可为善人。一行作吏，或涉机诈之世，无不身败名堕者，若素守孔氏[32]之道，岂有是耶？仆之言此，非以佛法为未至也。正趣真如，自是穷高极深之处，但以其处地不同，故于人事，未尽观其繁变，因之关防有未周[33]耳。儒之与老，张驰稍殊，此如儒家尚有孟、荀之异，其间会通固多矣。老氏多守柔保身之见，及汲黯学之则伉厉守高，此亦其一例也。所问文章义法，以鄙著《文例杂论》，上方宁人，则吾岂敢？文季顷已前赴扬州，时时聚首，当更益新知也。为学之要，若言精求经训，非自《说文》《尔雅》入手不可。足下疲于吏事，恐不能专意为此，但明练经文，略记注义，亦自有用。诸子自老、庄而外，管、荀、吕、韩皆要，史自四史而外，《通鉴》最要。诸家文集关涉政治者，陆宣公、范文正、司马温公、叶水心最要。文章之道,亦本与学术相系,欲求其利,先去其病。凡与语录、小说、报纸相似之语,宜一切汰之。稍进则场屋论文如东莱,台阁体如宋景濂,皆宜引为深戒者也。因足下赠《蟻蠓集》,更论弇州、震川事。弇州叙事,实为健者。所苦摹拟未化,张设太盛,然用兵如王越,直言如杨继盛,文人落魄如卢袖[34],此自应极意叙述者。震川平生所遇,多乡里凡庸,故叙述率多平淡。要视所对之人贤愚才鄙,以施用王、归之法则可矣。篇篇学王则近诬,事事学归则近庸。清代桐城、阳湖诸子,虽导原归氏,实亦左右采获,不滞一家,及湘乡出而文章非归所能范围矣。然不遇其时其境,则亦不容为此也。略述所知,容有未尽。即问兴[35]居清胜。章炳麟白。

由此信可知,首先在一段有关佛法的讨论后(二人关于佛法的讨论,笔者另有一文论述),章氏对于孙氏前信的恭维表示自谦:"所问文章义法,以鄙著《文例杂论》,上方宁人,则吾岂敢?"章氏《文例杂论》一文收于《太炎文录初编》,其中开首便将顾炎武《救文格论》奉为圭臬,称:"余每读顾先生《救文格论》,叹其绳约骹骸,偃榘削墨,后之治文笔者,得是为同律,其远乎鄙倍矣。"[36]而章氏在此信中,从"为学之要"谈起,由其古文家法出发,则劝孙氏"精求经训","自《说文》《尔雅》入手",但考虑其"疲于吏事,恐不能专意为此",故退而求其次："明练经文,略记注义,亦自有用"。以下又从诸子、史书、历代文集中撮要加以推荐,同时指出"文章之道,亦本与学术相系,欲求其利,先去其病。凡与语录、小说、报纸相似之语,宜一切汰之。稍进则场屋论文如东莱(吕祖谦),台阁体如宋景濂(宋濂),皆宜引为深戒者也。"对于这些体裁和文字,章氏明确表示排斥。

这一点在稍后孙氏的《上章太炎先生论文书》以及章氏的《与孙思昉论文书》中仍继续加以展开,孙信全文如下:

> 余杭大师函丈:奉示以救正人心,唯儒为亟,圣人复起,不易斯言。窃谓内圣外王之道,久为天下裂,而释、儒实分割其半,皆有所明,时通为一,非儒无以持世,非佛无以缮性,未可偏废也。而老庄似介乎其间。我师以为何如?承教以治学轨涂,敢不勉自淬厉,以期无忝门墙。至论两用王归之法,足平亭二者之争矣。惟为文务去语录、小说、报纸相似之语尚易,欲尽汰场屋台阁之气,诚戛戛乎其难之。微特泾渭难辨,而矫之过当,且恐邻于棘涩诡怪也。未审然不?至诚极愿与马君文季,乐数晨夕,姜督归徕,当三沐三薰以报。

孙氏在去信中,认为文章之道求利去病之中"务去语录、小说、报纸相似之语"一点尚觉较为简易,但如何免于堕入场屋文字和台阁体习气这一点觉得难以着手,且若是"矫之过

当,且恐邻于棘涩诡怪也"。对于后面这一点,章氏又在覆信《与孙思昉论文书》(《林虑月刊》版)中详加解释:

> 思昉足下:两得手书,并与文季一电,已转致。文季即日治装为扬州之游,两贤相得,文史之乐,正不可量。鹪鹩一枝,亦藉为栖息矣。[37]所问场屋文字与台阁体,辨别甚不易,力欲避之,又恐入棘涩诡怪一流。今谓南宋文全是场屋气味,与北宋文相校[38],薰莸易辨,不必如刘辉辈也。台阁体由来已远,凡作大手笔,稍一平弛,即易堕入。如韩之《平淮西碑》、柳之《馆驿使璧[39]记》,若用其语意,更使他手为之,则无不堕入台阁体者。柳子亦时患此,宁作俪体以避之,如《岭南节度使飨军堂记》,直作燕许手笔,可知其意。权载之才又不逮,故所作碑版记序,大半为台阁体之先河。前者如元次山,后者如李元宾,力欲避此,即不免为棘涩诡怪。若欧阳詹则是闽人初观化于中原者,更不足论。以此衡之,淄渑不难别矣。所释《墨子》数事,甚有新意。此书文字奥衍,解者不同甚众。小有差池,正是各尊所闻也。[40]文季来说子姜五十生日,无以祝之,勉作楹联一事,仓猝写成,未能尽善,并望转致。文章意趣,或有未尽,仍与文季商略可也。此问兴居清胜。章炳麟白。

此信也较长,内容较多,但关于文章之道这一主题,他首先指出所谓"场屋气味",南宋文已经甚浓,与北宋文一比较便可判别。而台阁体则由来已远,"凡作大手笔,稍一平弛,即易堕人",章氏以韩愈《平淮西碑》、柳宗元《馆驿使壁记》为例,"若用其语意,更使他手为之,则无不堕入台阁体者"。故柳宗元《岭南节度使飨军堂记》"宁作俪体以避之",力求如张说、苏颋的"燕许大手笔"矫正浮丽风气,讲究实用风骨。故到了后来,如权德舆等人,才气不逮,大半便是台阁体的先河,而"棘涩诡怪"这一毛病,在元次山、李元宾等人身上便已出现,如欧阳詹等则更不足论。章氏以此再次指示孙至诚注意勿蹈场屋文字和台阁体习气。

此外,在这几封讨论文章之道的书信中,还有几点颇值得一说。首先,在《与孙思昉论学书》,因孙至诚赠章太炎以明代卢楠的《蠛蠓集》,故其又讨论了自明代王世贞、归有光以至清代桐城、阳湖诸子的文学流变。章氏认为"要视所对之人贤愚才鄙,以施用王、归之法则可矣。篇篇学王则近诬,事事学归则近庸。"而桐城、阳湖二派虽然导自归有光,但实则"左右采获,不滞一家"。到曾国藩出,因其所遭遇的时境不凡,故"文章非归所能范围"。其中提到的卢楠是明代中期著名文学家,其为人博闻强记落笔数千言,但恃才傲物、愤世嫉俗,曾因"负才忤(浚县)县令,令诬以杀人,榜掠论死,淹系数年",后得友人谢榛奔走喊冤,加上县令罢职,故得平反冤狱而不死。此后虽名重公卿,但落魄嗜酒,豪放不羁,故章太炎在信中称"文人落魄如卢楠"。[41] 而卢楠文字在嘉隆之间、前七子如日中天之时，能"光明磊落，藐玩一时，不与七子争声名，故亦不随七子学步趋然"，得到王世贞称许，[42]所以章氏由卢楠而谈到了王世贞与归有光。而孙至诚之所以赠卢楠《蠛蠓集》，定是因其为浚县前贤的缘故。早在1918年第232期《北京大学日刊》中，孙至诚向刘复所主持的《歌谣选》栏目投稿古代民歌，即出自卢楠的《蠛蠓集》。《歌谣选》栏目的创设是因为北大在当年2月初发起了征集全国近世歌谣的活动，[43]孙氏投稿的歌谣叫《黄利黄谣》："黄利黄，黄利黄，黄河岸上洗衣裳，黄河流水鸣汤汤，几时到我家乡。"其陈述理由便是："明嘉靖末年浚县卢楠作，《蠛蠓集》载之，其词虽未遍诵于野，实已风行艺林，至今不息，亦乡土文献也。"[44]故可见孙氏对于乡贤的推崇其来有自。

其次，在章太炎在《与孙思昉论文书》中提到孙至诚"所释墨子数事"，且认为"甚有新意"，同时还谈到其对于墨学研究的看法："此书（《墨子》）文字奥衍，解者不同甚众。小有差池，正是各尊所闻也。"这里提到的"所释墨子数事"应是孙氏将其所著有关墨子的研究向章氏请益，与同时寄去的《老子政治思想概论》相同。自晚清诸子学兴起之后，到民国年间仍是大行其道，孙至诚自1920年代便已有众多诸子学的研究在刊物发表，正如章士钊评价称"思昉年二十一，国学深造有得，尤邃于子。"[45]孙氏1923年在《实业周刊》刊登的《农家许行学说述略》，1933年在《林庐月刊》刊登的《补庄子惠施篇》，是关于农家和道家的研究。而更多的便是有关墨学

孙至诚《墨学通论》王揖唐题签

的研究，自 1924 年先后为张纯一《墨学分科》及《墨子闲诂笺》撰写序言，后于 1930 年 2 月又撰成《墨学通论》多篇，因此孙至诚在 1931 年向章太炎呈交的很可能便是《墨学通论》一书。

## 章太炎的提携与孙至诚的变节

上文论文章之道已谈及桐城派，在章、孙二人的通信交往过程中，桐城殿军马其昶的季子马文季充当了重要的信使作用。孙至诚为张之江五十寿辰向章太炎求寿联一事，在此次新见的佚信中，章氏便已告知寿联已撰就，而马文季正好有扬州之游，所以可托其当面转致。接着便对马氏大加赞誉，章氏自称与马其昶相知有素[46]，而马文季"传其家学，实当今美材，方今文学陵夷，而通丈诸嗣，亦唯此子为贤"，当时已在章氏身边一年，"从容讲论，具见其中所有"。且章氏已视孙、马二人为自己弟子，故又称自己非如董仲舒不许弟子转向传授，因此希望孙氏常与马氏相近，可资他山之益。孙氏在稍后的《上章太炎先生论文书》立即表示"极愿与马君文季，乐数晨夕"，且言张之江也定会郑重欢迎。章氏在《与孙思昉论文书》中又提到孙氏还曾给马文季写过一通电文，由章氏转致。而马氏即日就要启程，故期待"两贤相得，文史之乐，正不可量"。其中再次提到张之江寿联一事，称届时请孙氏转交寿星本人，而来往信中所论文章之道，如有未尽也可与马氏商略。稍后孙氏《上章太炎先生论果报书》又称"比属马君,袖瞰芜笺,仓卒殊不悉意",可见托马氏向章氏转递信件。从章氏的回复《与孙思昉论果报书》中又可知,《老子政治思想概论》序文也是由马氏面交孙氏。因此,不管是讯息还是实物往来,马文季在章孙之间的确起到了桥梁的作用。

在《章太炎全集·书信集》中,除了前文所考诸多论学论文书信之外,还有两封章太炎致孙至诚的书信,时间是 1931 年九一八事变爆发之后,故讨论的主题则变为时局,也均与马文季相关。章太炎去世之后,孙至诚在《太炎先生伤辞》一文中自述首次拜见章太炎的缘起,除了对章氏崇拜私淑之外,实则在其未谒见之前,因马文季建议章氏"为书致之当道",当时孙氏在张之江绥靖公署任职,故章太炎有等孙氏到来而后定谋的打算。马文季问其中缘故,章氏称在未见面以前已"于其文知之",可见对孙氏的看重,除了文章之外,便是其所处地位,以及对于时局的了解。在九一八事变之后,章太炎与孙至诚的这两封信均表达了对于东北危机的极度关注。首先,1931 年 10 月 5 日的信中,应是回答其何以未对就九一八事变发表评论的疑问,而这通书信也是通过马文季转交而来。在信的开头,章氏首先自道其"失语"的原因,同时也直斥国民党当局的不抵抗政策:"东事之起,仆无一言,以为有此总司令、此副司令,欲奉、吉之不失,不能也。东人睥睨辽东三十余年,经无数曲折,始下毒手,彼岂不欲骤得之哉,因伺衅而动耳! 欲使此畏葸怠玩者,起而与东人争,虽敝舌痟口,焉能见听,所以默无一言也。"而他当下对于东北时局的看法,则是:"奉、吉固不可恢复,而宣战不得不亟,虽知其必败,败而失之,较之双手奉送,犹为有人格也。辽东虽失,而辽西、热河不可不守,虽处势危岌,要不得弃此屏障也。"[47]在另一封12月28日的信中,章氏仍然坚持这一立场:"东方事,鄙人仍守前议,以为辽西、热河必不可弃,弃则河北皆危。"[48]实则当时国民政府方面对于章太炎的激切言论层层封锁,不准各地报刊登载,这也是"失语"的重要原因,故只能在私下与弟子的信件中表露其反对国民政府畏葸怠玩的立场。[49]

同时在二信中,章氏还对国民党内部宁、粤两派的派系纷争导致贻误国事加以痛斥。1930年下半年,蒋介石与胡汉民因约法问题在党内公开冲突,这场"约法之争"导致了1931年2月的"汤山事件",即蒋介石软禁胡汉民。到5月底,反蒋的唐绍仪、孙科、汪精卫等人在广州另立国民政府,导致国民党内部的分裂,且一度爆发内战,直到九一八事变爆发才被迫停战。因此章太炎在10月5日的信中谈及形势时称:"若夫调停宁、粤,此乃适召汉奸,断绝国交,而不能从事防御,则彼得随处侵轶,其祸又不止关东矣。"其对于粤派多亲日的立场极表担忧,到了12月28日,因粤派主张惩办张学良,章氏便极表反对,对孙至诚言道:"张学良始则失地,今幸固守锦州,亡羊补牢,可称晚悟。粤派必欲惩办张学良,此乃不顾锦州而为日本驱除，其心殊不可测。"甚至因"老仇人"吴稚晖对此事也有"卖国奴"之骂，表达了高度的钦佩，认为乃是直道而行，并称"此公平日甚多荒缪，今能作此惊人之鸣，不可以人废言也。"同时由于粤派逐渐显露的卖国嫌疑，如当日《东京日日新闻》有关粤方外交代表"陈友仁前奉粤中使命，见日本币原外相，口称孙总理本愿放弃东三省，无如蒋中正不肯履行，若日本助我革命，定可履行云云"的报道，因此对于原本厌恶殊甚的蒋介石也认为情罪稍轻。当然章氏的话并不好听："以今日外患之发崇言之，蒋固有罪，究非如粤方之创意卖国者。譬之蒋为秦桧，粤则石敬瑭也。"总体而言，一直到1936年6月去世之前，章太炎也始终保持着高昂的爱国热情，可谓"晚节弥坚"。[50]

至此，有必要交代一下马文季其人的基本情况，只是其生平资料极为缺少，惟据王树枏《桐城马通伯先生墓志铭》可知，其父马其昶共有四子，而季子也就是第四子名叫根质，所以文季应是其字，本名为马根质。另据桐城许永璋回忆，其由马文季侄子马茂元处获知："（马文季）是个怪才，受其父马通伯的熏陶，开口成章，被章太炎视为'中国文种'，有次他被日本人逮去，章太炎知道后立即去'保释'，说不能断了文种。"[51]可见章太炎对其青眼有加，现有史料可知，1933年章氏自撰《弟子录》马氏便名列其中，[52]此后还于1935年参与发起了章氏国学讲习会，凭借也正是章门弟子的身份。

而当章、孙、马三人的联系建立后的数年间，仍然发生了诸多有意思的事情,这在陆德富《章太炎佚文辑》所收的九封新见章孙通信中可以寻绎不少线索。[53] 陆氏尚有《新见章太炎信札十通考释》一文收于该书,其中九通(编号三一至三九)便是 1934、1935 年章太炎写给孙至诚的书信,而涉及马文季的共有六通(编号三三至三八),据其考证均作于 1935 年。[54] 而章太炎去信的原因主要是向时任安徽桐城县长的孙至诚推荐马文季,为其谋职。编号三三这通信实无具体月日,但开首章氏便恭喜孙氏"有奉檄之喜",而所处"桐城山水绝伟,亦堪作吏隐",指的便是 1934 年 11 月 30 日孙氏刚刚接任桐城县长一职之事。[55] 而从书信内容来看,章氏认为马文季擅长文学,故先前推荐其担任秘书职务,在不可得的情况下,退而求其次,建议是否可在桐城安排一区担任区长。而从稍后作于 1935 年 2 月 11 日,编号三四的书信可知,孙至诚遵乃师嘱托,安排马氏担任区长,但到任之后,因不厌"簿书期会之烦,废然旋返"。故章氏去信再次为其请托,称"文季本文学之材,始之急不择音,虽区长亦愿从事",现在逃归乃是"情所宜尔",而请孙氏"更为觅途径"。从十天之后也就是 2 月 21 日,编号三五的信中可知,孙至诚已成功为马文季谋得秘书之职,故章氏称"任以文牍,当是所长",同时信末还向马氏致意,可见已经到任。此后马文季应是安于秘书的位置,同时也仍在章孙之间担任信使。如 3 月 25 日,编号三六的信中,章太炎提到孙至诚托马文季将其为祖父所撰节略录交章氏,请其撰写墓表。也是十天之后,章氏撰成《浚县孙处士墓表》一文,并将清稿邮寄桐城。而据这六通书信可知,至少到是年5月1日,马文季仍在孙至诚身边任职,[56] 只是到8月13日孙氏因"疏懈堤工"被撤去县长职务,而马氏的官运也不知如何了。不过孙至诚的官运远没有就此结束,从陆德富《新见章太炎信札十通考释》可知,章太炎还曾于1935年10月13日专门去信向张学良推荐孙至诚,也是为其谋求职位。章氏在信中称:

> 兹叙者河南孙至诚(字思昉),久及吾门学问操守,知之有意,前者屡膺民社,亦曾作豫鄂皖边区剿匪总司令部行营秘书。近以出宰桐城,因事辞职,闻执事山河之量,愿效涓埃,特赴行营上谒。其人治事稳练,于三省情形亦熟,若蒙延进,堪胜行政督察专员之任。

可见孙氏在桐城县长任前还曾担任豫鄂皖边区剿匪总司令部行营秘书,而此次正是在桐城罢职之后,由章太炎出面向时任国民政府武昌行营主任的张学良推荐担任行政督察专员之职。因此,从章太炎向孙至诚推荐马文季,以及向张学良推荐孙至诚二事可以看出,章氏对于孙至诚的地位和前途直到其去世前仍是极为看重的。[57]

不过可惜的是,在国难日亟的情况下,章太炎曾经谆谆教导、颇为看重的弟子孙至诚在其师去世之后的政治选择,显然有负师教。孙氏是否在张学良帐下担任行政督察专员

章太炎为孙至诚《化鹏室文存》所题书名

之职。其稍后的行踪及最后的下场,笔者虽未能查知明确,[58]但可知的是,从1937年7月7日抗战全面爆发到1938年2月中旬,孙氏已回到浚县老家,[59]其此前长期主政的豫北各县(包括浚县)也相继沦陷。到7月间,中共方面曾经参加过吉鸿昌抗日同盟军的刘耕夫、王舒苗等人在豫北滑、浚、淇三县发动群众,组织抗日游击队。刘氏先后联络了自己的老师董乐山,作为浚县绅士首领的孙至诚以及一批同学、青年与农夫,在新镇成立滑、浚、淇三县人民抗日自卫军。鉴于孙氏在豫北社会影响大,所以推举其担任司令一职,刘耕夫自任副职。在开始阶段,一度歼灭过地方伪军,同时积极开展抗日宣传,抗日自卫军一时远近闻名。因而国民党方面西北军丁树本部以及共产党方面八路军六八八团均极欲争取这支队伍,由于孙至诚与西北军长期以来的紧密关系,所以导致自卫军内部产生分裂。到10月间,孙、刘各自带领部分人马分投两处,[60]不过可见在抗战伊始孙至诚还是站在抗日一方。

但是到了1939年春,与亲日的王克敏、王揖唐关系甚密的陈静斋出任伪豫北道尹,[61]约孙至诚担任秘书,并倚为心腹,孙氏由此开始长期沦为日伪在河南的代理人。不久陈静斋升任伪河南省长,孙氏也联袂出任伪省公署秘书长一职,自1939年6月[62]到1943年9月,一直与陈氏共进退。虽仅是二号头目,但由于陈静斋对其言听计从,孙至诚成为伪政权中的实权人物,甚至一度代行伪省长职务。故同时担任伪职的邢汉三在后来回忆称："在河南沦陷区中,他(孙至诚)是一个影响较大的人物,为日本主子推行殖民统治出力很大。"[63]1943 年,汪精卫在南京颁布的一份嘉奖令中,孙至诚也赫然在列。[64]在离开伪秘书长职务后,孙氏转而担任伪豫北道尹,在汉奸路上一去不能回头,其投敌变节的行径,相信泉下有知的章太炎定会愤然将其逐出"弟子录"。

## 注释

〔1〕陆德富整理:《章太炎佚文辑》,浙江人民美术出版社,2019 年。

〔2〕孙至诚:《上章太炎先生问学书(附来书覆书各一)》,《化鹏室文录》,《林虑月刊》1933 年第 2 期。

〔3〕李灵年、杨忠主编:《清人别集总目》上,安徽教育出版社,2000年,第 639 页。惟不知其来源何处。另外,1925 年 9 月 21 日孙至诚向章士钊主编《甲寅》杂志投稿,章氏在评语中称"思盼年二十一",由此推知则孙氏可能出生于 1905 年左右,故生年到底为何年尚存疑。

〔4〕邢汉三:《日伪统治河南见闻录》,河南大学出版社,1986 年,第 80 页。

〔5〕因此邢汉三"十七岁"之说应属错记,而若以 1905 年出生说为准,则孙至诚入学时年方十四。

〔6〕孙至诚:《歌谣集录》,《歌谣》1923 年第 1 卷第 4 号。

〔7〕李见荃:《化鹏室文录》序,《林虑月刊》1933 年第 1 期。也有回忆称其在 1937 年抗战全面爆发前担任此职,见崔毅:《在林县工作的一些回忆》,中共林县县委党史资料征编委员会办公室编《中共林县党史资料》第 2 辑,1984 年,第 130 页。实则 1934 年时孙氏已不在任上,详见后文。

〔8〕《林虑学社简章草案》,《林虑月刊》1933 年第 1 期。

〔9〕 该刊还登载了诸多孙至诚辑录的以"章太炎先生最近文"为名的章氏文字。

〔10〕《化鹏室文录》在《林虑月刊》刊行时,这一组书信原题为《上章太炎先生问学书(附来书覆书各一)》。这三通书信后来也刊登于《国闻周报》1936 年第 13 卷第 19 期的《凌霄一士随笔》。

〔11〕《凌霄一士随笔》,《国闻周报》1936 年第 13 卷第 19 期。

〔12〕《凌霄一士随笔》,《国闻周报》1936 年第 13 卷第 24 期,该则随笔中称"章太炎论学论文等书,前由思昉处借抄,实吾随笔"。

〔13〕 该信现收于《章太炎全集·书信集》下,第 1151—1152 页。

〔14〕 孙至诚:《上章太炎先生论文书》及复书,收于《化鹏室文录》,《林虑月刊》1933 年第 2 期。《凌霄一士随笔》,《国闻周报》1936 年第 13 卷第 19 期。

〔15〕《章太炎全集·书信集》下,第 1154 页。据查《章太炎年谱长编》中只系于 1931 年,并未明言为 1931 年秋,故应是马勇教授推断,见汤志钧:《章太炎年谱长编》,中华书局,1979 年,第 910—914 页。

〔16〕 孙至诚:《上章太炎先生论果报书》及复书,《化鹏室文录》,《林虑月刊》1933 年第 2、3 期。《凌霄一士随笔》,《国闻周报》1936 年第 13 卷第 20 期。

〔17〕 汤志钧:《章太炎年谱长编》,第 909—910 页。

〔18〕 孙至诚:《太炎先生伤辞》,《制言半月刊》1936 年第 21 期。

〔19〕 孙至诚:《太炎先生伤辞》,《制言半月刊》1936 年第 21 期。

〔20〕 孙至诚:《谒余杭章先生纪语》,《制言半月刊》1936 年第 25 期。

〔21〕 杨天石主编:《钱玄同日记》(整理本)中册,北京大学出版社,2014 年,第 896 页,1933 年 1 月 2 日记载当时章太炎想要编《弟子录》,其中共十九人,最后一名为"孙至诚,河南",该《弟子录》反而无诸多重要弟子如周氏兄弟等,引起钱玄同不满,另一面或可见孙氏在晚年章太炎心目中较为重要。

〔22〕 章太炎:《〈老子政治思想概论〉序》,孙思昉《老子政治思想概

论》，商务印书馆，1933 年 5 月国难后第一版，序言第 1 页。

〔23〕孙至诚的《老子政治思想概论》书名由张之江题签，可见宾主相得。

〔24〕庞玉森：《张之江的一生》，中国人民政治协商会议天津市委员会文史资料研究委员会编《天津文史资料选辑》第 49 辑，天津人民出版社，1990 年，第 21 页。张氏生平，另有学林出版社 1994 年出版的张润苏编著《张之江传略》，以及团结出版社 2015 年出版的万乐刚所著《张之江将军传》可供参考。

〔25〕孙至诚：《太炎先生伤辞》，《制言》1936 年第 21 期。孙氏在文中自称"时至诚方佐张督绥靖江苏"。《苏绥靖督办张之江抵镇》，《申报》1930 年 12 月 7 日第 10 版，其中称孙氏为镇江办事处秘书长。胡朴安为孙至诚《墨学通论》撰序时也称"十九年，余承乏江苏民政，思眆亦随子姜督办绥靖江苏"，见《林虑月刊》1933 年第 1 期。本文开头曾提到，1925 年 10 月孙至诚已在张之江察哈尔都统署内任秘书之职，可见二人交往由来已久。

〔26〕万乐刚：《张之江将军传》，第 148—149 页。

〔27〕《苏绥靖督办张之江就职告民众书》，《中央日报》1930 年 12 月 15 日第 3 版。

〔28〕《上海五团体祝张之江督办五旬诞辰》、《张之江督办五秩寿诞》，《真光杂志》1931 年第 10 期。

〔29〕《张之江捐寿仪助振》，《兴华》1931 年第 28 卷第 36 期。《张之江捐寿仪助赈》，《民国日报》1931 年 9 月 16 日第 3 版。

〔30〕仅《凌霄一士随笔》作"廿"。

〔31〕仅《凌霄一士随笔》作"慷"，即"忼"之异体字。

〔32〕《书信集》作"子"，《制言》《凌霄一士随笔》同此。

〔33〕《书信集》作"未有周"，《制言》《凌霄一士随笔》同此。

〔34〕《凌霄一士随笔》《制言》和《书信集》皆作"柟"，明代有卢楠其人，与孙至诚同为河南浚县人，其落魄身世与文中相应，而所作骚赋，最为王世贞称许，著有《蠛蠓集》五卷。《北京大学日

刊》1918 年第 232 期。孙至诚投稿的古代民歌,即出自卢楠
的《蠛蠓集》,故应作卢楠。

〔35〕《书信集》作"起",《制言》《凌霄一士随笔》同此。由此可见,
《书信集》转录《制言》版时出现错讹。

〔36〕章太炎:《文例杂论》,《章太炎全集·太炎文录初编》,第
39 页。

〔37〕此前文字,《凌霄一士随笔》缺。

〔38〕《书信集》作"较",《凌霄一士随笔》《制言》同此。

〔39〕《凌霄一士随笔》《制言》《书信集》均作"壁",应是《林虑月刊》
之误。

〔40〕《凌霄一士随笔》至此结束。

〔41〕卢楠事迹见《明史·文苑传》三,卷一百九十九;四库馆臣进呈
《蠛蠓集》案语,见卢楠:《蠛蠓集》,《四库明人文集丛刊》,上海
古籍出版社,1993 年,第 756 页。

〔42〕四库馆臣进呈《蠛蠓集》案语,见卢楠:《蠛蠓集》,《四库明人文
集丛刊》,第 756 页。

〔43〕《歌谣选由日刊发表》,《北京大学日刊》1918 年第 141 期。

〔44〕刘复编订:《歌谣选》(四八),《北京大学日刊》1918 年第
232 期。

〔45〕《甲寅》,1925 年第 1 卷第 11 号。

〔46〕章氏有《马通伯先生像赞》,《章太炎全集·太炎文录续编》,上
海人民出版社,2014 年,第 413 页。《章太炎全集·书信集》
还有 1928 年八月初三日章氏致马其昶书信一通,其中也提到
马氏"哲嗣",指的很可能便是马文季,见《章太炎全集·书信
集》下,第 1145 页。

〔47〕《章太炎全集·书信集》下,第 1154—1155 页。

〔48〕同上书,第 1156 页。

〔49〕沈延国:《章太炎先生在苏州》,《追忆章太炎》(修订版),三联
书店,2009 年,第 319—320 页。

〔50〕参见沈延国:《章太炎先生在苏州》,第 319—324 页。

〔51〕许结:《诗囚》,凤凰出版社,2009 年,第 78 页。

〔52〕杨天石主编:《钱玄同日记》(整理本)中册,第 896 页,1933 年 1 月 2 日记载当时章太炎想要编《弟子录》,其中共十九人,马文季也在内,只是钱玄同将"马根质"误作"马根宝"(核对影印版《钱玄同日记》,也是如此,见第 9 册第 4592 页)。

〔53〕陆德富整理:《章太炎佚文辑》,第 42—52 页。

〔54〕同上书,第 164—166 页。

〔55〕《皖省府更易三县长》,《申报》1934 年 12 月 1 日第 12 版。因此,编号三三这通书信应作于 11 月 30 日之后,而这批书信前后连续,之后三四信作于"一月八日",故严格来说,三三信只能推测作于 1934 年 11 月 30 日至 1935 年 2 月 11 日之间。

〔56〕涉及马文季的最后一通书信,即 1935 年 5 月 1 日,编号三八的信中,章太炎还问及孙至诚是否与马文季等诗文唱酬。

〔57〕在《章太炎佚文辑》这批佚信中,编号三三、三四、三五三通书信还提及章太炎为孙至诚文集《化鹏室文存》题签之事,可见在学术上也是一贯看重。

〔58〕最晚可知孙至诚 1951 年 5 月尚在世,为张次溪《人民首都的天桥》一书作序,见该书,中国曲艺出版社,1988 年,序言第 10 页,文中仍尊称章太炎为"先师余杭章先生"。

〔59〕邢汉三《日伪统治河南见闻录》称"七七事变时,孙在豫北某县任县长,因包庇案被国民党河南省政府关押。日军侵入豫北时,孙因出狱不久,回老家农村蛰居",见该书第 80 页。

〔60〕刘耕夫:《我的回忆》,中共浚县县委党史资料征编办公室编《中共浚县党史资料》第 3 辑,第 27—29 页。另见杨金国:《滑浚淇人民抗日自卫军》,政协淇县委员会文史资料编辑室编《淇县文史资料》第 3 辑,1980 年,第 88—90 页。

〔61〕邢汉三:《日伪统治河南见闻录》,第 22 页。

〔62〕一说是 1939 年 10 月,见邢汉三:《日伪统治河南见闻录》,第 79 页。

〔63〕邢汉三:《日伪统治河南见闻录》,第 79—80 页。在任伪职以

后,孙至诚似乎多以其字"思仿(思昉)"行世(当然在 1931 年出版《老子政治思想概论》时已用孙思昉署名),如其于 1939 年《立言画刊》、1941 年《中和月刊》、1944 年《古今》等杂志上刊登的文章也均署此名。孙至诚在任伪期间主编《河南省公报》,为日伪统治摇旗呐喊,这方面的证据也可参见在 1941 年《开封教育月刊》第 12 期以"河南省公署秘书长"身份刊登《祝(新民会成立三周年)词》,以及在《河南同志》1942 年第 4 卷第 5 期刊登的《第五次治安强化运动之要义及所望于民众者》等文。

〔64〕1943 年 5 月 13 日《国民政府令》,《国民政府公报》第 485 号,第 6 页。在此令中,伪国民政府主席汪兆铭签署,授予孙思仿在内的几十号汉奸头目四级同光勋章。

# 孤岛时期张尔田文集的刊刻始末

　　张尔田(1874—1945)，原名采田，辛亥鼎革后改名，字孟劬，晚号遁堪居士，浙江钱塘人。张氏是近代宿儒大家，也是诗词名家，其治学宏通博雅，为时人所推重。作为遗民，民初隐居上海，与王国维、孙德谦友善，均与沈曾植亲近，沈诗有"三客一时隽吴会"之句，[1] 故三人并称，时有"海上三君"之号(三人也同在上述日人所定名单之中)。张尔田于经史子集均有涉猎，且功力颇深，以今天的眼光来分，重要的至少包含史论(《史微》)、清史(参与《清史稿》的编纂，著有《清列朝后妃传稿》等)、西北史地(整理补充沈曾植《蒙古源流笺证》)、诗学(《玉谿生年谱会笺》)和词学，还有佛学、诸子学等等领域。到了晚年，在一代词宗朱祖谋去世之后，张氏更是被词坛奉为首领。1942年，吴庠便当面对夏承焘讲"(孟劬)为当今师友间第一人"，同时又将其与南方的陈洵并称，认为"南绚北劬，觅第三人不得"。[2] 而正是在后辈看来与之并称的陈洵，在前一年致信张尔田时也早已奉其为宗主，信中称："彊老徂逝，群言淆乱，无所折中，吾惧词学之衰也，非执事谁与正之。"[3] 正是在这样的盛誉之下，又由于张氏时已年老

张尔田

体衰,加之时局艰险、前途茫茫,因此友朋门生(多为词坛人物)亟欲为其编印一部文集。本文试图通过对操办人之一的吴丕绩所收七封书信(六封作者为张尔田致、一封为吴庠)的考释,尽量还原在抗战期间的孤岛上海,吴氏等人谋划并刊刻张尔田文集的经过,及其未能成功的遗憾。

## 文集刊刻的启动

近年来,学界对于张尔田的著作已作了不少整理,如2014年张笑川编的《中国近代思想家文库·张尔田、柳诒徵卷》、2018年黄曙辉等编纂影印的《张尔田著作集》、2018年段晓华等整理点校的《张尔田集辑校》等。而关于张尔田的著作情况,张氏本人及逝后不久友人为其所作的传记中均早已有所提及,可以看出其著作的刊刻、存佚情况。

早在1908年,当时名字尚为"采田"的张氏在致信《国粹学报》时报告了自己的著作,成果已十分丰硕:"《史微》内篇四卷、外篇四卷,《诸子学记》十卷,《姚江学案类钞》六卷、附录一卷,《玉谿生诗补笺》三卷,《年谱补证》一卷,《樊南文合编》二十卷,《唐文脍炙集》二卷,《荆公新法本末考》四卷,《许国公奏议笺略》四卷,《大晟杂俎》一卷,《全唐词》二卷,《河岳英灵集评》二卷,《屠守斋日记》二卷,《白喉证治通考》一卷,《古文丛谭》一卷,《新学商兑》一卷,《莼梦词》一卷,《寄沤词》一卷,《文史通义内篇笺正》五卷。"[4] 由这份名为《钝盦生平所著书总目》的书单,已经可以看出三十多岁时张尔田的治学范围和成就,如《史微》一书已初具规模,对于李商隐的研究已经起步等,另外已经有词作两卷,均是张氏后来治学的兴趣所在和基本阵地。不过这些张尔田自己提到的著作,此后有的陆续刊刻出版,有的则鲜再提及。主要存世专著的刊刻情况,如《史微》内篇四卷 1908 年首先在上海刊行,到 1912 年由其弟张东荪将之析为八卷,再次刊行,由此东传,颇受日本学界推崇。据其学生王钟翰称,该书"日本西京帝国大学且采为必读之书"。[5] 1917 年秋,刘承幹又为张尔田刊刻《玉谿生年谱会笺》,收于《求恕斋丛书》,是一部研究李商隐生平和作品的重要参考书。另外,由于张尔田参与了《清史稿》的纂修工作,除《乐志》八卷、《刑法志》中之一卷、列传中之《图海李之芳传》一卷被采用外,其原本负责的《后妃传》八卷未被采用,因此到 1929 年,便以《清列朝后妃传稿》之名排印刊刻。而其他作品则篇幅较小,有些也刻有单行本,如《白喉证治通考》《新学商兑》等。大多则刊载于民国期刊之上,散见各处,重要的如《屝守斋日记》《清史稿纂修之经过》等等。不过由于张氏平生不喜留稿,[6] 因此这些散处的文章到了晚年亟待整理结集。

目前可知,张尔田有文集两卷存世,名曰《遁堪文集》,是在张氏去世后的 1948 年,也是由张东荪为其刊刻。另外之后还有张芝联油印《遁堪文集附录》一卷。据张东荪在《文集》跋语中称:"此先兄孟劬之遗稿也。民国二十六年七月七日,日寇入占平津,余与先兄困居燕京大学,其门人王钟翰惧先兄著述或因世变而致散佚,乃从事纂辑,得成斯篇,后经先兄亲自审定,略有删取,成为定稿。"[7]而齐思和在该集出版后,便写了一篇极短的文字作为书评加以介绍,其中也称:"民国二十六年,其门人王钟翰君为之辑录,得百余篇,先生复尽汰去其应酬之作,所留不及半,定著为二卷"。[8]可见更是在抗战爆发的不利局势下,张氏文集的刊刻很早就开始筹备整理,由王钟翰为其整理辑录,再经张氏本人删定。

而笔者注意到有关张尔田文集刊刻的起始,是在夏承焘的《天风阁学词日记》之中。夏承焘与龙榆生、吴庠等人在1930、1940年代均是午社成员,日记中记载了大量上海词人的活动轨迹。1940年9月8日,夏承焘与王欣夫同访吴庠,送交当天早上接到张尔田由北平寄来的两封书信,商量刊印其《遁庵文集》事。[9]这应是在王钟翰辑录,张氏本人删定之后的行动。当时全面抗战已经过去三年,时局动荡之下,出版艰难,战前的全国出版版图也已重新洗牌,但上海租界之中的出版业仍在继续。而张尔田虽然1930年随其弟张东荪北上到燕京大学任教,但由于词学圈子的交际网络,以及与北平学术风气不合,[10]故反而始终与上海词人旧友保持频繁的联系,其中与夏承焘、吴庠、龙榆生等人尤为密切。到了9月29日,夏承焘再次接到张尔田来信,信中张氏"自谓文集旨趣,少言政而多言教。又悯近日治学流弊,论学尤不惮反覆。近日目疾奇痛,左目竟眇云云。"待到午后,夏氏将此

信连同其论四声函及夏敬观一函送交吴庠,而从吴氏处得
知,为张氏刻集一事已经与陈柱商量妥当。同时当天早上,
同为午社词人的吕贞白送来龙榆生交给的五十元,也送交吴
庠作为助张尔田文集的"刊资"。[11] 到了 10 月 3 日,夏承焘
作书张氏"告刻集事",可见此事应该进展顺利,甚至已经启
动。[12] 然则为何要迟至抗战结束的 1948 年方正式刊行问
世,中间到底经历了怎样的坎坷?

## 文集的谋刻与未果

笔者近来在拍场上获睹数通张尔田致吴丕绩的书信,结
合此前关注的相关史料,通过考证书信的时间和内容,希望
可以串联勾勒出张尔田文集在太平洋战争爆发前后的上海
孤岛谋刻与未果的大致经过。

首先,来看两封张尔田致吴丕绩的书信,日期内容完全
接续,全文如下:

伟治吾兄左右:顷奉惠书,敬悉壹切,拙集承校字,
极感! 其遗漏之字,两字合写一格,亦是一法。前人刻
书,漏字往往可以挨入一行,并不碍观,未知手民能之
否? 此须询之刻工,若空格则必须用墨丁矣,其余字误
不妨留待覆校。虽初校,字数必校清,不可使有脱漏也。
《汪氏日记》请即照眉老所说重缮,至要! 大病中,不能

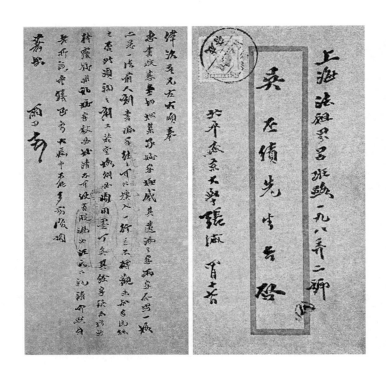

张尔田致吴丕绩手札及信封

多写,复颂著安。尔田顿首。

虽然这封书信没有时间,但所幸的而是,由于该信保存有信封,上面的内容是:"上海法租界吕班路一九八弄二号,吴丕绩先生台启,北平燕京大学张绒,四月十七日。"[13]另一封信也是如此,其信封上的内容与前者一致,只是日期为四月十八日,而全信内容为:

> 伟治吾兄执事:昨有一书付邮,拙集刻成一卷,查阅尚有脱误。弥补之法,其遗漏之字,即用两字合刻一格,误多之字,剜去改用墨丁,兹将所开一纸仍寄上,请即照此改定为要,此后必须将写样校妥,再行上版,庶不致有脱漏也。《汪氏日记》,大名仍以列在前面为是。此书归兄为我传布,亦一艺林佳话,不必太谦。弟受春湿,大病一月余,握笔甚艰,不多述矣。复颂著安。尔田顿首。[14]

伟治就是信封上吴丕绩(1910—1972)的号,吴氏是上海松江人,原名丕悌,别署云间伟治、糕兄,笔名斐尔,室名双梧馆。早年毕业于浦东中学,与卞之琳为同届校友。后入大夏大学,1932年夏拜于孙德谦门下治国故学,1940年执教于交通大学中文系。之后还在临时大学、震旦大学、暨南大学、无锡国专等校兼课任教。[15]由二信内容可知,张尔田向吴丕绩交代的是同一件事情,即在文集刊刻已经启动之后,对于写样、校勘和上版等步骤中遇有错漏字等问题如何解决的事宜。而且由刊刻术语可以看出,文集采用的是雕版印刷的方式。就晚清古籍雕版刊刻的正常程序而言,其中写样校对大致要经历发写(写样)—校勘(初校、覆校)—割补—上版(红印—校正红印样—修版—局部再红印)等步骤,再到最后刻成。[16]所以张氏第一封信中提到的"校字",应是吴氏担任了文集的校对工作,而且初校肯定是吴氏在负责。另外张氏在第二封信中提到"刻成一卷",应是其中一卷已经开始上版试印,因为其中脱误不少,所以嘱咐吴氏"此后必须将写样校妥,再行上版",对于其校对工作提出更高的要求。张氏反复叮嘱吴氏须按照其要求改定,且指示其与"眉老"以及手民、刻工等联络事宜,可见当时吴氏不仅承担对工作,而且负责与张氏直接联系。从张尔田对于文集书稿编校的在意程度,指示细致,可见也是将之视为身后的名山之作。这里的"眉老"是近代著名词人吴庠(1878—1961),原名清庠,字眉孙,号寒竽、竽公,江苏丹徒人,清末优贡。吴氏早年便已诗词成名,与丁传靖、叶玉森齐名号称"京口三子",后来又成为南社成员。早年在北京担任梁士诒幕僚等,后到上海任交通银行高级职员,在抗战爆发后先是避居香港。但到了1939年2月又应交通银行总裁唐寿民之命,回上海修行史。而协助参与筹刻张氏文集正是在此后不久发生的事情。与张氏书信直接相关的,是在1941年4月11日夏承焘的日记中,记载了文集刊刻启动伊始的不少细节,夏氏记称:"眉孙谓其文集已刻成廿余页。陈柱尊书来,谓为小人所侮,恐不能在沪定居,将来须由欣夫、贞白、吴伟治(丕绩)与予四人任校勘。"[17] 由此可以证明上述二信在此之后不久,"刻成廿余页"应该就是张氏所言"刻成一卷"中的部分,故上述信札时间应为 1941 年 5 月 12、13 两日。夏氏从吴庠处得知,本来作为主要负责人之一的陈柱,则因为大夏大学被小人攻击,不得不离开上海回到老家广西桂林,改由王欣夫、吕贞白、吴丕绩和夏承焘担任校勘之责,同时很可能吴丕绩的入选,正是陈柱推荐的结果。同时信中提到的另外一事,即"汪氏日记"的刊刻。此《汪氏日记》应即是张尔田评点汪士铎的《汪梅翁乙丙日记》,辛巳年(1941 年)刻于上海,书名作《汪梅翁乙丙日记纠缪》。此书内容其实早在 1936 年 11 月,已由陈柱将之连载于其主编的《学术世界》,名为《汪梅翁乙丙日记评》。陈氏在引语中记道:"张孟劬教授,近以所评《汪梅翁乙丙日记》评本见示,旁行斜上,丹黄满目,于汪氏之妄訾圣贤,多所匡正,奉诵一过,爰命侄女荔英迻录于此,以与世人共览之。"[18] 而据《汪梅翁乙丙日记纠缪》吴丕绩所作序言可知,吴氏也是在陈柱处得见张尔田评本,"假归读之,切理厌心,适如吾意中所欲发,因请于师而传录焉。"[19] 前面提到吴丕绩毕业于大夏大学,师从孙德谦,陈柱长期担任大夏大学历史系主任,故其称陈氏为师。其作序时间为辛巳三月,而此书署名时,作"钱唐张尔田孟劬评、镇江吴庠眉孙阅,后学吴丕绩伟治录",故书末还有吴庠记语一则,时间为辛巳二月二十五日,可见该书初刻完成正是在辛巳年三月左右,可能书刻成之后不久,张尔田也发现存在遗漏脱误之处,故要求按照吴庠所言重新修订。且对于署名的问题,认为吴丕绩过于自谦,张氏极愿成人之美,以此书赠给吴氏,甚至将其视作传人。由此也可以旁证,这两封书信应是作于 1941 年。

上述张尔田的信中,只提到了吴丕绩在负责校对一事,并未提及其他三人。而由夏承焘日记、张尔田书信可知文集刊刻启动时,吴庠发挥了很重要的作用,而一起帮助校阅《汪悔翁乙丙日记纠缪》的也是吴庠和吴丕绩,前者也是当时在沪参与龙榆生、夏承焘等人所倡"午社"的重要词人,与夏承焘、龙榆生等人关系紧密,交往甚为频繁,在词学上颇受张尔田赏识。[20] 1942 年 1 月 7 日,夏承焘在日记中记载称,当日与吴庠面谈,内容是有关丧礼一事,而吴氏称"孟劬集中有一文主复尸祭,皆不可能"。[21] 可见吴氏已经读过张氏文集,而就内容看很可能就是《释鬼神》篇,在后来正式刊行的《遁堪文集》中位于第二篇,此文原载于《孔教会杂志》1912 年第 1 卷第 3 期,与前后几篇都是张氏在民国初年最早作为孔教会成员撰写的一批文章。而笔者所见同时期的一封吴庠致吴丕绩的书信中,则直接谈到了张集刊刻的进展情况。2013年,梁基永所编《中国书札赏玩》中,收录了多封吴丕绩所收的信札,其中一通便是吴庠所作,全文如下:

　　伟治宗兄有道箸席：枉驾多次，未能一答拜，抱歉异
常。《遁盦文集》卷二写样，尊校至为精审，而复校已毕，
送请詧收。拙词引言一篇，请排在《老子衍跋》一篇之
后。贞白兄饭前过谈，已托取壹百元送上，半数归还尊
处，半数即寄苏州手民为荷。匆泐，即颂道安不备。六
月八日晚，弟庠顿首。[22]


这封信附有信封，上面写道："外件送吕班路一九八弄二号，
吴丕绩先生台启，请回片。上海麦特赫斯脱路六九弄四号吴
简，八月十三日。"吴丕绩所住地址未变，同时也标明了吴庠
的住所。令人奇怪的是，信封时间与信件时间相隔两月之
久，或许是在战乱情况下信件传送不畅，或许有他事耽搁。
这是两位具体经办人之间的对话，因此内容更为直接。从内
容来看，张集的刊刻似乎进展十分顺利，结合前面二信，应该
是校完一卷写样即刻一卷，此时已经完成第二卷的写样，且
吴丕绩的覆校也已完成。另外，虽然未明言吕贞白在后来是
否从事张集的校对工作，但其在吴庠与吴丕绩之间转递刊
资，则与1940年送来龙榆生的五十元相同，而且关于费用的
走向，其中有给苏州手民的，所以当时文集的排印刊刻应是
在苏州完成。同时吴庠还提到"拙词引言一篇"的排序问题，
此文即张尔田为吴庠的词集所作的引言，此文名曰《吴眉孙
词集引》，现在可知收录于后来张芝联油印的《遁堪文集附
录》之中，排序也并未如吴庠所要求的，由此可知，后来张芝

联所刊的文集,与战时所刻版本略有差异。只是这封书信的年份暂时未能确定,但从时间上来讲,1941年4月11日已刻成20多页红样(应是第一卷),到六月八日(7月2日)已经完成对两卷写样的覆校,虽然时间颇近,但也有可能完成,因此很可能也是1941年的事。

而关于文集刊刻的后续情况,笔者同时又发现了两封内容连续的张尔田致吴丕绩书信。故先将二信全文录下:

> 伟治吾兄左右:顷奉惠书,具悉一切,弟近已迁居城内大觉胡同十二号,此后通讯请迳寄此处为要。拙文红样尚未接到,鄙意此后红样由我兄及眉老核过即速交手民终改,不必转寄,以免往返,俟全书告成,再将红样全份寄我,再行逐一覆校可也。此间校事业已告一段落,弟已为失业之人矣。时艰家难,笔难尽述,只有乞米度日而已。眉老近况何如?念念!复颂著祺。弟尔田顿首。

> 伟治吾兄左右:昨接拙文红样,当覆一书,想承督及,拙文竟能于物力艰难中完成两卷,亦云幸事,功已垂半,深望早日观成,祈兄再时时敦促之。弟老矣,风烛之年,旦夕就木,未知能及身亲见否也。拙文既有柱尊一序,则王钟翰跋可以不刻,且《汪君墓志》记得曾添数句,鄙意仍用原稿,可以不添,均祈与眉翁一商榷之。闻沪

上生活维艰,兄等何以度日,殊以为念! 此间不日入窘乡,万方一概,可叹也已。眉翁处祈为代候,不另启矣。手颂著安,不一一。弟尔田顿首。

　　二卷红样已阅过,仍寄上,祈交手民照改,此后印出者,不必转寄,即由尊处改好,迳交手民可也。


可惜的是,这两封信没有信封存世,也没有日期,但从内容上可以看出,前后是完全接续的,所谈内容正是张集的红样校勘事宜。而且信中提到红样已经寄到张尔田手中,且经其审定交还,张氏还嘱咐此后由吴丕绩与吴庠改定即可,不必再来回转寄。从信中张尔田谈到的事情可知,其所作时间应在1942年。首先,第一封信中,张氏提到其住址已迁移到城内大觉胡同十二号,据夏承焘日记可知,1942年3月13日,夏承焘偕钱仲联拜访吴眉孙,谓张氏已迁居北平西城大觉胡同十二号,有书来询夏氏行止,因此应与之相去不远。第二,张氏自己谈到"此间校事业已告一段落,弟已为失业之人",当时张氏服务于燕京大学研究院,所指的是该校1942年2月13日遭到日军封闭清查一事[23]。因此,这两封信的写作时间应是在2月13日之后不久,3月13日之前。

　　张尔田这两封书信,尤其是第二封信为此次刊集一事提供了更多的细节描述。首先是书稿的校对和刊刻过程,张氏极为看重,且亲自参与。但对于校勘已嘱咐二吴主持即可,而且乐观表示"俟全书告成,再将红样全份寄我,再行逐一覆

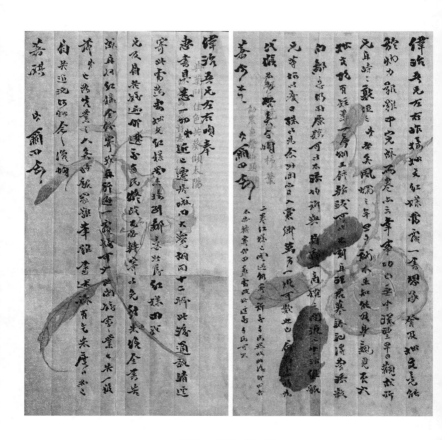

张尔田致吴丕绩手札

校"。第二,由于抗日战争的持续进行,当时文集刊刻的条件日趋艰难,因此如张氏自道"时艰家难,笔难尽述,只有乞米度日而已"。且担心上海为其刻集出力尤多的吴庠和吴丕绩,张氏称"闻沪上生活维艰,兄等何以度日,殊以为念!此间不日入窘乡,万方一概,可叹也已"。第三,在刊刻过程中,文集内所收文章的次序仍在更动,这不仅是张氏本人,前面吴庠应是出于自谦,将有关自己的文章排名靠后。而张氏在信中指出,门生王钟翰为其文集所作跋语可以不刻入文集(后来的情况,王钟翰跋语是收录在《遁堪文集附录》之中)。另外,信中还对"汪君墓志"的版本作出指示。此墓志即张尔田所作《清故朝议大夫湖南知县汪君墓志铭》,汪君即汪精卫之兄汪兆镛。该文最早刊发于1939年12月《史学年报》第3卷第1期,另外又刊于1941年7月《国艺》。与后来收录于《遁堪文集附录》者,的确在文句上略有差异,其中更有两处异文,文集收录均有误,且期刊所登二版则同无误。[24] 因此张氏指示以原稿为主,应是以《史学年报》为准,可惜战后排版时未能如此。

第二封信中,张尔田已经谈到了文集的刊刻进展:"拙文竟能于物力艰难中完成两卷,亦云幸事,功已垂半,深望早日观成,祈兄再时时敦促之。"而此后文集的刊刻最后到底进行到了哪一步呢?1942年10月8日,已经从上海回到温州老家避难的夏氏,接到吴庠发自上海的书信,提到《遁庵文集》已刊至三卷。[25] 但夏氏的原话是"文集仅刊至三卷",似乎文集的篇幅不止三卷,且语气之中似乎遗憾进展缓慢或者停滞。张氏自道"功已垂半",可见篇幅应该也在四卷左右。我们从张尔田去世后,邓之诚为其所作别传可知,邓氏所见文集当有四卷。[26]而齐思和为后来出版的《遁堪文集》撰写书评,其标题用的是三卷,正文是两卷,有可能是笔误,有可能当时齐氏所知也不止两卷。[27]所以至少可以看出,战争中的刊刻版本与1948年《遁堪文集》版本的分卷方式不同。再加上吴眉孙所言文章排序与后来不同,我们可以知道,战时文集刊刻的原貌,绝非如1948年战后的版本。而笔者在所见又一封张尔田致吴丕绩的信中找到了一些与之相关的蛛丝马迹:

> 伟治吾兄左右:顷奉惠械,并承示《龚定庵百年祭启》,吐辞渊雅,深得潜气内转之妙,遁堪有替人矣,读之欣佩无已。拙批义山诗,今已不甚记忆,但记尚有一副本在曹君直处,曹书久已散尽,恐无从踪迹。李君所得,盖弟最初手写,即年谱之蓝本也。拙文已写完,甚善,能于年内刻成,尤所盼切。近因舍弟事,举家不安,弟病亦日深矣。奈何。眉翁久无书来,殊以为念,祈代致意。复颂著安,不一一。弟尔田顿首。

这封信也没有写作时间,但从内容可知,张尔田提到"近因舍弟事,举家不安",这指的是其弟张东荪被捕一事,发生在太

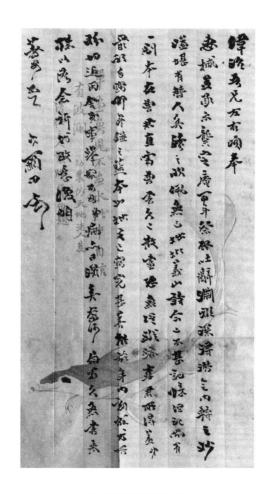

张尔田致吴丞绩手札

平洋战争爆发翌日(1941年12月8日傍晚),故此信所作应是在此之后。信中提到重要的信息是"拙文已写完,甚善,能于年内刻成,尤所盼切",可知当时文集的写样应该已经全部完成,且有望于年内刻成。(从时间上看,年内很可能指的是1942年)到了1943年12月,陈柱为张氏文集所撰序言刊登,落款时称作于"己卯中春"(1939年),可见序文是提前写就的,可能当时张集的主要文字已到上海陈处。在这个时间刊登此序文,可能文集已将出版,但却迟迟未见完成。可惜的是,关于战时刊刻张集,此后笔者迄今未能找到更多直接的证据。而从1948年《遁堪文集》方出版可知,当时应是搁浅了。1948年7月7日这个具有纪念意义的日子,张东荪写下了《遁堪文集》出版后的跋语,其中提到:

> 其时上海虽为孤岛,仍属租界,其友人吴君丕绩在沪愿措资雕板,乃未及三分之一而太平洋战事发矣。余因燕校被封,为敌人逮捕入狱,先兄亦受惊而病几于殆。沪上音问遂断,迨余出狱,先兄体力迥不如前,未及睹胜利,已溘然长逝。

可见当时文集的校样已经完成,且由吴丕绩主持筹款刊刻,但正式排版不到三分之一,因太平洋战争爆发而搁浅。当时上海租界的孤岛也沦陷,整个局势的发展愈加恶劣。而文集的刊刻还要送到苏州,通过工人刊版印行,在当时人人自危的情势下,刊刻未能最终完成也在情理之中。只是当时燕京大学这座"北方孤岛"也已不保,加上张尔田一直衰病不堪,正如其信中所讲"弟老矣,风烛之年,旦夕就木,未知能及身亲见否也"。可惜的是,到 1945 年旧历正月初七日(2 月 19日),素来体弱的张尔田,因"旧患喘疾,偶感微寒,遂至不治",[28]病逝于北平,不仅未能见证抗战胜利,也终究未能目睹文集刻成,不得不说是一个莫大的遗憾。

## 张批李商隐诗集及张氏词集的刊刻

太平洋战争爆发后张尔田致吴丕绩书信,其中还有诸多细节可以展开。首先,信中张尔田对吴丕绩所作《龚定庵百年祭启》评价甚高,认为其足以承接孙德谦衣钵(骈文造诣)。因为龚自珍逝世于 1841 年,此启即是于 1941 年百年祭祀活动时所作。[29]其次,张尔田提到了其对于李商隐诗集的批阅本。照张氏所言,此批本乃是其撰写《玉谿生年谱会笺》之蓝本,该批本原有副本归于曹元忠,但当时已经散佚。李君何人不可知,但其所得为张氏最初手写版本。而关于此事,笔者所见还有一封同时期张尔田致吴丕绩的信札,做了不少交代。信的内容如下:

　　伟治吾兄左右:顷得惠书,敬悉壹是。前据榆生书言,拙批李义山诗,钱君莩孙处曾录有副本,但展转传抄,不无讹夺,理董殊难。兄拟将来付之影印,甚善,区区短书,幸不为并世贤达所弃,于愿斯足,传与不传,听之而已。弟生平诗不多,少年所作多伤绮语,皆已毁之。入民国后,只杂志中登载十数首,不足成一集。年来专以小词自遣,朱古微丈曾刻之《沧海遗音》中一卷,去岁榆生又续刻一卷,因纸价太贵,故印成无多。近闻榆生又将重印,当嘱其转寄一部也。眉孙先生久无音问,量不在沪耶?祈兄谒见时代我一候,示及为盼。益莽师友轶闻,此间无从访求,当日所交皆遗老,大都与刘君翰怡往还者,可就近向彼详询也。患目经时,不能多写,复颂著安。弟尔田顿首。

此信内容与前信呼应,且保存有信封和日期:"上海法界吕班路一九八弄二号,吴伟治先生台启,北京大觉胡同十二号张孟劬缄,十月廿一日。"信中提到,由龙榆生处得知,张尔田的李商隐诗集批本在钱仲联处录有副本,但"展转传抄,不无讹夺,理董殊难"。而与此同时,吴丕绩其实还找到了原本(中华版《玉谿生年谱会笺》内封附有批本图片),因为张尔田曾在《玉谿生年谱会笺》完成之后,将手批的原本赠送给了好友孙德谦。而此信中,也再次提到了孙德谦的事情。由信的内容可知,应是吴氏向张氏探听孙德谦在师友之间的轶闻,张氏指点其向刘承幹咨询。这是因为当时孙德谦已经过世,吴丕绩正在编写孙氏年谱,其到处向师友访求乃师事迹和书信

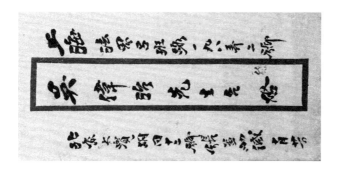

张尔田致吴丕绩手札及信封

文字(见其与王蘧常、陈柱等人书信)。所以经过吴丕绩的展转打听,当时从吴下另一藏书家手中获得,并将张尔田题记与友人跋语,以及评诗批语录出,自 1942 年 7 月起到 1943 年 4 月,连载刊登于龙榆生主编的《同声月刊》。[30] 由于张氏对于李商隐生平和诗的研究成就,因此将这些文字公之于世,在同行看来实为"词林之大幸"。[31]

不过同时需要注意的是,此信并非只是关于张尔田李商隐诗集批本一事,由此可以引发出张氏晚年词集的刊刻经过。在信中,张尔田自道其平生作诗不多,少年作品多已毁弃。"入民国后,只杂志中登载十数首"。而张氏自道当时多以作词自遣,此前朱祖谋刊刻《沧海遗音》时,曾收录张词一卷,而"去年榆生又续刻一卷"。由此一查可知,龙榆生为张尔田所刻词集名曰《遁庵乐府》,时间为 1941 年。因此张氏此信作于 1942 年 11 月 28 日。而因为时局艰难,尤其是纸价太贵,印数不多。而当时龙榆生又将重印,因此张氏有意赠送吴丕绩一部。其实关于此事的前后经过,夏承焘在日记中也留下了不少关键的记录。正当 1940 年 9 月,张氏文集的刊刻被提上议事日程,在 11 月,龙榆生又致函夏承焘,告知将为张氏"刊词",即出版词集。可见词集的刊刻与文集几乎同时启动,不过其进展就相对顺利很多。到了 1941 年 7 月中旬,张尔田在与龙榆生讨论四声的信中,因为明显感到时局的恶化,以"身在皋禽警露中"自况。故顺带催促了词集的刊印进展,"请早日付印为盼"。而可知的是,到 9 月 23

《遁庵乐府》

日,龙榆生已给夏承焘寄去了新刊成的《遁庵乐府》二卷,并提到夏敬观在序言中推许张氏乃是"学人兼词人"。同时称"沈寐叟但能为学人之词,孟劬则词人之词也",更是将张尔田的词学成就放在了沈曾植之上。[32] 在该年 11 月的《同声月刊》"词林近讯"中记录了词集的刊刻情况,以为广告。当时龙榆生是为了接续乃师朱祖谋的《沧海遗音集》而作,因此拟续刊原十一位词家中硕果仅存的夏孙桐、张尔田、陈洵、陈曾寿四家近十年的近作,合为《沧海遗音集补编》。而龙榆生正是取张尔田《遁庵乐府》的未刊稿,刻成单行本。而从后来的结果来看,在这个战火纷飞的年代,虽然龙氏几经联络筹划,但四位词人中也只有张氏一家作为《沧海遗音集补编》最终刻成。[33] 所以张尔田的文集虽然最终未能刻成,但其词集幸好早已在其生前行世,或许对他来说还算值得欣慰。

最后,特别要表彰张尔田文集校对刊刻过程中出力尤多的吴丕绩。吴氏于"文革"中去世,现已声名不彰,而前文几次提到,他作为孙德谦的学生,在孙氏去世后,对其遗稿的整理和出版、事迹的访求、年谱的编订、手泽的保存和学说的发扬均出力尤多。[34] 或许由于孙德谦、陈柱、王蘧常等与张尔田的紧密关系,故吴丕绩得以与之走近,而到后来也成为张尔田文稿的主要整理者。尤其是在整个 1940 年代动荡不安的局势下,对于著作的刊刻、流传也作出了极大贡献,居功至伟(巧合的是,本文所考释的书信,收信人均为吴丕绩)。甚至到新中国成立后,1963 年张尔田《玉谿生年谱会笺》在中华书局上海编辑所的重新出版,吴氏仍是作为整理者,并将张尔田对于李商隐的相关研究,包括前面提到的李商隐诗集批语重新加以辑录排版。因此张氏可谓所托得人,吴氏也称得上是其身后知己。

**注释**

〔1〕 沈曾植:《题蒋孟𬱖乐庵写书图》,见沈曾植著、钱仲联校注《沈曾植集校注》下,中华书局,2001 年,1366 页。

〔2〕 夏承焘:《天风阁学词日记》(二),《夏承焘集》第六册,浙江古籍出版社、浙江教育出版社,1997 年,第 368、369 页。

〔3〕 陈洵:《寄张孟劬书》,《同声月刊》1941 年第 1 卷第 7 期。

〔4〕《钝盦生平所著书总目》,《国粹学报》1908 年第 4 卷第 2 期。

〔5〕 王钟翰:《史微》点校本序,见张尔田著、黄曙辉点校《史微》,上海书店出版社,2006 年。

〔6〕 邓之诚:《张君孟劬别传》,《燕京学报》1946 年第 30 期。

〔7〕 张东荪:《遯堪文集》跋语,见张尔田《遯堪文集》卷二,排印本,第 36 页。

〔8〕 齐思和:《书评:〈遯堪文集〉三卷》,《燕京学报》1948 年第 35 期。

〔9〕 夏承焘:《天风阁学词日记》(二),第 228 页。

〔10〕 夏鼐:《夏鼐日记》卷一,华东师范大学出版社,2011 年,第 36 页,1931 年 3 月 18 日,夏氏当时就读于燕京大学,他认为:"张尔田的思想,便在国学堆中,也不能适合。因为现在一班国学,正如他所说的充满着抄书匠的考据家,你来讲求义法,反要遭貌视。"

〔11〕 夏承焘:《天风阁学词日记》(二),第 234 页。

〔12〕 同上书,第 235 页。

〔13〕梁基永:《中国书札赏玩》,浙江摄影出版社,2005 年,第 82—83 页。

〔14〕雅昌拍卖网,2008 年嘉德秋季拍卖。http://auction.artron.net/paimai-art27271081。又见魏新河编著《词学图录》第 7 册,黄山书社,2011 年,第 2223 页。

〔15〕陈玉堂:《中国近现代人物名号大辞典》(全编增订本),浙江古籍出版社,2005 年,第 477 页。拜门时间据吴丕绩所撰《孙隘堪年谱初稿》自道。

〔16〕雕版刻书写样的步骤参考陈正宏《从写样到红印——〈豫恕堂丛书〉中所见的晚清书籍初刻试印程序及相关史料》一文,见陈正宏著《东亚汉籍版本学初探》,中西书局,2014 年,第 65—75 页。

〔17〕夏承焘:《天风阁学词日记》(二),第 294 页。

〔18〕张尔田:《汪悔翁乙丙日记评》,《学术世界》1936 年第 2 卷第 2 期。

〔19〕吴丕绩:《汪悔翁乙丙日记纠缪》序,李德龙、俞冰主编《历代日记丛钞》第 194 册,学苑出版社,2006 年,第 619 页。

〔20〕张尔田为吴氏词集作序,称赞其词为"豪迈矣而不失之伧,沈骏矣而不失于放",见钱仲联《光宣词坛点将录》,刊于《词学》第 3 辑,华东师范大学出版社,1985 年,第 237 页。

〔21〕夏承焘:《天风阁学词日记》(二),第 361 页。

〔22〕梁基永:《中国书札赏玩》,第 88—89 页。

〔23〕《燕京、协和同遭封闭》,《申报》1942 年 2 月 14 日第 2 版。《燕京大学被永久封闭》,《中央日报》1942 年 2 月 15 日第 2 版。据《战争中的燕京大学》一文称,1941 年 12 月 8 日,燕京大学已经被封闭,待进一步核实。

〔24〕铭文中"著书不辍",《文集》中误作"著书不辄";"忽忽意有所乐",《文集》中误作"忽忽意有所不乐"。

〔25〕夏承焘:《天风阁学词日记》(二),第 423 页。

〔26〕邓之诚:《张君孟劬别传》,《燕京学报》1946 年第 30 期。

〔27〕 齐思和:《书评:〈遁堪文集〉三卷》,《燕京学报》1948 年第
35 期。

〔28〕《校难期内逝世诸教授追悼专页:张尔田先生》,《燕大双周刊》
1945 年第 2 期。

〔29〕 夏承焘:《天风阁学词日记》(二),第 337 页,1941 年 9 月 30 日
记载称,吴氏该启乃为夏承焘与王蘧常所作的骈体文,该
启与龚定庵百年纪念醵饮函均由夏氏发送给友人。

〔30〕 张尔田:《玉谿生诗题记》、《玉谿生诗评》,分别刊登于《同声月
刊》1942 年第 2 卷第 7、11 期,1943 年第 3 卷第 1、2 期。尤
其《题记》一篇中,还有宗舜年、孙德谦、汪荣宝的跋语,以及龙
榆生的识语,对于此事交代颇为清楚。

〔31〕 龙榆生识语,张尔田:《玉谿生诗题记》,《同声月刊》1942 年第
2 卷第 7 期。

〔32〕 夏承焘:《天风阁学词日记》(二),第 336 页。

〔33〕 张晖:《龙榆生先生年谱》,学林出版社,2001 年,第 110 页。

〔34〕 钱基博有一函致吴丕绩称赞其"倦倦师门,热肠古道,何幸并
吾世得观其人,钦服无既。"见方继孝,《追忆钱锺书的父亲》,
《中国收藏》2005 年第 11 期。

# 吕思勉的第一篇应征佚文

2012 年，李永圻、张耕华先生编撰的《吕思勉先生年谱长编》出版，该谱对于吕氏生平著述、亲属及友人交往资料的排比系年，几乎"无微不至"。2016 年，《吕思勉全集》由上海古籍出版社出版，该集对于吕氏文字搜罗详备。惟笔者近日翻阅报刊时，仍发现了一篇吕氏早年以"阳湖吕侠"为笔名撰写的应征文字，未收于《全集》，也未见《吕谱》提及，值得摘录共享，并拟将其刊登原委略作钩沉，以期对吕氏早年事迹和笔名使用等情况略有补充。

首先，这篇应征文字名为《论补救铜元之方法》，署名"阳湖吕侠"，分两期刊登于《时报》1909 年 7 月 31 日和 8 月 2 日的第 2 版，全文如下：

> 铜元充斥之害，固已尽人皆知，于此而不求补救之法，势必举我全国之金银及一切货物，悉变而为破烂之铜元，与夫锈蚀之制造铜元之机器，吾民之命，安得而不绝哉！补救之法，首重治标，标既治矣，而后治本，先就民间所能自为者，求纾目前之祸，并以塞来日之源。次

徵文彙表 第二題第二名

論補救銅元之方法

陽湖吕俠

銅元充斥之害固已盡人皆知於此而不求補救之法勢必舉我全國之金銀及一切貨物悉變而爲破爛之銅元與夫鏽蝕之製造銅元之機器吾民之命安得而不絕哉補救之法首重治標標既治矣而後治本先就民間所能自爲者求紓目前之禍并以塞來日之源次由國家籌定正本清源之道庶平長治久安可得而幾爲惟先有一言爲政府及疆吏告曰勿圖一人之私利勿爲國庫謀不正當之利益又有一言爲吾民告曰勿謂公衆之害無與我一人事勿謂幣制爲國家所主持吾民不可以參議能知此義乃可與言吾所謂補救之法

阳湖吕侠《论补救铜元之方法》

由国家筹定正本清源之道,庶乎长治久安,可得而几焉。惟先有一言为政府及疆吏告曰:勿图一人之私利,勿为国库谋不正当之利益。又有一言为吾民告曰:勿谓公众之害,无与我一人事,勿谓币制为国家所主持,吾民不可以参议。能知此义,乃可与言吾所谓补救之法。

一曰实行减折也。吾为此言,必遭种种之非难,虽然,吾今有一问题焉,即曰一国中之币制,果可有两本位乎?抑否也?夫以金与银或银与铜并行,而不定其价格之比例,尚为不可,而况乎以一种铜币之中,而其价格更有两种也。夫货币之作用,其外观也,价格之多少,虽若以其枚数而定,而其实际,则一枚之价格,所以能直若干者,必仍视乎其重量。夫金属在各种珍宝中,所以独适于货币者,正以其价格之升降,能与物质之多少为正比例耳。今若以同一种之货币,其物质之倍数,甲种为乙种之若干倍者,而其价格之倍数,忽焉不与之相应,则此两种之货币,必同时皆失其为货币之资格。何则?其所以权物之轻重之本质亡也。夫今日之铜元与制钱,则正如此矣。故今日者,不欲以铜为货币则已,苟欲以铜为货币,则铜元与制钱,二者必去其一。否则必听其二者价格之比校,悉如其真值而后可。今者铜元之真值,于比校上实不敌制钱十文,而其行使也,则国家必以其法律上之权力,强使其价格为制钱之十倍,虽然制钱与铜元其真值同受权于银,则非国家之法律所能干涉也。于是铜元与银相权之价格,校诸制钱与银相权之价格,大为低降,在今日既若四之与五矣。自今以降,吾可以决其更甚,然则制钱之销亡,银元之涨价,其现象且日出而未有已也。欲救其弊,舍实行减折外,更有何策哉?

难者曰:今日铜元充斥之所以为害者,以其与银相权之比价,日益下落也。其与一文制钱之相权,则在未减折地,其价格上,固犹能保其十倍之关系,但使铜元枚数,能骤减于今日,则其与银相权之价,必可以骤长,虽仍名之以十文无害也。奚必斤斤焉计校其实值之足以当制钱十文与否乎? 应之曰:是诚然,但欲银铜比价之平,舍实行减折铜圆外,更有何策也? 夫今日铜元与银之比价,所以见其下落者,不惟以铜元之枚数多,亦正以铜元所名之值高,而其实值则低耳。设一旦降其所名之直,使与其实直等,则银圆一枚,固犹足易铜圆百数十枚也。已见银铜之比价,铜贵而银贱矣。故铜元与银之比价,所以见其下落者,不徒在铜元之枚数多,亦在铜元之名值过高也。但使铜元名值,一如其真值,则虽铜元稍增,与银圆之比价,尚可以无损,其更见为害者,必在铜元名值已与其实值相符之时。今则稍事减折,固犹未至此也。且客之说,尚有不可行者,姑无论今日流布市面之铜圆,数已甚多,无策减少其枚数,即令有之,铜元对于银币之比价,或可上升,其对于制钱之比价,则病犹如故。且如客之说,设以铜元一枚,其真值足当制钱一文,则非以制钱一文之值,升至当今日之二文不可。夫制钱之值,我国数千年来,既以之为零星贸易之单位,今欲摇动之,能乎? 否乎? 如其不能,则亦相率而为铜圆之所驱逐而已矣。

且如客之说,吾犹有疑焉。今日铜元之充斥既如是,欲使其枚数减少,果有何策? 将销毁之邪? 或运往他处邪? 夫取铜元而销毁之,所得不敌其所失,其耗损孰任之? 沿江沿海各省,莫不以铜元充斥为苦,渐露省界之禁,边远腹地,运输艰难,所费亦属不资。如请政府以银易之,则帑藏必无收买之力,若欲发行纸币以代之,则未来之恐慌必更甚,况乎铜元名值,浮于实值,而犹不减折,以剂名实于同等之地位,则不肖官吏,或仍藉口余铜,滥行鼓铸,而内外国之奸民,私铸尤不能绝,银铜比价,恐尚不能保今日之常度,后患其胜言乎? 彼胶执币制暨空言信用者,又将何术以处此?

一曰要求政府电饬各省速行停铸也。今日铜元之价值,下落如此,而其来路乃源源未有已。奸民之私铸也,各省之藉口余铜而鼓铸不绝也,其极皆足以使铜元益多,银价益贱,而经济界之受其害者亦日益烈。夫奸民之私铸,非实行减折铜元,定银货与铜货为正货与补助货之关系,使其无所利,其势不能止,非严刑峻法所能禁。若夫疆臣,俨然国家之官吏也。国家之官吏,关于币制上计画,岂可不服从政府命令,而为是滥营私利之

194

举动？如其不然，对于国家，果自居于何等地位？若欲保其个人私利，不愿停铸，其所为又与奸民何异？若藉口余铜，则更不足为不即停铸之正当理由，且果为余铜与否，谁得而知之？环球大地，铜矿不绝，则吾国余铜，安有终绝之时？疆吏虽可执以愚政府一时之耳目，而各海关贸易报告，彰然可睹，弁髦部文，敝屣民命，其罪实浮于私铸之奸民。故民间私铸，禁之尚易为力，官之私铸，部臣亦几于无可如何。此必有疾风迅雷之手段，或酌处违抗请铸者以何等制裁，庶乎可达停铸之望。否则今日以前，停铸二字，固已屡闻之矣，何以铜元之充斥，犹如故也？如今日充斥之害已显，尚不能真实停铸，其后患可胜言哉。且夫世界上经济程度既自银本位而进于金本位，我国犹独行银本位，其受亏已属不少，况乎铜货之充斥，又复如是，是我国欲实行完全之银本位制度，犹苦不能，况欲仰企金本位之制度乎？救现在一时之纷扰，则就市面上所有之铜元，减折行使。若欲立永远之大计，则非遵高宗纯皇帝之圣训，注重于用银不可，苟欲注重于用银，则非防止铜货之充斥，其道无由。

一曰速定铜元为补助货币，限制其行使之数也。近数年来，枢臣对于币制问题，政策纷乱，用圆用两，聚讼未定。近者又有改低银币一圆之单位，以就铜钱千文之计画，苟如其说，铜元将日益充斥，其价值日益下落。设铜币百枚，仅值今日之小银元一枚，亦将以小银元为银币之单位乎？夫一国中用复本位制，两种硬货之法偿，各为无限，而政府则尽力于维持两种货币之比价，斯已不可行矣。不意今日政府，更有改低银币之单位，以就铜币价值之奇闻也。东西各国，多以金为本位，其名为金本位，而实不能副其名者，亦多以银为本位货，而铜为补助货矣。要而言之，天下断无以铜为本位货币之国，我国苟以银铜二货，皆为无限之法偿，而实行两本位制，一任铜圆之充斥，我国后此经济界之趋势，恐中国所固有之银货，亦必尽数流出而后已。岂不哀哉！夫今日欲救我国经济界之困穷，实行金本位制，固有不能，然对外亦必虚定一金本位制，然后受亏可以较少。今既不能进为虚金本位，乃并此区区之银本位而亦不能保存，乌乎可？为今之计，非速定银本位制不可，以银为本位货，一圆以外，不得用铜，又多铸小银币以辅之，则今日所有之铜圆，暂听其减折行使，不然以铜元之价值低落，而跌低银币之单位以救之，则各国所产之铜，其谁不以我国为尾闾，我国鼓铸之余铜，又岂有尽时哉？

一曰俟铜元减折已成，补助货制已定，然后将今日之铜元尽行收回重铸也。我国经济界上，数千年来，既习以制钱一文为计算之单位，今日欲骤易之，更行他种单位，势必有所难能，则今日之一文制钱，必不可废也明矣。一文制钱，既不可废，当十之铜元，又终不能与一文制钱相并行，是二者之废，必居其一。与其坐待天然之结果,使一文之良好货币,尽为十文之恶货币所逐,何如及早鼓铸名实相当之铜元,使其实值,足当制钱十文,犹足以保存制钱,而省将来无限改铸之烦。且法偿之数既定,铜元过多,即不能行使,私铸者不易售其奸,则其实值虽稍低于其所名,固亦无害。但今日法偿未定,银币太少,铜币应用之数正多,非实行减折,则私铸必不可绝,将转为制定法偿之阻力,故非先行减折不可。我国需用一文制钱,其数至多,非偶尔鼓铸所能给者也。今一文铜钱既甚减少,由今之道,无变改今之俗,虽不至于尽绝,然迄币制大定时,见大召鼓铸之烦,故改铸铜圆之策,吾甚望政府与吾民从速图之。

他如禁止私铸等事,人人能言之,然实根本于国法之有无实力,与夫官吏之是否实力奉行,非社会上笔墨口舌之力,所能奏其效者。

吾为此文竟,吾更赘一言,以告我政府、我国民曰:历代政治上之扰乱,史不绝书,泰西历史家别之曰政治革命、宗教革命、社会革命。吾谓不论何等革命,皆含有生计革命之种子于其中。何则?扰乱社会,非少数人所能成之事,即偶为之,终必无成。欲一国中大多数人,悉有不能安居乐业之心,则非生计窘蹙,不能致之。而足以扰乱经济界之平和者,莫若货币问题。今者我国生计问题,已日趋于窘蹙,我政府、我疆臣,幸无再益以货币问题,我国民其速筹改革货币问题以自救哉![1]

这篇文章所应征的题目,《时报》馆最早于 1909 年 4 月便开始刊布,6 月 1 日至 11 日更是连续 11 天在其头版公布广告:"本馆征文:第一题'论铜元充斥之害',第二题'论补救铜元之方法'。征文凡例:一赠奖,第一名二百元,第二名一百元,第三名五十元,另有节取者每名十元;二奖例,两题全作者,得全奖,作一题者得半奖;三原稿,概不寄还;四期限,自本日起至端午日(即 6 月 22 日)止。"[2] 此后获奖征文则渐次在该报"征文发表"栏目刊登,从刊登原文可知,吕思勉应征的题目是第二题,其名次为第二名。而从该栏目前后刊登的全部征文又可知,第二题的第一名为史久传,第二名则共有二人,其中同为第二名的"明远斋主人"刊登时间为 7 月 21 日和 7 月 23 日,顺序在吕氏之前,该文刊登时在文首有编辑按语称:"第一题'论铜元之害'者,大略相同,因之缺第二名。第二题关系较重,佳著亦较多,故第二名共取二篇。"[3] 而据征文凡例可知,"须两题全作者,得全奖",这位"明远斋主人"同时又是第一题的第一名,而吕氏是否作了第一题不得而知,但并未获奖。

清季铜元是在原有制钱制度难以维持的情况下,延续咸丰大钱而来,一度曾作为代替制钱的辅助货币。但在庚子之后,各省纷纷以铸造铜元作为地方获利的手段,且地方保护、质量参差,到 1905 年已难以维持其价值,信用大跌,危害民生。吕氏此文谈的是清季各省滥造铜元为害的问题,实则关心的是普通民众的生计问题,如其在文末警告政府、疆吏,勿再以货币问题加之于风雨飘摇的时局,"历代政治上之扰乱,史不绝书,泰西历史家别之曰政治革命、宗教革命、社会革命。吾谓不论何等革命,皆含有生计革命之种子于其中。"这与其早年向往"旧日经济之学",喜读"经世文编",关注政治社会问题是相合的,其在晚年回忆《从我学习历史的经过说到现在的学习方法》和《三反及思想改造学习总结》中均有提及。而且此文也是目前所见吕氏关于物价民生的第一篇文章,尤显珍贵。

另外,吕氏早年参加征文实不止一次,由《吕谱》可知,现存遗稿中有其1911年参加《东方杂志》社征文手稿一篇,名为《禁止遏籴以抒农困议》,长达万字。该文收于《全集·论学丛稿》时,称为未刊草稿,实则该文并非仅存手稿,吕氏当时已将征文投递,并作为当选征文刊登于《东方杂志》1911年第8卷第4号,该号于当年五月二十五日(6月21日)发行。而据张耕华老师《吕博山是吕思勉的曾用名》一文可知,吕氏手稿首页原有"辛亥三月东方杂志社征文"数字,同时吕氏早年参与此类征文颇多,如《统一国语议》《中国货币小史》等也是如此,且发现了当时的征文广告和奖酬,征文主旨为"关于政治及时事之论著、关于有形无形诸科学之论著、关于农工商实业之论著"。其中《统一国语议》获得甲等,《禁止遏籴以抒农困议》获得乙等,《中国货币小史》获得赠刊之鼓励。因此,加上《论补救铜元之方法》这篇可以说是四次应征,四次入选。且若按时间排序,《论补救铜元之方法》一文应置于

東方雜誌

宣統三年五月二十五日發行

第八卷⋯⋯第四號

# 禁止遏糴以抒農困議

朵蘭（徵文）

吾國近年以來內亂之現象日益顯著揭竿斬木焚掠慘殺之事日有所聞論者輒歸咎於愚民之未嘗受教育無政治思想故地方創辦自治則起而反抗設立學堂則又肆其焚毀也其立論較深者則歸咎於內外官吏地方紳士借憲政之美名演誅求之實禍致民窮無告激而爲變而已雖然曾亦思亂非一人之所能爲也物必自腐而後蟲生之苟使天下晏然無思亂之人彼一二莠民其將誰煽卽能煽而爲亂其勢亦將不久而自平吾國之民戢戢於專制政體之下久矣苟衣食裁足事畜有資又執肯因政治之不合己意而起而反抗哉然則今日天下之大勢其非安固而不搖也亦可知矣。

昔人有言天下大器也置之安處則安置之危處則危。吾亦曰天下者天下人之天下也舉一國之人而皆延

1

采兰《禁止遏籴以抒农困议》

《全集·论学丛稿》之首。

同时笔者粗略核对,发现《东方杂志》刊文与手稿文字、分段几乎全部一致,且刊登时,文末有编辑短评一则:

> 按本论颇多精到之处,而间有不纯粹部分,即如弛米谷输出之禁,于国家之利害如何,本论未研究明确,似未可轻易论断。又论文中有"自今以后不准提及遏籴一字,有创议者,以违旨论,从重治罪"数语,亦失分际,大与言论自由之立宪政治相悖。附志于此,以质诸著者。编辑者志。

不过,该文刊登时所用笔名为"采兰",张耕华老师误认作"采兰"。实则"采"字同"穗",《说文解字》称:"采,禾成秀,人所收者也。从爪禾。"而据《吕谱》可知,吕氏夫人名为虞菱,字繼兰,与"采兰"音同,故很可能吕氏是以夫人之字作为笔名投稿。《吕谱》又称虞氏夫人"又名采兰、宝玲",[4]笔者猜测"采兰"亦恐为"采兰"之误。又或者因为《说文解字》段注称:采"与采同意",虞氏夫人的名字中既有"采兰",也有"采兰"。

## 注释

[1] 阳湖吕侠:《论补救铜元之方法》,《时报》1909年7月31日、8月2日第2版。文中如元、圆等字混用,此次整理一律按照原

文未改。

〔2〕《本馆征文》,《时报》1909 年 6 月 1—11 日第 1 版。

〔3〕明远斋主人:《论补救铜元之方法》,《时报》1909 年 7 月 27 日第 2 版。

〔4〕李永圻、张耕华:《吕思勉先生年谱长编》上,第 21 页。

# 吕思勉早年的佚诗与结社

　　吕思勉先生并不以诗名为后世所称,不过其在晚年自述中曾回忆过一生的文学爱好:"予于文学,天分颇佳。生平并无师承,皆读书而自之。文初宗桐城,后颇思突破之,专学先秦两汉,所作亦能偶至其境。少好宋诗,中年后亦好唐诗,但无功力,下笔仍是宋人境界耳。词所造甚浅,亦宗常州而薄浙派。要之,予可谓古典文学之正统派。予于文学,未尝用功,然嗜好颇笃。"[1]在《吕思勉全集》最后一卷的《菁庐诗稿》中,收录诗作近百首,其中早年部分以同诗友结社所作的"社作"数量较多,因此吕氏称得上是一位名副其实的"文学青年"。

　　吕先生爱好文学,尤其是诗词方面,与其成长环境极有关系。吕氏父母、长姊皆能诗,其在为父亲所撰行述中称:"府君……上自经史词章之学,旁逮医卜星相之属,靡不淹贯。……姊幼承庭训,能传府君之学,工诗词,善绘事,尤熟精掌故。"[2]同时吕氏在少年时期十分留心亲族、师友的诗词创作,喜爱的诗句皆保留在日记中,其中如父亲、姨父管凌云、舅父程均甫、族兄吕景端、表兄管达如等,另有多位常州女诗人(伯祖母袁太夫人、大姑母、长姊吕颂宜等),皆其亲族。吕氏早年诗词的天赋,可以通过舅父程均甫与其父的通信稍见端倪:"(吕思勉)所填词,前九首笔情郎畅,虽声律欠谐,而颇近苏辛规格;后十六首细腻风光,情深幽折,渐入秦柳周史间,为阳湖的派。然绵邈易流于甜俗,往往入于元曲,清刚则日进高洁,不难上溯风诗。若得汉魏乐府意境,出之以白石风神,玉田声韵,庶几于梁溪、阳湖、皋邮诸派中,别开生面也。"[3]

关于诗作的情况,吕氏晚年回忆称:"予少好为诗,有所作皆书日记中。倭寇入犯,所居成瓦砾,日记存者无几,诗亦所失过半矣。"[4]而在日记中,吕氏自记其走上诗歌创作的起点为:"予作诗钟,始于庚子(1900 年)九月二十八日,作人隐社诗钟六联,题为《菊钟分咏》。……案人隐社诗钟,为通伯出题征作,题粘于龙城书院门首左侧墙上,卷交何处,何人为予送往,今均茫不能忆,而其后曾偕至状元第庄宅领奖,得信笺若干纸,则尚方佛能忆,所偕何人,则又不省记矣。予此时尚未识通伯,相识后谈及,乃知题为所命,事亦由其主持也。此为予第一次作诗钟,殊不工切。"[5]这是吕氏自道作诗钟的开端,当时年方十七,乃是应征"通伯"(即同乡庄先识)人隐社诗钟而起。

吕氏晚年在整理诗集时又回忆称:"予与友朋尝两结诗社,第一次在己酉(1909),立之者雨农,附之者予与冠时、雨农、脊生、叔陵五人而已。半月一集,社友各命一题,以探筹之法取之。"[6]另外在《咏史》一诗的自注称:"甲寅(1914)春夏间,达如、千顷、敬谋、捷臣俱客海上,共结诗社,亦半月一集。敬谋旋北行,里中诸友之与者,通百、雨农、涤云及周君启贤、张君芷亭也。社名心社，其名为通百所拟，凡二十七集而辍。"[7]其中两次结社的社作，尤其是心社的作品，现存诗集中多有保留。不过，据笔者考证，吕氏晚年回忆可能有所遗漏，其参与的诗社应不止上述两次，[8]同时在其早年参与的诗社社集中，尚有不少佚诗未收入《吕思勉全集》之中。其中最为重要的是，吕氏早年参与常州秋声社的活动，共有三十三联诗句保留在该社的诗钟集中。有关参与秋声社的活动，在《吕思勉先生年谱长编》中未有记录，而据发起人"恫百"的《撮录秋声社诗钟缘起》可知：

> 癸丑(1913)之夏，里居多暇，为消暑计，辄与二三朋好，创秋声社，藉诗钟以遣日，例以一联为一卷，人作一联或数联则不拘，诸卷由一人誊真，阅卷者暗中摸索，评定甲乙，衡鉴一秉己意，固无从通关节于其间，迨揭晓始唱名，取列冠军者为主试，殿军为誊录，盖纯仿科举时代糊名易书之遗制也。有时人数过少，不复诠次，斯为例外，作者限于白战，不许稍翻书籍，虽搜索枯肠，而颇饶乐趣，数载以还，赓续未辍，积稿殆盈尺矣。[9]

该缘起落款人为"南兰陵恫百氏"，南兰陵即常州武进，东晋时曾设侨置兰陵县，据顾祖禹《读史方舆纪要》称："晋大兴初始置南兰陵郡及兰陵县于武进界内，宋因之，亦曰东城，以在武进东也。"[10]而"恫百"即前提庄先识的号，[11]庄氏精古

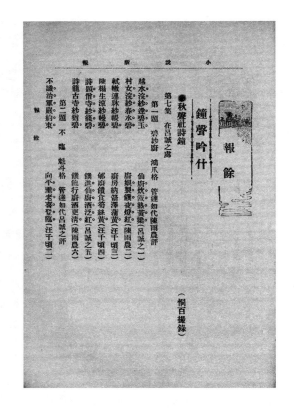

《小说新报》第 6 卷第 2 期之《秋声社诗钟》

文,工对联,尤擅诗钟,一生作诗甚多,有"钟王"之称。庄氏生于 1882 年,长吕氏两岁,早年留学日本,弘文学院师范科毕业,是常州近代新式教育的开创者之一。吕氏与其结交,正是由于诗社和办学。

秋声社社集的全帙,笔者未能查得,但据庄先识 1919—1920 年在《小说新报》上的选载可知,前后共刊登七次社集作品,名曰《秋声社诗钟》,当日刊登时的格式,首先是集号、地点,接着是题号、分咏、格体,最后是每题下选录的联句(附作者名)。前三集均是如此,自第四集开始,于格体后加入评论人名,同时在各联句作者名后加入排名序号。其中选录吕氏作品正是从第四集开始,佚诗共三十二联如下:

第四集　在李涤云处

第二题　生　直　蜂腰格(陈雨农评)

曲院凉生疑雨过,篆炉烟直觉风微。(吕诚之四)

第三题　川　别　鸢肩格(赵敬谋评)

逝者川流浑不舍,故人别后定何如。(吕诚之六)

每对川流伤往日,更无别梦到家园。(吕诚之十五)[12]

第五集　在李涤云处

第一题　巾　魄　燕颔格(陈雨农评)

儒巾苦负龙泉啸,毅魄应随马革还。(吕诚之三)

幅巾栗里思元亮,毅魄椒山祀子胥。(吕诚之八)

第二题　世　秋　蝉联格(李涤云评)

兔葵燕麦知何世,秋月春花忆故宫。(吕诚之四)

春去人间疑隔世,秋来诗思落谁家。(吕诚之九)

春明小住宁忘世,秋士能悲合有诗。(吕诚之十一)

白云苍狗知何世,秋雨吟蛩愁煞人。(吕诚之十二)

第三题 系 山 魁斗格(陆绳卿评)

系舟心自随流水,出岫云仍忆故山。(吕诚之一)

系颈名王归北阙,载挐奇士入南山。(吕诚之五)

系足燕还归旧院,脱鞲鹰欲下空山。(吕诚之七)

系马垂杨交绮陌,留人丛桂满秋山。(吕诚之九)

系春情短怜垂柳,向晚云开见远山。(吕诚之十二)

第四题 行 夜 鹤膝格(吕诚之评)

瞬息百年行乐耳,千金一刻夜谈心。(吕诚之拟作)

鸣鸟诏人行不得,征夫问我夜何其。(吕诚之拟作)

惘惘出门行且止,沈沈垂幕夜如年。(吕诚之拟作)

第五题 香 平 凤顶格(汪千顷评)

香雪四围知坐久,平芜千里使人愁。(吕诚之十)[13]

第六集 在李涤云处

第一题 木 舟 魁斗格(赵敬谋评)

木以不材多阅世,心无所系似虚舟。(吕诚之一)

木落寒山秋策杖,月明浅渚夜行舟。(吕诚之三)

木屐生能著几两,故园心一系扁舟。(吕诚之五)

木落千山重著屐,瓠浮五石虑为舟。(吕诚之八)

第二题 鼃 迴 鹤膝格(吕诚之评)

蒙叟寓言鼇钓六,淮阴国士迥无双。(吕诚之拟作)

第三题　松　思　鸢肩格(李涤非评)

小园松老风疑雨,绝域思归夜似年。(吕诚之九)

第四题　诛　赤　凫胫格(赵敬谋评)

董狐良史传诛盾,铜马兴王兆赤符。(吕诚之三)

史官不隐能诛佞,廉吏难为叹赤贫。(吕诚之四)〔14〕

第七集　在吕诚之处

第一题　碧纱厨　鸿爪格(管达如代陈雨农评)

越水浣纱逢碧玉,仙厨炊饭熟黄粱。(吕诚之一)

诗题僧寺纱笼碧,馔进仙厨酒泛红。(吕诚之五)

第二题　不　临　魁斗格(管达如代吕诚之评)

不因人热高风在,长用相存旧雨临。(吕诚之四)

第三题　欲　望　凤顶格(吕诚之评)

欲迎新月移垂柳,望断行云忆故林。(吕诚之拟作)

第四题　间　苦　鹤膝格(汪千顷评)

存亡绝续间容发,风雨关河苦二毛。(吕诚之七)

清谈魏晋间难又,高咏唐虞苦不逢。(吕诚之九)〔15〕

另外在1920年第1期的《游戏新报》中,庄先识又撮录《秋声社折枝集》加以刊登,其中还有吕思勉一联诗句,且列于诗钟之首:

出　多　雁足(千顷评)

宋灾史自传嘻出,楚语人谁辨夥多。(诚之)〔16〕

《秋声社诗钟》撰录联句数目表 [17]

| 作者/社集题号 | 4.1 | 4.2 | 4.3 | 5.1 | 5.2 | 5.3 | 5.4 | 5.5 | 6.1 | 6.2 | 6.3 | 6.4 | 7.1 | 7.2 | 7.3 | 7.4 | 总计 |
|---|---|---|---|---|---|---|---|---|---|---|---|---|---|---|---|---|---|
| 陈雨农 | 1 | 0 | 2 | 1 | 1 | 2 | 4 | 2 | 1 | 1 | 0 | 2 | 2 | 1 | 3 | 2 | 25 |
| 汪于硕 | 1 | 1 | 1 | 0 | 2 | 0 | 3 | 2 | 2 | 0 | 2 | 1 | 2 | 1 | 2 | 1 | 21 |
| 陆绳卿 | 1 | 0 | 2 | 0 | 1 | 0 | 1 | 0 | 0 | 0 | 0 | 0 | 0 | 0 | 0 | 0 | 5 |
| 李漆云 | 1 | 1 | 2 | 3 | 0 | 2 | 3 | 1 | 1 | 1 | 1 | 0 | 0 | 0 | 0 | 0 | 16 |
| 赵敬谋 | 1 | 3 | 2 | 0 | 0 | 3 | 5 | 4 | 2 | 1 | 3 | 1 | 0 | 0 | 0 | 0 | 25 |
| 庄通百 | 0 | 5 | 0 | 4 | 7 | 6 | 1 | 5 | 0 | 0 | 3 | 1 | 0 | 0 | 16 | 8 | 56 |
| 吕诚之 | 0 | 1 | 2 | 2 | 4 | 5 | 3 | 1 | 4 | 1 | 1 | 2 | 2 | 1 | 1 | 2 | 32 |
| 张志定 | 0 | 0 | 0 | 0 | 0 | 0 | 0 | 2 | 0 | 0 | 1 | 1 | 0 | 0 | 0 | 0 | 4 |
| 管达如 | 0 | 0 | 0 | 0 | 0 | 0 | 0 | 0 | 0 | 0 | 0 | 0 | 0 | 0 | 1 | 3 | 4 |

据连载的七集《秋声社诗钟》可知,吕氏联句首次出现于第四集的第二题,故笔者推测吕氏首次参与秋声社的活动,很可能也是始于第四集。上一页的"《秋声社诗钟》撮录联句数目表"便是笔者据第四集第一题至第七集第四题,庄先识撮录《秋声社诗钟》中作者诗句数目和社集题目而整理的对应情况。

由吕氏佚诗和"《秋声社诗钟》撮录联句数目表",大体可以看出其在秋声社中的表现:第一,吕氏自第四集开始参与秋声社活动,期间三次担任评论一职(分别为第五集第四题、第六集第二题、第七集第三题),并曾于住所主持社集一次。从《秋声社诗钟》撮录作品来看,吕氏自加入后,每次社集均有作品且被选录刊登,表现极为活跃,可说是秋声社的核心成员。第二,吕氏诗才敏捷,入选联句数量最多。诗钟考验的多是当下的捷才,故从刊载联句的数量上看,吕氏的作品仅少于撮录者和组织者庄先识。不过庄氏绝大部分均为后作即非当场所作(56首中仅有4首为社集当场创作),因此就当场作品数而言,则吕氏为第一,可见创作力之强。第三,吕氏诗作获得同侪较高的评价,一方面,庄先识在介绍秋声社诗钟的规则时称"诸卷由一人誊真,阅卷者暗中摸索,评定甲乙,衡鉴一秉己意,固无从通关节于其间",[18]故从前提每一次社集的每一题均有作品入选,以及入选总数居首便可以看出。另一方面,就每次社集的排名而言,吕氏多次名列前茅,共有3次排名第一。当然各社友排名首位的次数相对平均,从第四集到第七集共 4 集 16 题,即 16 次排名,其中陈雨农 4 次居首(一次是以排名第三而居首),赵敬谋、汪千顷(一次是以排名第二而居首)与吕思勉均为 3 次,李涤云 2 次,管达如 1 次。另外《秋声社折枝集》吕氏入选联句也是居首,因此至少可说吕氏的诗才获得社友的高度认可。第四,从吕氏诗句内容可以看出,一个明显的特点是擅用史事,因而腹笥极丰,联句也就层出不穷了。如第五集第一题限"巾、魄"二字,显然以人物或史事较为便利,如"幅巾栗里思元亮,毅魄椒山祀子胥",便是借用陶渊明(栗里为陶氏故乡,而元亮其字)、杨继盛(号椒山)和伍子胥的典故。另如第六集第二题限"鳌、迥"二字,较为生僻,故庄氏选录的也仅四句而已,由于这次是吕氏点评,故未将己诗参加排名,不过所作"蒙叟寓言鳌钓六,淮阴国士迥无双"仍然入选刊登,也是用了庄子、韩信的典故,不过鳌钓的寓言出自《列子·汤问》而非庄子(蒙叟)之作,恐是吕氏误记。[19] 而如第六集第四题限"诛、赤"二字,正可发挥吕氏所长,虽然其他作者也以史入诗,但吕氏连撰两联"董狐良史传诛盾,铜马兴王兆赤符","史官不隐能诛佞,廉吏难为叹赤贫",分居该题三、四两名,其中第一句便用了董狐和刘秀的典故,且两句皆是就秉笔直书的史家品格而言。

　　总的来说,从先后顺序来看,心社很可能就是接续秋声社而起,庄先识称秋声社是"癸丑(1913)之夏,里居多暇,为消暑计"而创,而心社是"甲寅(1914)春夏间"所结。且心社

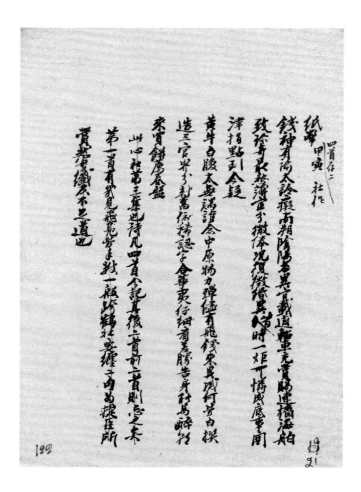

吕思勉《蒿庐诗稿》手迹

213

"半月一集",笔者推测秋声社的活动频次很可能与之相似,故以现存秋声社七次社集推断,至少在1913年秋冬之交仍在延续。秋声社的地点在常州,心社则是在上海,故心社很可能是秋声社在上海的延续。[20]

而且从社友情况来看,虽然其中个别人物生平颇不清晰,无法一一考证,但仍可以大体看出核心人物的交往关系。同时两次社集人员的重合度也极高。从秋声社现存社集信息可知,庄先识是发起人,参加人员有陈研因(陈协恭)、赵敬谋(赵元成)、陈雨农(陈汝霖)、张志定、屠友梅、许子年、蒋尉仙、李涤云、陆绳卿(陆继昌)、汪千顷、吕思勉、管达如,共十三人。[21] 而心社人员有:吕思勉、管达如、汪千顷、赵敬谋、丁捷臣、庄先识、陈雨农、李涤云、周启贤、张芷亭,共十人。其中有七人重合。[22]

| 秋声社 | 心　社 | 秋声社 | 心　社 |
|--------|--------|--------|--------|
| 庄先识 | 庄先识 | 张志定 | 张芷亭 |
| 陈汝霖 | 陈汝霖 | 陈协恭 | 丁捷臣 |
| 赵元成 | 赵元成 | 屠友梅 | 周启贤 |
| 汪千顷 | 汪千顷 | 许子年 | |
| 李涤云 | 李涤云 | 蒋尉仙 | |
| 吕思勉 | 吕思勉 | 陆继昌 | |
| 管达如 | 管达如 | | |

秋声社和心社这两个诗社群体的重合度高,同时还有不

少特点：首先，人员主要来自常州当地，地缘是结社的首要因素，《秋声社诗钟》得以刊载，也是因为《小说新报》主编许指严的邀请，许氏同样是武进人，还参与秋声社后续的社集，有诗句收于《秋声社折枝集》。第二，业缘也是重要因素，其中多位核心成员皆从事教育事业，志趣相投。以庄先识和吕思勉为例，二人结交便是由于常州地方自晚清开始的教育事业，早在1905年，共同任教常州私立溪山两级小学堂，当日友朋之间，"文酒之会几无虚日"。〔23〕1906年，吕思勉曾就粹化女校教员情况，向两江学务处发起禀告，该校便是庄先识创办的，而据《时报》报道可知，吕氏可能还一度主持校务。该校后来改为武进县立女子师范学校，据其民国时期的纪念刊可知，吕思勉与庄先识、陆绳卿、陈协恭等人均在此任教。1907年9月28日，吕思勉又与庄先识、陈协恭等八人共同发起创办武进教育会。吕氏后来为庄氏祖母、父母均撰写传记，另外为庄氏族中长辈庄子宣作传时，也专门提到其族子庄先识，称"若君族子通伯讳先识"受其提携，"尤表表者也"。〔24〕凡此均可见二人交往之深，而兴教、诗会是其共同志向。

其实上述已不止吕、庄二人，陆绳卿、陈协恭等均在其中，而吕氏与赵元成的交往也是如此。1912年，吕思勉与赵元成同为上海私立甲种商业学校同事，诗文酬唱甚多。赵元成的诗集中保留了当时唱和相知的记录，赵氏有致吕氏《次诚之丈重九沪上公园雅集韵》诗，其中称二人交情乃是"贫交气谊几人同"。在吕氏去世后，更有《哭诚之丈》长诗，其中回忆道："里中数交旧,往者推庄(通百丈)陈(研因丈)。岁寒备三友,厥后又得君。予时方弃繻,君已冠而婚。(识丈始癸卯,予十八,丈年二十。)……越在岁癸丑,共事歇浦滨。讲习雷何并,经义服郑邻。"对于二人从结识到上海共事的经过有着动情的追忆。而吕氏与陈协恭、赵元成二人的交往,一直持续到晚年,交谊笃深。1950 年代,陈、赵二人还参与了吕氏诗稿的审订出版,将这份以诗结缘的情谊延续近半个世纪之久。

### 注释

〔1〕吕思勉:《三反及思想改造学习总结》,张耕华编注《吕思勉集》,花城出版社,2011 年,第 515 页。

〔2〕吕思勉:《誉千府君行述》,李永圻、张耕华编《吕思勉先生年谱长编》(上),上海古籍出版社,2012 年,第 107 页。

〔3〕李永圻、张耕华编:《吕思勉先生年谱长编》(上),第 75 页。

〔4〕吕思勉:《汪叔良〈茹茶室诗〉序》,《吕思勉全集》第 26 册,上海古籍出版社,2015 年,第 90 页。

〔5〕李永圻、张耕华编:《吕思勉先生年谱长编》(上),第 63 页。

〔6〕同上书,第 125—126 页。

〔7〕同上书,第 152 页。

〔8〕据郑逸梅笔记称,吕思勉还参加了莲社,但查证莲社社集作品和名录,没有直接证据显示吕氏参与其间,或许是郑氏误记。纸帐铜瓶室主(郑逸梅):《近数十年来之社史》,《永安月刊》1945 年第 78 期。

〔9〕恫百:《撮录秋声社始终缘起》,《小说新报》1919 年第 5 卷第 8 期。

〔10〕顾祖禹:《读史方舆纪要》第 3 册,中华书局,2005 年,第

1224 页。

〔11〕 据柳亚子《南社纪略》所附《南社社员姓氏录》称："庄先识,字
通百,一字感孺,号恫百,江苏武进人。"柳亚子:《首版〈南社纪
略〉》(此据 1940 年开华书局首版影印),上海大学出版社,
2017 年,第 221 页。

〔12〕 恫百撮录:《秋声社诗钟(续前)》,《小说新报》1919 年第 5 卷
第 9 期。

〔13〕 恫百撮录:《秋声社诗钟(续)》,《小说新报》1919 年第 5 卷第
10 期。

〔14〕 恫百撮录:《秋声社诗钟》,《小说新报》1919 年第 5 卷第
12 期。

〔15〕 恫百撮录:《秋声社诗钟》,《小说新报》1920 年第 6 卷第 2 期。

〔16〕 庄恫百撮录:《秋声社折枝集》,《游戏新报》1920 年第 1 期。

〔17〕 由于《游戏新报》所载《秋声社折枝集》,未指明社集次序,与前
面《小说新报》的《秋声社诗钟》格式略有不同,且未能确定时
间是否即是秋声社直接延续,故此处关于诗钟数量的统计仅
限于《秋声社诗钟》。

〔18〕 恫百:《撮录秋声社始终缘起》,《小说新报》1919 年第 5 卷第
8 期。

〔19〕 杨伯峻:《列子集释》卷五,中华书局,1979 年,第 152—
153 页。

〔20〕 只是心社作品多为整诗,而秋声社是诗钟,而那些未参加心社
的,或许秋声社后期已不参加,或不在上海。

〔21〕 同"《秋声社诗钟》撮录联句数目表",不计入《秋声社折枝集》
社员。

〔22〕 另外,张志定很可能是民国初年在常州《新晨钟》报纸的创办
者,而吕氏回忆的"张芷亭"与之音同,很可能是同一人,当然
目前只限于笔者的猜测。

〔23〕 李永圻、张耕华编:《吕思勉先生年谱长编》(上),第 103 页。

〔24〕 同上书,第 163 页。

# 吕思勉与汪叔良的平淡之交

吕思勉先生晚年曾回忆称:"予少好为诗,有所作皆书日记中。倭寇入犯,所居成瓦砾,日记存者无几,诗亦所失过半矣。"[1]据《吕思勉先生年谱长编》记载,1953年吕氏依据残存日记,将旧日诗稿抄录一册,再加上自己的评语和注释,送请赵敬谋(元成)、陈研因(协恭)、汪叔良(厚)教正。[2]后来出版《蒿庐诗稿》时,便将自评和赵、陈、汪三人的评语录入原诗后。这三位评者中,赵、陈二人是吕氏早年的诗侣,汪叔良则是在中华书局任职时的同事,均是一生的挚友,其中吕、汪二人的关系较少为人所知。

汪叔良,光绪十三年(1887)十月十四日出生于江苏镇江。其父汪启为其取名德厚,汪氏后来亦自署汪厚,以茹荼室、梅花簃为斋名,自号茹荼室主、梅严遁叟等,笔名有厄生、茹荼等。汪氏六岁开始入塾读书,1905年入长元吴三县高等小学堂,肄业。翌年,从朱伯虞习英文,年底考取江苏优级师范学堂。1907年,又考入上海江南制造局兵工学堂。1914年初,一度在上海闵行小学、民立女中等任教,5月入中华书局担任英文校对译书事。在退出中华书局后,一直在沪苏两地往返奔波，从事教育事业，同时爱好写诗、撰文，其笔记、小说、谜语等散见于《新闻报》《新世界》等报刊。1952年，在上海民立中学退休后回苏。

1953年吕思勉诗作的整理工作，誊抄部分便是由汪叔良帮助完成的，正是其退休回籍后不久。吕氏自己说过："癸巳年七十，乃搜葺写定之，凡得百一首，寄示叔良，叔良为工书一册还之。"[3]笔者近日有幸得见汪叔良的部分书信、自定年谱残稿等，其中有不少与吕氏的往还记录。其中有一份残稿，记录其帮助吕氏抄录诗稿情况并附有详细评语一则，全文如下：

> 癸巳正月，抄录诚之先生所著古今体诗，自丁未至迄壬辰，凡九十九首，抄成一十八张，每页二十四行，行廿四字，原缺之字注明原缺。第一张第一行空出一行，以备写书名。其原稿有抄写错误之字，凡笔画错误，一望而知，为抄写人之笔误者，即为改正。

> 顷读吕诚之先生和其友敬谋诗，有句云"摩天健羽摧"。敬谋原作为"相思鬓渐摧"。窃以为摧字似嫌勉强，以为应用"衰"字。忆幼时读贺知章诗"乡音无改鬓毛衰"，当时但知为鬓发之白之意也。《全唐诗》亦作"鬓毛衰"，而后章燮所注《唐诗三百首》作"乡音无改鬓毛催"，注"催促"也，言鬓毛催白，以为催白二字似未妥。又见王尧衢所注《古唐诗合解》则作"乡音无改鬓毛摧"，注云"鬓毛摧败，老惫不堪"。俞汝昌所注《唐诗别裁集》

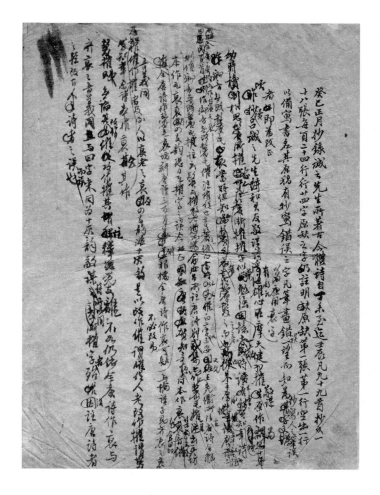

汪叔良评吕思勉诗遗稿

亦作"鬓毛摧",且注云"坊本作毛衰",衰乃四支韵,恐是
"摧"字之误,今改正。《全唐诗》作"鬓毛衰",坊刻《唐诗
三百首》则根据《全唐诗》作"衰",不必改易。贺知章原
诗本作"衰",集韵十灰,衰音催,仓回切。与《论语》"子
昆齐衰"之"衰"音义同。

乃知贺知章原诗本作"衰",其作催、作摧者,及后人
以衰老之衰,为四支韵非十灰韵,是以改作催谓催促人
老,改作摧谓鬓发摧败。无论其改作催、改作摧,其注释
总觉支离,不如依《全唐诗》作"衰",与齐衰之音义同,与
"回"字、"来"同为十灰韵,敬谋诗所以用"摧"字者,殆沿
注唐诗者之轻改古诗之误而误也。[4]

从这份评语可以看出汪氏抄录吕氏诗稿之严谨,而后面两段
提到的便是《庚申端午客沈阳得敬谋寄诗次韵奉答》一诗,《吕
思勉全集》中还附有赵元成原诗,汪氏是就其中"摧"字提出商
榷,该评语为现存《蒿庐诗稿》所无,从中可见吕氏与赵元成对
于该字的误用。核对汪氏所举《唐诗三百首》章燮注本、王尧
衢《古唐诗合解》《唐诗别裁集》俞汝昌注本三种书籍,确实如
其所言,将"衰"字误作"催"或"摧"字。而吕氏的误用,或许正
是因为年幼时熟习这些村塾唐诗选注本,进而沿袭误用导致。

笔者在拍场上还发现一封吕思勉先生去世前不久写给
汪叔良的佚信,也未收录于《吕思勉全集》和《吕谱》,对于了
解二人的交往历程极为重要。该信全文如下:

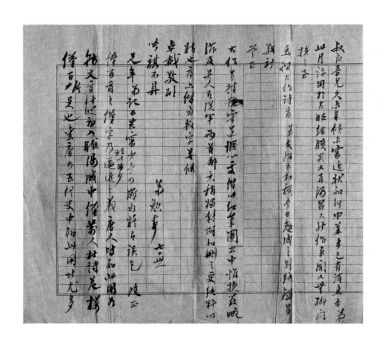

吕思勉致汪叔良手札

叔良吾兄：

久未奉候，未审近状如何？中华事已有消息否？弟此月许困于左眼结膜炎，又直溽暑，不能作事，间又无聊闷损之至。委撰大作诗序，弟文殊不相称，今日勉成之，别纸录呈，敬祈誊正。

大作另挂号寄还，惬心处偕以红笔圈出，中惟《挽严畹滋》及《吴人有从军》两首，鄙意稍嫌松懈，如删之更纯粹以精也。序亦偕易数字，并候卓裁。敬颂吟祺，不具。弟勉顿首。七·卅一。

兄年弟记不甚审，"少予四岁"句疑有误，乞改正。仅百首之仅字，乃逼近之义（非以为少），唐人诗皆如此用，如韩文言"张巡初入睢阳城中仅万人"，杜诗"危楼仅百所"是也。《旧唐书》《五代史》中如此用者尤多。

这封信的关键内容便是吕思勉为汪叔良诗集作序，从《全集》所收《汪叔良〈茹荼室诗〉序》及《吕谱》可知，该序作于 1957 年 7 月 30 日，故可知此信应作于同年 7 月 31 日。吕氏对于汪诗也提出了不少意见，不过《挽严畹滋》及《吴人有从军》两首最后在汪氏诗集油印时仍予保留。而这封信还提到吕氏晚年的身体状况，据《吕谱》中收录的日记可知，当时吕氏受困于左眼结膜炎，且已严重影响阅读和写作，在如此状况下，还勉力为老友作序校诗，可见二人交情之深厚。虽然据吕氏日记可知，在此后吕氏仍与他人有书信往来，但这一封是目前所见时间最晚的书信。信中最后部分提到关于唐代"仅"字古今异义的用法是吕氏颇为得意的发现，早在《论大学国文系散文教学之法》一文中也曾说过："如仅字，我们现在使用之法，是意以为少，唐人使用之法，则意以为多（仅字的意义，乃接近某数，如九百数十，近乎千，九千数百，近乎万是）。我们所使用的，实在是古义，然如韩愈《张中丞传后序》之'城中仅万人'，所使用的亦是唐时俗义，便是其一例。"[5] 不过吕氏信中所举，杜诗"危楼仅百所"一句，查无该句，或是《泊岳阳城下》一诗"江国逾千里，山城仅百层"之笔误。[6] 至于特意交代的原因，原来吕氏在为汪氏诗集所作序言中有"叔良之诗，一删订于戊子，再删订于壬辰，至今岁乃写以相示，仅百首"一句，为免老友望文生义。

同时，《吕谱》还有两封 1957 年汪叔良致吕思勉的书信，可以与此信互证。首先是一封残信：

诚之吾兄惠鉴：

前月卅一日奉到手示，敬悉一一。本月二日曾肃寸笺计达左右，今又十余日矣。贵恙定已全愈，未知近日起居如何？至深系念。天气严寒，务祈加意珍摄，早占弗药，而康健胜常，乃私心所朝夕颂祝而未能一日忘者。日昨晤沈瞍民先生，与之闲谈，知其与吾兄颇熟识，且云日前其子号子玄者曾往候吾兄，并谓兄前发旧恙，今当全愈矣。闻之为慰，近日精神如何？乞示及，以慰悬系，

曷胜盼祷。弟平生所作诗,虽亦有二三百首,但自觉可
存者甚少。然敝帚千金,未忍遽弃。去年夏间曾将历年
旧作,凡有语病者,或自觉有疵谬者,尽删除之,仅留九
十余首,录为一卷。将以就正于吾兄,乞指其疵谬。自
念平生知己,今惟吾兄一人。盖自甲寅之夏,共事于中
华书局,今已四十四年矣。相交之久,相知之深,无如
吾兄者矣。如能得兄一言以为序,乃私心欣幸而希望
者。倘承允其所请,不胜感激之至。并请稍缓时日,俟
(下缺)

《吕谱》中未能断定该信的具体月日,而结合汪叔良一方的资
料,可以基本确定这封残信的具体写作时间。首先,从内容
来看,该信是汪氏向吕氏求序,故应在前引佚信之前,是上半
年且在7月之前。第二,而此信开头提到"前月卅一日",故
这个"前月"只有1、3、5三种可能,同时信中又说"天气严
寒",那么1月的可能性最大。第三,汪叔良留有自订年谱
《梅岩遁叟手订年谱》一份,其在1957年记道:"正月十五日
(1957年2月14日),寄近日所抄之《茹荼室诗稿》,壬辰年
春取旧作,删去三分之一,存九十余首,与吕诚之先生,请为
作序。"与残信内容完全吻合,信中所言"本月二日"曾尚有一
信,此信则又过去"十余日",那么这个本月应该指的是2月,
因此这封残信的日期即是汪氏年谱所言的1957年2月14
日。这封残信的内容颇为丰富,不仅有诗稿之事,同时又提

到了吕氏的病情,此外还追溯了吕、汪二人近半个世纪的交谊。汪氏信中提到沈瓞民并其子沈延国(信中称号子玄者),也与吕氏交往甚密。最重要的是汪氏在信中称:"盖自甲寅(1914年)之夏,共事于中华书局,今已四十四年矣。相交之久,相知之深,无如吾兄者矣。"而结合《吕谱》可知,吕氏自1913年7月至1918年秋,由同乡前辈也是中华书局的创办人之一的沈颐介绍,任职于中华书局。

另一封是同年8月1日汪叔良致吕思勉的书信,从内容来看,便是紧接着吕氏佚信的回信:

> 诚之吾兄惠詧:
>
> 　　两月未通音问,驰系之深,莫可言喻。而竟未能裁寸笺奉候起居者,则以弟病体日益衰惫,不耐握笔写字,亲友故旧,音问断绝久矣。今晨奉到惠示,并承赐拙诗序文,捧读之下,欣忭感激,不可以言语形容,弟在今日默念平生旧友,相知之深、相交之久者,惟公一人而耳。弟忆识荆之初,似在甲寅之秋,其时弟年廿八,次年乙卯,则弟年廿九矣。公确长三岁。回忆书局共事,今已四十三年矣。今年自二月以来,贱体日益衰惫,初觉头晕目眩,继则引起心脏旧恙,近则每晚足微肿,两足无力,现方注射微他命B针,半月前似略愈矣。乃近十日中,贱内及小孙皆患肠炎发热,至今未全愈,舍间人手少,弟虽有病,还要照应两病人,其苦况可想见矣。近半

年中，医药之费，为数甚大，尤苦未遇良医，大率皆草草
了事，殊可恨也。总之，贫病交迫，其苦有非笔墨所能形
容者，莫非命也，顺受其正而已，略陈近状，以告知己，谅
公必叹此人"老来苦"也。专肃以鸣谢热忱，敬颂道绥，
并颂谭福。

弟厚顿首，八月一日。

倘承时赐教益，以慰弟病中离索，不胜感激之至。

由此信可知，汪氏刚刚接到吕氏所作序言，且已有两月未通
音信，故自然是惊喜不已："捧读之下，欣忭感激，不可以言语
形容"，因而再次强调二人的交情："默念平生旧友，相知之
深、相交之久者，惟公一人而耳。"吕氏在序言中也称赞老友：
"叔良之为人，持躬甚谨，而天倪甚和。与人交无城府，于是
非黑白甚辨，而不为危言激论，庸克以默，自全于世。家贫而
好买书，晨夕读诵弗辍，匪为好名，只以自娱。而间有考论，
老生敛手。"而且巧合的是，两位老友各自的诗集"其写定之
早晚及存录之多少，亦相若也。"〔7〕对于吕氏在信中提及的
年龄问题，确实如吕氏所言年长三岁。而对于结交时间，汪
氏在前面佚信中也回忆称是甲寅年，此时吕氏复核后改作乙
卯年，故将时间改为四十三年。后来汪氏的自定年谱《梅岩
遁叟手订年谱》中，也将二人结交的起点定为乙卯，应是据此
改正。此后更多是谈及自身的凄凉处境，可谓与吕氏同为难
兄难弟。

　　吕先生此时病已深重,而汪叔良也是老病不堪,此外还颇为家计所累,要照顾病人、幼孙,自叹乃是"老来苦"。其实汪氏的苦状,吕氏应是一直知情和关注的。二人交往四十余年,据吕氏为其诗集所作序言称:"嗣后或离或合,合则欣然道故,相视而笑,莫逆于心;离则千里诒书相问候,亦或困于行役,旷绝逾时月,然相忆未尝或忘,越四十年如一日也。"而汪氏原本留有的日记,一度曾现身拍场,据其中残页可知,应是 1930 年代末,某年的农历十一月廿七日,"至天蟾,遇诚之",地点应是在上海。而据《吕谱》可知,二人在新中国成立后还时有交往(1950 年、1954 年、1955 年多有书信往来),据汪氏自订年谱记载,1955 年二人还在常州见过一面:"正月初十日(1955 年 2 月 2 日)乘早车到常州访吕诚之兄,至则见其精神尚佳,慰甚。……未刻,回至十子街辞别诚之,谈五时许,其女公子送余至车站。"故而对于汪氏的困境,吕氏也曾略有帮助。1955 年 10 月 19 日,吕氏在与好友顾颉刚的信中引荐汪叔良点校古籍,应是为其生计出谋划策:"汪君叔良(其居址为卫前街廿一号),乡居甚困,校书之事未知尚能为之曹丘否?"[8]同时笔者还注意到,在顾颉刚子女的回忆中提到,汪叔良还曾担任过顾氏之子顾德辉的老师。顾氏与之接触后,敬如上宾,且对儿子讲:"这真是做学问的人,可惜生不逢时"。此后还托汪氏做古籍整理的工作,且十分满意,相信其中也有吕思勉的推荐之功。[9]

　　而在拍场上,笔者还看到两封 1956 年汪叔良致中华书

局的书信，所谈内容正是点校古籍。首先一封是 1956 年 1
月 23 日：

> 中华书局古籍组同志：

> 　　自去年三月叔良校点《春秋会要》后，迄今将近一
> 年，目下印刷之古籍，定仍须校勘标点，良于校点之役，
> 颇愿担任，倘承继续委托，实深欣盼。复示请寄苏州卫
> 前街二十一号为荷。此致敬礼！

> 汪叔良谨启
> 一九五六年一月二十三日

由中华书局所附"收发文联合登记卡"可知，于 1 月 26 日，中
华书局回复汪氏可"继续担任校勘标点工作"。因此 1957 年
佚信，吕氏开篇提到的"中华事已有消息否？"应也与此有关。
而查中华书局 1955 年出版的姚彦渠《春秋会要》，末后附有
"校点说明"一则，时间是 1955 年 4 月 30 日，但是整本书中
并未出现整理者汪叔良的名字，只能是"校点者"三字，或许
是与中华书局商定的结果。

　　另外一封是 1956 年 1 月 23 日汪氏写给"古籍出版社"
（新中国成立后中华书局拆分成立）的自荐信：

> 古籍出版社同志：

> 　　闻贵社专事印行古籍，曷胜雀跃，叔良于校点古书

颇感兴趣,自揣能力亦堪胜任,去年春曾为中华书局校
点《经传释词》《春秋会要》两书,可以覆按。缘叔良生性
谨慎,自幼读书,即喜从事校雠,故于校勘门径多所通
晓,遇有疑义,即能推求源本,以资点定,非徒据本互勘。
又喜校雠古书者,或罕通西文,叔良则于此亦曾致力,故
于章节句读之分,尤能融会贯通也。贵社印行古籍,必
须校勘标点,倘蒙委任,实所欣感,谨布区区,即祈。

从信中自述可知,当时除了《春秋会要》,《经传释词》也是由
其校点整理,而据该书校记,同样也没有点校者信息。汪氏
在自荐中,语气谦逊,但对于自己所长也毫不掩饰:"自幼读
书,即喜从事校雠,故于校勘门径多所通晓,遇有疑义,即能
推求源本,以资点定,非徒据本互勘。又喜校雠古书者,或罕
通西文,叔良则于此亦曾致力,故于章节句读之分,尤能融会
贯通也。"汪氏早年入中华书局便是负责英文校对和翻译,后
入字典部,因此对于古籍和西式标点均极为熟习。只是此时
的目的更多是希望这些工作所得的些许收益,或可于生计略
有小补。

  由吕思勉先生晚年留存的日记可知,在与汪氏这几封书
信往来后,二人仍有书信往还,甚至还曾晤面。吕先生是
1957年10月9日深夜去世,此前的9月1日还与汪叔良、陈
协恭等人晤面,5号和7号与汪氏仍有书信往还(均未见),
到10月7日又与汪、陈等人晤面,只是这一次几乎等同于老

汪叔良《茹荼室诗稿》

友们最后的告别了。汪叔良不久也于 1961 年在苏州去世，晚景凄凉，身后遗稿更是散失殆尽，四处飘零，仅《茹荼室诗稿》一部(首列吕思勉序言和自序)因当时稍有油印而得以传布，只能说是不幸中的万幸。

**注释**

〔1〕吕思勉:《茹荼室诗》序,《吕思勉全集》第 26 册,上海古籍出版社,2016 年,第 90 页。

〔2〕李永圻、张耕华编撰:《吕思勉先生年谱长编》(上),上海古籍出版社,2012 年,第 111 页。

〔3〕吕思勉:《茹荼室诗》序,《吕思勉全集》第 26 册,第 90 页。

〔4〕汪叔良残稿由四川龚飞先生提供,特此致谢。

〔5〕吕思勉:《论大学国文系散文教学之法》,《学史门径详说》,东方出版社,2018 年,第 240 页。

〔6〕此处承华东师范大学张耕华教授指点,特此致谢。

〔7〕吕思勉:《茹荼室诗》序,《吕思勉全集》第 26 册,第 90—91 页。

〔8〕李永圻、张耕华编撰:《吕思勉先生年谱长编》(下),第 985 页。

〔9〕王煦华编:《顾颉刚先生学行录》,中华书局,2006 年,第 467 页。

# 观其会通

——吕思勉的近代史研究

　　吕思勉是当代史学大家，一生撰有多部中国通史和断代史，被奉为会通实践"新史学"旨趣的代表。顾颉刚在《当代中国史学》一书中，对吕氏通史著作也颇多赞美之词，称其"以丰富的史识与流畅的笔调来写通史"，为新式通史写作开了一个新纪元。吕先生撰写中国通史，多贯通至写作的当下，因此又被称为全通史[1]。同时他还有以断代史集合为大通史的计划，在谈到断代史的便利时，吕先生说："断代为史，亦有数便，前朝后代，虽不能凡事截然划为鸿沟，然由衰乱以至承平，事势自亦为一大变，据此分划，不可谓全然无理，一也；纪述当朝，势不能无所隐讳，并有不敢形诸笔墨者，革易以后，讳忌全除，而前朝是非之真，亦惟此时知之最审，过此则又或湮晦矣，史料之搜辑亦然，二也。"[2]由第二点反推可知，吕先生是深知"当代史"难作的，但仍留下了大量的近代史文字。2016年《吕思勉全集》整理出版，该集对于吕氏文字搜罗详备，故此前虽然学界已有关于其近代史书写的讨论出现，[3]但范围仍以《吕著中国近代史》和《中国近代史

吕思勉

八种》等近代史专著为限，因此本文以最新版《吕思勉全集》为范围，希望对吕氏的中国近代史研究做一番全局的介绍，并探讨其学术特点与贡献。

## 作 品 介 绍

吕先生治学不以专门家自居，更不是所谓近代史专家，但却留下了多部近代史专著。后人曾以《吕著中国近代史》和《中国近代史八种》为名结集出版，盛行一时。据收录各书的内容可知，《中国近代史讲义》和《中国近世史前编》均是吕先生在光华大学为讲授中国近代史所编写的讲义。前者以明代中后期中西交通为起点，并概述清代盛衰简况，其主体则是以道光年间的中外交涉开始，讲到民国成立为止。最后各设两章综论民国以来的内政和外交，将时段延续到了北伐后全国短暂统一。《中国近世史前编》叙述的起点与前书相同，而以太平天国和捻军结束为止，将其视为"汉族的光复运动"。该书宝贵之处在开首两章综论"近世史的性质"和"入近世期以前中国的情形"，且书中不时加以按语，多隽语妙笔，启发良多。《中国近百年史概论》是抗战期间吕先生到常州乡下的中学任教时所用的通俗讲稿，时段为明末到北伐胜利。《日俄战争》1928年收入商务印书馆"新时代史地丛书"初版印行，是中国学界有关日俄战争"最早的研究性著作"。《中国近世文化史补编》，以文化史的写作方式，主体原是《中国社会史》中商业、财产、征榷、官制、选举、刑法各章的近代部分。《近代史表解》大约写于 1952 年,是吕先生在新中国成立后结合政治学习和教学实践,参考自己多年搜辑的近代史素材撰写而成。《中国近百年史补编》,原名《初级中学适用本国史补充读本》,1946 年 5 月由上海中学生书局出版,时段自"九一八"事变到抗战胜利以后。《国耻小史》是早年在中华书局任编辑时撰写的文史通俗读物,1917 年 2 月收入中华书局"通俗教育丛书"初版发行。该书用直白的语言,详细叙述了列强对中国的侵略,并检讨了清政府在外交中的种种失误。

此外,最为重要的便是通史中的近代史部分,如前所言,吕氏所撰通史多将时间直接贯通至写作的当下,因此有一部分近代史的研究,便是中国通史的后半段内容。在吕先生早期参与编写的两种小学历史教材《高等小学校用·新法历史参考书》和《高等小学校用·新式历史教授书》中,因为考虑到是小学用书,故以收录重要专题和人物事件为体裁,其中已包括近代的部分。而正式的通史则必须从《白话本国史》说起,这是吕先生第一部通史著作,1923 年由商务印书馆初版发行。其中的近代史部分,可以说是后来诸多吕氏近代史著作的母版,篇幅和内容相对而言也最为丰满。只是该书绪论中有关近代史的分期与正文目录不符,略显体例不纯。"绪论"中原为第五篇"最近世史",作为"近世史"的延续,时段"从西力东渐到现在"。而正文中实为第四篇"近世史"上中下三部中的下部,共分五章,时段从第一章的"中西交涉的初期",即明末西学东渐,到第四章"清朝覆亡和民国的兴起"。而因为该书体例关系,在第五章又综论"明清两代的政治和社会"。后续几章从武昌起义开始到其写作当下,则被定为"现代史"。

此后,在其他通史类的中学教材中,也多有近代史的论说留存其中。吕先生一生编写中小学历史教材十来种,其中相对重要且近代史篇幅较为丰满还有数种。如《新学制高级中学教科书·本国史》,1924年由商务印书馆初版发行,将前一年出版的《白话本国史》中绪论与正文目录不符之处加以统一,将近代史的内容主要放入"最近世史"之中,时段以明末"西力之东渐"为引子,从鸦片战争到"民国十一年六月为止"。而细目与《白话本国史》基本一致,内容可说是《白话本国史》的简版。该书最有趣的是吕先生提出了与众不同的教授理念,他认为:"这部书,虽系从上古编起,依次而下,然而我很希望用他的人,从最近世史授起——最近世史授完后,接受那一编,可以斟酌情形而定,不必有画一的办法。因为最近世的事和眼前生活较切近,学生容易了解,且容易有兴味。在理论上言,读后代史,必须探其原于古,方能真实了解。在事实上言,读古代史,正须有后代的史事,为之对照,乃觉容易了解。"[4] 我们无从知晓当时使用这本教材的教师是否按照这种方法实行教学,也无从知道教学效果如何,但可以看出吕先生对于历史教学的独特看法,以及古今贯通的史观。这个观点在《复兴高级中学教科书·本国史》的例言中也再次得到重申,而这本教材后来曾以《中国史》为名单独出版,也是吕著中国通史系列中篇幅较为完善的一种,1934年由商务印书馆初版发行。其余如1935年出版的《初级中学适用·本国史补充读本》和《高中复习丛书·本国史》,1937年的《更新初级中学教科书·本国史》,更简要的如抗战时期在常州教学使用的《本国史(元至民国)》和《本国史复习大略》,都是在中学教材的通史叙述下包含了近代史这个时段。而较为特殊的是在抗战"孤岛"时期所作的《吕著中国通史》,这实是为了大学教学需要而编写,上下编分别于1940年和1944年出版。其中近代部分内容不多,一部分穿插于上编的文化史中,可与《中国近世文化史补编》参看。下编的最后五章,内容从"中西初期的交涉"到"革命途中的中国",文字精炼,但相对而言篇幅较小。

在这部分的近代史书写中,可以注意吕先生采用的近代史分期方法。有关分期的问题,吕氏在《白话本国史》绪论中,直言只是为了"研究上的便利"。不过在民国时期,史学界关于近代史的分期出现过两种主要的不同看法。1945年,顾颉刚在《当代中国史学》中就注意到了这一情况:"第一种认为新航路发现以来,世界的交通为之大变,人类生活与国际关系,较之中古时代,显然有不同的地方,是为中古史与近世史的分界;这时期历史孕育出未来的局势,每以民族的思想为其演变的原动力;故近世史的范围,实包括近三四百年来的历史,无论中国与西方皆系如此:此派可以郑鹤声先生的《中国近世史》为代表。第二种则认为在新航路发现的时候,欧洲仅产生了商业革命,明季以来,中国虽与西方接触,但并没有显著的影响;其后欧洲产生了工业革命,中国与西方发生新的关系,以中国言方系近代史的开始:此派可以蒋廷黻先生的《中国近代史》为代表。"[5] 由此结合吕先生的近代史作品,可知其采用的分期方法更接近于第一种,非如第二种那般界线分明。

近代有关中国历史的分期,很大程度上借鉴自日本人桑原骘藏《东洋史要》等著作,以上古、中古、近古、近世四期的分法,[6] 近代史的出现,则是在古史分期框架下出现的新问题。吕先生的通史大体也是延续前面这种线性分期的思路,这从他采用"最近世史"[7] 这种提法便可看出,可视作是贯通的意图,也可说是便利研究。不过吕先生认为近代中国毕竟与前代差异巨大,他曾就中国文化的演变轨迹,将其分为三个大的时期:中国文化独立发展时期、中国文化受印度影响时期和中国文化受欧洲影响时期。其中第三期指的就是近几百年来的历史,"欧洲人因为生产的方法改变了,使经济的情形大为改变。其结果,连社会的组织亦受其影响,而引起大改革的动机,其影响亦及于中国。"从此"交通无法阻止",且"时时在改变之中了"。[8] 在这种将明末西学东渐以来视作近代史起点的分期中,吕先生还对重要的时间节点做了一些细分。他主张这一期历史还可以分为两个"小期",五口通商是前后两期的分界线:前一期西力虽已东渐,但"一切保守其旧样子";后一期"外力深入,不容我不感觉,不容我不起变化"。[9]而若以中国的反抗着眼,则又可分为:"一自欧人东来,至清末各国竞划势力范围止,此为中国受外力压迫之时代;一自戊戌变政起,讫于现在,此则中国受外力压迫而起反应之时代也。"[10]由此可见,吕先生采用的分期方法并不是一个固定僵硬的模型,而是在讨论具体问题和编排不同教材时,采取变通的手段。当然不可避免的是,由于"当代史"的敏感,吕先生的写作还受到外来因素的干扰,例如民国时期教育部规定"民国成立以后的历史单列为现代史",[11]新中国成立后官方和主流断定以鸦片战争为近代史开端等等。不过吕先生往往只是在学术讨论的前提下,尽量做出变通,决不违背学术求真的根本。

## 吕氏近代史的研究特点

五四之后,随着思想解放,尤其是古史辨运动搅动了整个古史研究界,疑古、考古、释古等各家各说迭出。同时也伴随诸多新史料的发现,使得古史研究成为显学。但也有学者开始关注近代史的史料搜集和研究,1930年,同样是古史辨领军人物的顾颉刚曾致书罗家伦,感慨"青年学子喜治古史,而不喜治近代史",因而鼓励罗氏从事于近代史的鼓吹和研究方法的探讨。[12]罗家伦是五四新人中最早关注近代史料整理和近代史研究的学者之一,早在 1928 年,他留学归国后不久就有两篇关于近代史研究计划和设想的文字,并与顾颉刚多有交流。[13] 到 1931 年,罗家伦又写了《研究中国近代史的意义和方法》这篇纲领式的文章,提出近代史研究的必要性,以及在当时少被重视等问题。深究其中原因,罗氏认为:"第一是因为学者的好古心,觉得材料愈古的愈可尊重(不可一概而论,有许多真正的古史学家,并不忽视近代史的重要)。第二点是因为恐怕时代愈近,个人的好恶愈难避免,深怕不能成为信史。第三点,是因为恐怕许多材料不能公开,将来发见,以后他人要来重写,自己的著作不能成为定史。"[14] 就罗氏所提第一点而言,吕思勉先生恰是这样一位重视近代史的"真正的古史专家"。[15]

吕先生曾讲过:"史事后先一贯,强分朝代,本如抽刀断流。"[16] 他很多近代史的论述,均是中国通史和通史教科书的延续部分,正可见其对历史通贯性的重视。例如,在《吕著中国通史》上编讨论清末以来地方"尾大不掉,行政粗疏"的问题时,他便从元代设立行省制度说起,认为其中症结在于行省制度导致地方一直过于庞大无伦,且明清两代虽略有析分,但区域一直未能改革。而这个问题延续到民国,又因为辛亥革命中各省纷纷以独立的方式完成光复,所以即使民初"裁兵议起,又改称督理或督办军务善后事宜,然其尾大不掉如故。"[17] 在《中国近百年史概论》讨论近代南方人才辈出,带动社会变动的现象时,吕先生便从历史上中国北中南三带的变动差异说起："中国地分南北中三带,北带本为政治之重心,然遭异族之蹂躏,又水利不修,生业憔悴,在近代,文化反较落后。中带是五胡乱华以来,即为中国文化之保存者,又为全国产业之重心,然其发展,偏重产业、文化方面,政治上、军事上之力量不足。惟南带地势崎岖,交通不便,发达较迟,故社会之矛盾不深,其民气最为朴实强毅。近代对外之交通,西南最早,故其渐染新文化亦较早。"[18]因此,如太平天国的平民起义以及士人阶层中康梁的改革派和孙中山的革命派均起于南方。从这段议论可以看出,吕先生不仅史识通贯,且视野极为宏大。正如在《中国近代史讲义》正文开讲"中西交通之始"时,首先便从自古中国通向欧洲的海陆通道开始,宛如一幅以欧亚大陆为中心的地图缓缓在读者眼前展开。[19]其对于历史宏观叙事的把握,不仅为研究者提示门径,同时为基础教育也指出方法。如吕先生在《更新初级中学教科书·本国史》中便认为:"初中学生读历史,实在只要知道一个轮廓,过求详细,反要连轮廓而丧失掉的。"这种对包含历史时空观念的轮廓的强调,也可以为当今历史教学者鉴。

在吕氏近代史的文字中,不仅可以看到其读史的体会,更有阅世的经验。这一点尤其可以反映在其对史料的搜集和积累上面。据吕先生自述,他在甲午战后便有读报的习惯。由现存大量的剪报资料可知,他对于平时身边报刊史料的搜集是时刻在意的,如庚子、壬寅两年的日记中,便每天都有报章的摘录。日记中还存录了大量报刊上的物价史料等,可惜原有剪报在抗战中亡佚了。日记中尚有诸多物价史料，更是吕先生亲历所记。此外，吕先生自己还撰有大量有关近代史的研究和时论文章，兼具研究价值与史料价值。如《三十年来之出版界》和《追论五十年来之报章杂志》二文，对于晚清以来报章杂志和相应人物的流变与作用梳理得十分清晰，且加以个人的感观经历，因此多有洞见卓识。在《追论》一文中，吕氏论及辛亥革命后的言论界情况，他认为国体虽更，但"言论界之势力，一时仍操诸旧人物之手，以新起者多浅薄无足观也"。这里的旧人物指的是康梁这样的老新党，但他认为其"针砭时弊之作，可谓深切著明。然时社会之机运，方当舍旧谋新，而二人皆以旧观念相箴规，欲释其新而反之于旧，故其机卒不相契。"因此到二次革命后，言论界更加死气沉沉，惟有《新青年》稍留一线生机，为五四运动后的新契机埋下种子。但随着五四以后杂志日多，而势力分散，此后再无言论界的重心了。吕氏将民国伊始到五四运动这段较受忽视的言论界动向描画生动，展现这个过渡阶段的实情和意义。吕先生对于当下史料的重视，展现了他作为一个历史学家的敏锐感和责任感，也可看出其读史阅世的精神。借用克罗齐的话，真正达到了"历史和生活的统一"。

# 余　　论

前揭罗家伦 1930 年初系统讨论中国近代史研究的论文

吕思勉题"观其会通"

中，他还提出历史研究尤其是近代史研究中须注意"连续性与交互性"这两个要点。连续性实则就是通贯性，就交互性而言，罗家伦认为："中国近代史是一个最好的例子，而且是一个最有趣味的对象。"[20] 其中原因当然就是近代开始，中国与世界的关系日趋紧密，且无日不处于变化影响之中。若将这两点对应到吕思勉的近代史研究中，也都可以一一吻合。吕先生在《史籍与史学》中就讲："史学者，合众事而观其会通，以得社会进化之公例者也。"[21] 若将这"会通"二字拆开理解，也正是交互性和连续性的意思。

另外可注意的是，吕先生一生治学服膺梁启超及其"新史学"，因此他在《现代史学家的宗旨》一文中说过："现代史学上的格言，是'求状况非求事实'。""求状况的格言，是'重常人，重常事'，常人、常事是风化，特殊的人所做的特殊的事是山崩。"这种历史眼光，一方面是史学方法层面强调一般与特殊的关系；另一方面，实为平民的眼光，强调一种群体的历史。具体如《中国近世史前编》中，吕先生对于英法联军火烧圆明园毁灭大量文物一事，就表达了独到的看法。他认为："（一）文化的进退，视乎其社会的情状，是否安和，物质所表现的文明，实在其次。（二）即舍此弗论，以现在文化的状态，虽有宝物，亦必不能终守。此岂独今日为然？亦岂独中国为然？（三）所谓有关文化的建筑品物，一方面固然代表学术技艺，一方面也代表奢侈的生活。后者固绝不足取，即前者，就已往的社会论，并不过一部分人能参与此等工作，大多数人

都是被摈于其外的。今后社会的组织果能改变,合全社会人
而从事于此,已往的成绩又何足道?所以有关文化的建筑品
物等,能保存固当尽力保存,如其失之,亦无足深惜。"〔22〕这
段话展现了吕先生对于一般社会情状安和与否的关照,以及
站在全社会大多数人立场之上的态度,均是其注重"民史"的
眼光下必然产生的结果。

**注释**

〔1〕张耕华:吕思勉《中国史》导读,上海古籍出版社,2006 年,第
  4 页。
〔2〕吕思勉:《史通评》,收入《吕思勉全集》第 17 册,上海古籍出版
  社,2016 年,第 233 页。
〔3〕赵庆云:《吕思勉的中国近代史书写》,《史学史研究》2016 年
  第 1 期,该文对于吕思勉近代史研究的学术特点和贡献多有
  发掘。
〔4〕《新学制高级中学教科书·本国史》,《吕思勉全集》第 20 册,
  第 13 页。
〔5〕顾颉刚:《当代中国史学》,第 83 页。
〔6〕王汎森:《近代中国的史家与史学》,复旦大学出版社,2010
  年,第 31 页。
〔7〕《白话本国史》绪论和《新学制高级中学教科书·本国史》目录
  均采用这一分期名称。
〔8〕《中国近世史前编》,《吕思勉全集》第 13 册,第 125 页。
〔9〕《复兴高级中学教科书·本国史》第四章《本国史时期的划
  分》,《吕思勉全集》第 20 册,第 188 页。
〔10〕《中国近代史讲义》绪论,《吕思勉全集》第 13 册,第 6 页。此
  说另见《新学制高级中学教科书·本国史》,《吕思勉全集》第

20 册,第 13 页。

〔11〕 张耕华:吕思勉《中国史》导读,第 5 页。

〔12〕 罗久芳、罗久蓉编辑校注:《罗家伦先生文存补遗》,"中央研究院近代史研究所",2009 年,第 384 页。顾颉刚还曾说过:"史学本来以现代为重要",见《当代中国史学》开篇首页。

〔13〕 1928 年,罗家伦致信顾颉刚,该信以《研究中国近代史的计划》为题发表在《国立第一中山大学语言历史学研究所周刊》1928 年第 2 卷第 14 期。另有演讲录一份《怎么研究中国近代史》,刊于《燕京大学校刊》1928 年第 9 期。

〔14〕 罗家伦:《研究中国近代史的意义和方法》,《国立武汉大学社会科学季刊》1931 年第 2 卷第 1 期。该文也曾作为郭廷以1940 年主编出版的《近代中国史·第一册》的引论。

〔15〕 吕思勉在《中国近代史讲义》绪论中讲:"历史知识信莫贵于现世。"又讲:"然事之真相难穷,而人之知识有限,就凡人识力所及,原因结果,要不能无亲疏之分,然则举吾认为与现在有直接关系之事,搜集而研究之,夫固未为不可也。所谓近世史者,其义如此。"见《吕思勉全集》第 13 册,第 6 页。

〔16〕 《史通评》,《吕思勉全集》第 17 册,第 232 页。吕思勉在《中国近代史讲义》绪论中也讲:"史事前后相因,又彼此皆有关系,欲强分之,正如抽刀断流,不可得断一事也。"见《吕思勉全集》第 13 册,第 6 页。

〔17〕 《吕著中国通史》,《吕思勉全集》第 2 册,第 83—84、86 页。

〔18〕 《中国近百年史概论》,《吕思勉全集》第 13 册,第 210 页。

〔19〕 《中国近代史讲义》,《吕思勉全集》第 13 册,第 7 页。这种宏观的视角,多见于吕氏其他通史和教材之中。

〔20〕 罗家伦:《研究中国近代史的意义和方法》,《国立武汉大学社会科学季刊》1931 年第 2 卷第 1 期。

〔21〕 《史籍与史学》,《吕思勉全集》第 18 册,第 9 页。其中"观其会通"四字,1934 年吕先生还作为题词,专门赠送给《光华年刊》。

〔22〕 《中国近世史前编》,《吕思勉全集》第 13 册,第 159 页。

# 陈恭禄的信史与经世

陈恭禄是中国近代史学科的先驱者之一,长期致力于中国近代史、中国通史和史料学的研究,近年来其主要著作不断翻印重出,学界对其关注也与日俱增,因此搜罗整理其星散文字,梳理其求学与任教经历,略述其史学思想与现实关怀,对于进一步了解陈氏的学术成就与学术特点当不无小补。

## 求 学 与 任 教

陈恭禄,生于 1900 年 7 月 28 日,因病于 1966 年 10 月 8 日去世,江苏省丹徒县高资镇人。陈氏出生于商人家庭,"辛亥革命前后,与弟恭祯同往镇江求学,曾受业于鲍心增老师门下"。[1] 而鲍师同为丹徒人,光绪八年(1882)壬午科举人,十二年丙戌科进士,十五年己丑朝考,以主事分吏部考功司兼稽勋司行走。到戊戌年(1898)补军机章京,其一生最为光彩的便是在庚子年(1900)义和团事变时,一度抗颜上疏,而在帝后出逃前夕留守军机处,得以随扈西行参与机密。[2] 在

陈恭禄

陈恭禄后来撰写的《中国近代史》"义和团之扰乱（续前）"一篇中，谈到光绪帝在"西狩"途中下诏罪己，其文"多责臣下之语，而于此次祸变，淡然叙述，且有自护之处"，而陈氏据《鲍心增行状录》得知"谕旨由其拟成，中多沉痛之语，亲贵将其删去"。[3] 后来鲍氏作为"庚子西狩"的随从功臣，在清末颇有升迁，一度担任青州知府。武昌起义后，遁归家乡，以遗老自居，"蛰居斗室，课徒自给"，[4] 故陈氏求学应是在辛亥革命之后。鲍氏为人"确然自守，不为曲阿"，并不以学著称，据笔者所见现存诗稿二卷、遗稿若干，当时上课"教童冠十许人，日以忠孝大节相激厉"。[5] 柳定生在《史学家陈恭禄先生传略》称鲍心增"对学生讲解经史，指导作文，背诵诗书，要求甚严，为学生奠定深厚的基础"。[6] 而陈氏在后来的文字中，对这位启蒙老师虽提及不多，惟在 1939 年 1 月《中国史》第一册的自序中有过一段较为详细的回忆："余忆二十余年之前，从先师鲍心增先生读书。师命圈点《御批通鉴辑览》，并讲授历史书籍，为余读史之起始，性颇好之，乐不释卷。今则稍从事于整理旧史，而师先已病没。追思昔日课读之勤，不胜今昔之感，尝在涕下，因以此书（《中国史》）第一册纪念先师。"[7] 因此陈氏从鲍师处所受的，除了旧学功底外，在品行气节上所受砥砺或许更大。

1916 年，陈恭禄赴扬州入美汉中学读书，该校为美国教会所办，经此陈氏的中、英文根底在中学时代已初步巩固。1921 年，考入金陵大学，该校亦为美国教会所办，不过当时

贝德士(1897—1978),美籍传教士、学者。1920 年来华,任教于金陵大学,是该校历史系的创建者。抗战期间,与拉贝等组建南京国际救济委员会,并任主席。战后,出席远东国际军事法庭,指证日军罪行。1930 年返美,在纽约协和神学院任教直至退休。

学校以农林学科见长，文科相当薄弱。据 1920 年左右教育部对金陵大学的视察报告称："该校文科设立最早，虽有学制，仍照部章办理，然内容既欠充实，组织复多凌乱，故就一般而论，殊无成绩可言。所谓内容尚欠充实者……如哲学、历史、政治、经济等科，在文科中皆为重要科目，而各科教员或由他科兼任，或尚付缺……中国文学、历史等科，虽有中国教员 2 人，亦仅教授浅近文学，于重要文学、历史科目未能顾及。"[8] 故陈氏入学之初，应是鉴于学校学科的强弱，又本着科学救国的思想，一开始"选择就读于化学系，后因兴趣不大，又考虑到中国是农业大国，以农立国……于是改学农科，最后有感于日本之发展、印度之沦亡，又认识到自己的兴趣所在是历史，于是转入历史系"。[9] 当时金陵大学历史学科主持人为美籍贝德士（Miner Searl Bates）教授，贝氏于 1920 年在英国牛津大学同时获得近代史专业的文学学士学位和政治学与国家关系专业的硕士学位，"治史重信实、尚渊博、明主次、戒媚夸，洵为纯朴坚实的学者"。[10] 同年夏天他回到美国被联合基督教布道会授予传教士资格并派往金陵大学工作，此后开启在中国 30 年的非凡生涯。贝氏到达该校后，便锐意经营历史学科，1924 年原本合在一起的历史系和政治系分别独立，从此历史系在其带领下迅速壮大。因此陈恭禄进入金大学习，正赶上了历史系蓬勃向上的发展时期。在大学就读期间，陈氏已在贝德士的指导下，开始学习利用国外资料研究中国近代史。其间有感于日本和印度两国与中国关系密切,国内又缺乏日本史和印度史著作,故先后于1925 年撰成《日本全史》、1928 年撰成《印度通史大纲》,"二书概括地叙述两国从开国迄于现代的发展,读者一览,即可明了其国内情况与问题,实为介绍邻国国情必读的入门书"。[11]这两部书的写作也由贝德士指导,贝氏向陈恭禄提供了大量国外的日本和印度研究著作。《日本全史》出版时,由贝德士为其撰写序言推荐,甚至资助其出版。因此在两本书的自序中,陈恭禄均对老师表达致谢。此后陈氏在史学上的成就,固然是由于自己的努力,但贝教授治学的笃实谨严,对他的影响也很深刻。由于贝氏主授外国史,故陈氏当时所读也几乎全是外文原版的外国史著作,因此对于国外资料和研究动态极为熟知,视野也极为开阔。

1926 年夏,陈氏毕业于金陵大学历史系。当时其父经商失败,无力资助他出国深造,便在南京明德中学教课。1928 年金大文学院知陈氏原有编写《中国近代史》的打算,乃聘其为历史系助教,担任中国近百年史课程的讲授。由于当时大学缺乏中国近百年史教本,陈氏便在原有自编讲义的基础上着手写教材。他积极地利用当地各图书馆史料,撰成《中国近代史》的初稿,全书共 19 章,自大学本科毕业时写起至 1934 年完成,历时约 10 年,共 60 余万字,成为当时中国近代史最完善的大学用书。出版以后,行销一时,曾列为大学丛书之一。后因此书篇幅较多,又改写成简史,名为《中国近百年史》,1935 年由商务印书馆出版。1928 至 1933 年夏,

大學叢書

中國近代史

陳恭祿 著

商務印書館發行

陈恭禄《中国近代史》书影

陈恭禄在金陵大学讲授中国近百年史及中国通史两门课程，由助教升为讲师。1933 至 1935 年秋，应武昌武汉大学之聘，讲授中国近世史、中国通史以及专史研究（日本史与印度史）课程，任课一年，晋升教授，讲课之暇，专心撰述。1936 年夏，辞离武大，仍回金大任教。[12] 而与陈氏同时的如杭立武、王绳祖等等皆出于贝氏门下，其中大多留校任教，进一步扩充了金大历史系的教学和研究队伍。

1937 年抗日战争全面爆发，金陵大学西迁，一部分往皖南，大部分入四川。陈恭禄沿途辗转，历经艰辛到达西南。平日除授课外，矢志埋首写作，兴趣转入研究中国古代史，撰成两册《中国史》，后均由商务印书馆发行。1942 年秋，陈氏又应国立西北大学的聘请，前往城固讲学。在城固仅一学期，又写成《中国通史讲义》一册，通论自远古至三国时期的史事。翌年复返成都金陵大学任教。1943 年的《五年来之金陵大学文学院》中"科系简况"记载了当时陈恭禄与历史系的情况："首都濒危，本校西迁。本系主任贝德士先生留京照管校产，教授仅陈恭禄、吴征铸两先生先后随校来蓉，系务由陈先生主持。……中国史方面，有陈恭禄先生指导。……本系同仁素重研究工作。陈恭禄先生之《中国近代史》、王绳祖先生之《现代欧洲史》，均已列为大学丛书，早已风行全国，颇得学术界之好评。近来陈、王两氏，对于著作，赓续努力。陈恭禄先生对于断代史之研究，其《中国史》第一册叙述远古至秦代，已由商务出版，第二册叙述两汉，稿件亦已交付商务，

陈恭禄《中国史》第二册

惜香港陷落,未能付印。现陈先生又着手于《中国通史》之写作,又于去秋一度赴西北大学讲学云。"[13] 等到 1945 年日本投降,1946 年夏陈恭禄绕道西北经西安、洛阳、开封东归故里,并于秋天迁移南京。据学生章开沅回忆,在 1947 年贝德士的一封家信中曾谈及在中国的经历,其中对于在金陵大学历史系的工作有过一段回顾:"我试图扶植中国青年教师,让他们得以顺应自己的兴趣与长处……王(绳祖)、陈(恭禄)不仅教学出色,他们的著作已有并将继续增长广泛的影响,因为他们编写的大学教材已成范本。"[14] 可见当时贝氏对于得意门生的欣慰之情,溢于言表。

## 史 料 与 史 法

陈恭禄一生以《中国近代史》和《中国通史》两部通史著称于世,其《中国近代史》如上节所讲,曾列入大学丛书,在民国时期风行一时,后人研究也将其视为 20 世纪 30 年代中国近代史领域"近代化话语"的代表著作。[15] 而顾颉刚在其《当代中国史学》一书中将陈恭禄的《中国史》与吕思勉的《白话本国史》、周谷城的《中国通史》、邓之诚的《中华二千年史》、缪凤林的《中国通史纲要》、张荫麟的《中国史纲》、钱穆的《国史大纲》等一起并称为"较近理想的"通史著作,不过感叹陈氏的《中国史》并非完成之作,其实顾颉刚所见的《中国史》并非陈恭禄"中国通史"的全貌,《中国通史》的全部书稿直到于 2014 年才由中国工人出版社出版,章开沅认为前 20 篇乃是民国时期两册《中国史》,后 40 篇为其历年讲义所成,[16] 实则从 1944 年《中国通史》第一册陈氏自序以及《中国通史》的全部书稿可知,前 20 篇实为两册《中国史》的缩编本,不过所幸已成全帙,为其史学成就的代表之作。故本节拟结合这两部通史,及笔者搜罗的星散文字,从史料和史法两个角度,对陈恭禄史学成就作一定的阐发。

陈恭禄给史著设定的要求颇高,在《中国近代史》自序中称:“今日编著历史之方法,简单言之,首先搜集原料,及时人纪录,辨别著作人之目的,有无作用,及其与史迹之关系,比较各种纪录之内容,考证其真伪。其有证明者,始能定为事实,证以时人之议论,辨析其利害。然后综合所有之事实,将其缜密选择,先后贯通,说明史迹造成之背景,促成之各种势力,经过之始末,事后之影响,时人之观察,现时之评论,而以深切美丽之文写成。此史学者不易养成之原因,而固吾人今日之正鹄也。著者编著此书,不过自信未入于歧途,于试验之中,不肯放弃责任而已。”[17] 其中首先提到对于“原料”和考证的重视,又如前文所述,陈恭禄晚年在南京大学讲授的一门重要课程便是中国近代史史料学,作为该学科的重要开拓者之一,可见其对于史料学极为重视。

1935 年陈氏在评价简又文的《太平天国杂记》一书时,就史料之选择提出了三个标准:“一曰信。史料可别为二,一为原料,一为次料。原料则指当事人之纪录,或纪载其所见及亲身经历之事件……。次料则据他人所言或其记录而作之文字。自史料价值而论，大体上自以前者为高。二曰要。史料繁多，浩如烟海，尤以近代史为甚，决无一一印行之理，倘或细大不捐，读者除专家外，固不愿一读。三曰新。新指所言之史迹不见于普通史籍，而为新知识也。"[18]陈氏所言的"信"，以及对于史料的分类，源自英国人克伦泊（C.G. Crump）的《历史与历史研究》（*History and Historical Research*），其中便是将史料作如是分，即如今常用的所谓一手、二手史料的说法，而直到1962年在其眼中仍为最好的史料分类方法。陈氏转述的这一观点，意在强调史料的原始性和可靠性，其中"原料指最初的材料，意谓由此上不能再追求材料的来源。次料指后起的材料，意谓由现存的或可寻的原料之中变化而出的著作，即所谓次料出于原料，而原料为次料所自出"。这种分类方法其实可商榷之处颇多，尤其是史料的原始性本是相对而言的，故对于"原料""次料"的区分，陈氏指出如能"确定它写成的时期，便易于处理"。同时他也注意到"原料并不保证故事记录的真实性"，因此主张历史工作者进行研究时，首先要做的便是大量搜集"原料"，然后审查"原料"的真伪，一切以史料价值的高下为要。[19]在这篇书评中，主要针对近代史料而言，而这一方面在其《中国近代史资料概述》一书中有着系统的论述。在其中国古代史尤其是上古史的研究中，则明显受到疑古思潮的影响，陈氏对于史料也颇具怀疑精神。陈氏在《中国上古史史料之评论》一文中称:"我国士大夫自称本国为文化发达最早之国,其根据则为典籍之记载。典籍非成立于当时,可信之价值并不甚高,而士大夫不察,以致囿于传说,缺乏正确之观念,遂不知人类进化之陈迹,而以上古为黄金时代。"而对于顾颉刚的疑古思想尤其是"层累地造成的中国史"颇为赞同,不过陈氏以后见者眼光称此种观点并非顾氏发明,且以多读西洋史和科学方法自然会产生如此结论。此外,陈氏认为既然古史的观念已变,则有必要利用新发现的史料,走入"考释"的一步,文中专门就金文、甲骨文、石器与陶器等讨论其史料价值。[20]

陈氏所言的"要"并不难理解,其针对的也是《太平天国杂记》选录史料而言,故不作展开。至于"新",陈氏主张广搜"原料",其中一层意思便是对于新史料的挖掘。如上一节讲到,陈氏在大学就读期间,便已在贝德士的指导下,开始学习利用国外资料研究中国近代史。其在《近代中国史史料评论》一文中也讲:"研究近代中国史者,必须打通中外隔膜,材料当博取考证,不可限于本国记录。"不过陈氏也并非盲目崇洋,其认为"就质量而言,自以本国材料为重要。"在这篇文章中,陈氏已感慨近代中国史史料浩如烟海,但当时"其未印行,或史家无从利用参考者尚多,故宫之档案,南京国学图书馆收藏南洋大臣之交涉史料,均其例也。私人收藏及散失者,更不必论。民国成立以来,政治领袖、外交长官,发表其信件电文等者,尚不甚多。论者常谓编著民国之信史,殆不可能,实有所见。"此外,陈氏已颇为超前地提出影像资料也须进行，"摄影便利，凡政治会议、军事行动、群众游行、人民生活，皆可摄影。见者印象之深，或如亲见其人，参与其事，当能补助文字形容之不足"。[21]同时陈氏热衷于学术评论，在留下的大量书评和与人论辩（尤其是与萧一山）的文字中，就有许多围绕近代史新史料（如评《贼情汇编》《太平天国杂记》等）和新研究（如评《外人在华投资论》《远东国际关系史》《中国史与文化》等）的，引领学术前沿。同时史料学也成为其学术评论的重要武器，用以"监督"学界学术纪律。[22]不过陈氏虽有史料无穷之叹，但绝无"汗青无日"之感，其自道："所当知者，现就公布之史料而言，实有读不胜读之叹，吾人可努力者甚多，决无久待新史料之理。综之，史料经过学者研究，辨别虚实，始有真确可信之史迹，然后方有满意可读近代世之著作。"[23]1947年吴景宏在《中国史学界人物及其代表作》中便称赞道："陈恭禄教授金大出身，任教金大极久，其《中国近代史》一书搜罗极富，且多西人材料。"[24]

至于史学方法，陈恭禄虽不是留学生，但由于金陵大学的求学背景和贝德士的影响，其研究中明显受到西方史学理论和其他学科的影响。上述史料学方面，陈氏就借鉴了大量当时的西方史学理论著作，如引征法国朗格诺瓦关于直接、间接史料的分类法，美国约翰生（Johnson）的《历史学家与历史证据》（*Historian and Historical Evidence*）关于史料的记载、遗物、传说的三分法，信奉英国克伦泊（C.G. Crump）的《历史与历史研究》（*History and Historical Research*）关于一手、二手史料的分类法等。[25]陈恭禄著作中还有一个很明显的倾向,便是深受马尔萨斯人口论的影响,以此来解释中国社会的兴衰起落。在《中国近代史》中,陈氏于结论部分讨论人口问题时,首先称清代中后期以来"人口增加,而生产事业未有进步,为社会不安之根本原因",因此到1930年代"人口已成中国现时严重之大问题,瞻望前途,更为危险",认为此后"中国人口问题将益严重,内则发展生产事业殆无解决困难之希望,外则各国殖民地禁止或限制华工入境","中国人口为祸患贫穷痛苦之根本原因"。而陈氏提出的解决办法便是"节制生育",并指出若"于此现状之下,政府先未预防,有失职守,固为事实,而人口过剩,马尔萨斯人口论所述之悲惨解决方法,已实现于吾国,人民死于内乱、匪患、贫穷、饥馑、疾疫等,均其明证"。[26]其后在《中国通史》第一篇总论中,其解释中国历史上一治一乱的主因,便在于人口与社会生产力之间,即书中所言"治乱与户口增减"之间的密切关系,"人口增加过于生产事业之发达,为我国经济困难及人民生活情状恶劣之主因",而就事实而言,"大规模之祸乱"实为历史上解决这一问题的主要方法。[27]

另外,陈氏思想颇为前卫新颖,除了前述早在1934年便已提出对摄影等影像资料运用的期待外,同时还提出近代史研究中,访问(口述史)、小说和报纸杂志三种史料的重要性,尤其是前两点:"一曰访问,凡亲身经历之事变,印象之深,尝不易忘,吾人苟向经历其境之老者询问,常有所得。著者家住乡间,常于暇时,访问太平天国情状,老者往往于无意之中,详言所知,或述其被掳从军之状况、军中之生活,或言其逃难避乱之情节,或道其个人对于双方之感想。其言多无好恶之成见,颇有参考之价值。试举一例,余尝闻之祖母,太平军每至一地,即有禁令曰:'不剃发,不留须,不喝流水,不食黄烟。'流水指酒而言。此类令文,从未见于书籍,不可谓非新得。吾人欲知清季宫中情状,访之太监,亦当能有所得。二曰小说,小说旧以稗史观之,清末讽刺小说尤为发达。说者常指书中人物,影射当时之大人先生、贪官污吏,吾人决不视小说为历史,倘果视为史料,直为笑谈。其描写之情状,亦间有助于历史者。《儿女英雄传》《古城返照记》均其明例。《儿女英雄传》所言之考场生活,实非他书之所能及。《古城返照记》描写清季北京政治社会状况,多亦未见于史籍。"[28]

# 以 史 经 世

章开沅在后来回忆对老师陈恭禄的印象时称:"恭禄先生虽然外貌好像一位冬烘塾师,其实是一个颇为开明而又谨严的新型学者。"[29]其实综观陈氏留下的两部通史,其中蕴含了作者强烈的"以史经世"情怀,也明显带有著作产生的时代感。对照克罗齐"一切真历史都是当代史"的命题,正如其所言"过去的事实只要和现在生活的一种兴趣打成一片,它就不是针对一种过去的兴趣而是针对一种现在的兴趣"。[30]

在陈恭禄的著作中,有一个极为强烈的悯世情怀,即指出中国历史上的民生之苦。正如其在《中国史》第二册评价王莽时称"后世以其篡位及其覆亡之速而诋毁之,实则篡位仅为皇帝之易姓,而与民众之利益无关。惟皇帝有无才力,始乃影响国事人民。吾人当以民众之利益为前提,而不必以篡位为立论之点"。[31]其对于冯道的评价也是如此,当然陈氏知其"四姓十君,后世讥之",但他注意到"时人誉之"的着眼点便是:"契丹主入晋,尝问道曰:'天下百姓如何救得?'道曰:'此时佛出救不得,唯皇帝救得。'人皆以谓契丹不夷灭中国之人,赖道一言之善也。"故认为其"有贡献于世"。[32]在其《中国通史》中,自周代开始,几乎每一朝代都专门讨论人民的生活情状,更多的是直接为民生疾苦发声。而且陈氏注意的并非只是战乱时期或者王朝末年的民不聊生,在王朝的前中期,甚至我们后世认为的治世之下,他认为人民的生活也多极为不易。如陈氏注意到汉初虽然田税征收沿袭秦制,"十五分之一,后减为三十分之一",但"受其惠者,常为地主",同时"更赋为民之重大担负"。唐代到中叶,"农民耕种于褊狭之地,家无余粮,一遇饥馑,即成严重之灾,为政治、社会上之重大问题。朝廷唯欲多方榨取于民,以供其奢侈用费,政治道德殊为卑下。"北宋初年,吕蒙正已经对太宗言"都城外不数里饥寒而死者甚众",到了真宗、仁宗之世,更有"贫民或全家饿死"的记载。且宋代赋税极重,"田税沿五代旧制,亩约征谷一斗。《食货志》称其重于唐七倍"。后来又如明代庄田之害民,中期人民生活已极苦等等。其始终关注的,皆是民生问题,其根源则是陈氏出于现实的严重关切。又如在《中国近代史》的结论部分,陈氏鉴于当时的国家组织松散、政府专制独裁的状况,他甚至提出"统一方法无论武力统一,或独裁专制,苟势力达于各省,任何代价之下,固远胜于武人割据,互相猜忌,拥兵自固,榨取于民。"或许是一时的气愤之言,但可见其对于长期以来军阀割据的痛恨和民众乱离之苦的同情。尤其值得一说的是,由于已经受新文化洗礼且可能是成长于教会大学,陈恭禄对于历史上女性的地位颇表同情,其在《中国通史》讨论南宋理学时,反对礼教对于女性的束缚,认为其违反人道。而在《中国近代史》中,对于战乱中失节的女性更是悲悯不已,他认为女性多以死求名,"殊不知处于武力情状之下,失身非其所愿,实不足羞,其强奸之兵士,则野蛮无理耳,而于女子之人格,固无所损"。

同时,陈氏作为一名历史学家,他在著作中还对中国的现状和将来提出种种建设意见,如《中国近代史》的结论部分,其名称便是"国内问题之分析及建设之途径",陈氏提出了统一国家、开放政权、政府节省、发展生产、节制生育、发展交通、改善教育、普及卫生等主张。他自知所言"偏重于指示建设之途径,要为一种意见,政治上、经济上、教育上之待改革者至为繁杂,此非讨论计划之书。"其目的则在于"根据可信之材料,略叙国内之情状、严重之问题,一般人士所当深切认识",呼吁政府努力发展生产事业,改善一般人民之生活。而这些问题和建议,在陈氏留下的少数时论、杂论中,也都可以寻绎。

在陈氏的著作中,还有一个鲜明的特点,便是对于士大夫和言官的批评极为严厉,斥其空言误国。1934年,陈恭禄在武汉大学为学生们讲"教育的功用",其中就批评晚清"大臣遇着非常事变,不能辨别真伪轻重,平素的时候,也是如此,每逢国际交涉,倡言战争雪耻","士大夫昏庸误国,推本穷源说,由于所受的偏狭教育,不能认识新时代的问题和环境"。[33]在1935年出版的《中国近代史》中,更是有十余处文字,历数言官和士大夫"不明事理""大言欺人""意气用事""祸国殃民""再倡高调""知识幼稚""褊狭保守"等等,因此在论及庚子事变时慨叹"自《南京条约》以来,缔结《天津条约》《马关条约》《辛丑条约》,其一次损失过于前一次者,未始不由于(士大夫)知识之浅陋,以及执政者无适当之处置也"。[34]有论者指出,这种对于士大夫的严厉批判,其实受到了当时1930年代学界主流评论的影响,故而也是反对在中日问题上"唱高调",主张中国应尽可能在国际社会中寻求缓解危急出路的现实关照。[35]

因此,陈恭禄怀揣如此强烈的现实关怀,而作为学生的章开沅有关"陈恭禄是一个安分守己的学者,而且是一个不大过问政治的旧式学者。……据我的记忆,无论课堂内外,他都不谈政治,更没有发表任何政治主张。说他是'自由主义知识分子的代表',可能有拔高之嫌"的说法,则稍嫌未当。[36]其实据笔者所见,在 1948 年,陈氏至少两次列名或出席关于时事的讨论,第一次是 3 月 25 日的《大公报》上有一篇《南京四十七教授为当前时局告国人书》,认为"国家已面临极严重之危机,全国人民正遭遇最阴沉之恐怖……举国惶惑,民不聊生",因此批评政府"抛弃孙中山'平均地权,节制资本'之原则"、未改善部队官兵之生活、"昧于国际潮流,背乎历史倾向",批评"'党化'教育,统制思想",呼吁"大公无私之公民"和"忠于自由之全国知识分子""迅速团结,采取有效行动",促使国共双方"重建一合乎时代潮流、合乎人民需要之真正民主自由政府"。[37]另一次是 4 月 7 日,陈氏参加南京各大学教授时事座谈会,对于蒋介石不竞选总统事发表意见,对其不参选"表示敬佩,并希望刷新内政"。[38]故陈恭禄作为史家的经世之心,也不是流于纸面,而是在时局逼迫之下"切实去做"。[39]

## 余　　论

新中国成立后,随着国际国内形势的急剧变化,如朝鲜战争爆发,中美两国走向敌对,1950 年 7 月,陈恭禄的老师贝德士被迫离华,甚至一度被描画成美帝文化特务和南京大屠杀的共犯加以讨伐。作为其重要的追随者,陈氏也难免在此后的历次政治运动中遭受株连。[40]其实陈氏为适应新的时代需要,已开始学习马列著作,1951年曾在苏州华东人民革命大学政治研究院学习,但在知识分子思想改造运动中受到冲击,一度"意志消沉"。又经1952年全国院系调整,虽一直在新成立的南京大学历史系任教,讲授中国古代史等课程,但不得再教授"中国近代史"。[41]据章开沅等回忆称,或许是由于陈伯达曾对陈恭禄作过点名批评等缘故,[42]1956年陈氏自撰《对旧著〈中国近代史〉的自我批评》一文刊登于南京大学《教学与研究汇刊》创刊号,在文中他自称"去岁肃反运动学习时,共同工作的同志鼓励我批判旧著《中国近代史》",故批判自己作为"半封建半殖民地社会的代言人",否定自己的学习学术生涯,批判恩师贝德士和学术偶像马士(Morse)等,承认"《中国近代史》无疑的是一反动有毒素的书籍"。[43]到了5月下旬,南京大学召开第二届科学讨论会,其中历史学分会的学术报告内容直接就是陈氏对《中国近代史》的自我批判,同时还要接受同事、同行的监督。[44]不过当时陈恭禄一度表态,已"改变了意志消沉的状态,恢复了勇气,决心站在无产阶级的立场努力学习马列主义,武装自己,肃清残余的资产阶级思想,尽心力为人民服务,对于《中国近代史》,自愿重行编写",[45]其间还撰写发表了《介绍中国近代史的几种基本史料》等学术文章。

到了1958年,陈恭禄遭受了更为严厉的批判,当年《历史研究》上刊登蒋孟引的《从对亚罗事件的分析看陈恭禄先

1950 年送别贝德士合影,陈恭禄(前排左二)与贝德士(前排左三)、王绳祖(前排右一)

生的历史观点——评陈恭禄的"中国近代史"中的一页》,在文末直斥该书"最可耻的是为帝国主义侵略我国而宣传的反动立场",而理由便是在卷首"把这本书谨敬献给美帝国主义派驻中国的特务、传教士、但披上教授外衣的贝德士"。[46]而同期刊登的《南京大学历史系教学改革及科学研究的新途径》这篇综述中,详细记载了当年 10 月 16 日南京大学历史系召开全系师生批判陈恭禄《中国近代史》的"资产阶级学术思想批判大会"的实况,当时南大党委书记、校长郭影秋也到场,"在会上发言的共有青年教师和同学十一位,批判了陈恭禄先生旧著《中国近代史》中的人口论、地理环境论、'公平态度'的'客观主义'、中国落后论等二十七个反动论点",会上还一致认为该书"是一部极端反动的著作"。在此次批判过程中,南大历史系"全系教师写出了批判文章 30 多篇"。[47]可见此次事件之后,陈恭禄的学术声望完全被打倒在地,当时他受人民出版社之邀重写《中国近代史》,写了一部分提交后,被批为"存在严重错误",故而搁笔作罢。因此 1959 年进入该系学习的石湾后来回忆,入学前三年的基础课,其中主课中国通史陈恭禄甚至未能上过一次,而且系领导也明确告诫学生课外也不要把陈氏的《中国通史》当作参考书,只是在四年级才选修了其主讲的"中国近代史史料概述"。[48]不过可以肯定的是,陈恭禄以毕生的精力献给历史教学和科研工作,讲课认真负责,治学谨严精细。陈氏即使仅能开设中国近代史史料学的课程,仍是延续其一贯风格,自拟提纲,写成文稿,以此为基础的遗著《中国近代史资料概述》一书,后来于1982年由中华书局出版。该书对中国近代史史料,作出分类说明,如公文、档案、书札、日记、回忆录、笔记、诗歌、报刊等类,都一一评论它们的价值,同时兼及纪传史、地方志及典章制度等。陈氏对所介绍和评论的史料,绝大多数是亲见亲查,详实可信。到60年代,陈恭禄又为学生开设《太平天国史专题讨论》课程,充分利用南京太平天国博物馆收藏的文物史料加以研究,其论文和讲稿以《太平天国历史论丛》之名,1995年由后人整理于广东人民出版社出版,为陈氏主要著作的最后一次结集。陈氏在人生的最后几年仍耿介率直,据学生回忆,上课时坚持对学生提倡史学研究"一分材料说一分话"的原则,驳斥戚本禹的《评李秀成自述》,认为其"既没资料又没新观点,是站不住脚的",故直到逝世前("文革"已经开始)还遭受了最后一次点名批判。

**注释**

〔1〕柳定生:《史学家陈恭禄先生传略》,政协丹徒县文史资料研究委员会编《丹徒文史资料》第2辑,1985年,第58页。

〔2〕冯煦:《鲍蜕农传》,《清代诗文集汇编》第775册,上海古籍出版社,2010年,第552页。

〔3〕陈恭禄:《中国近代史》,商务印书馆,1935年,第544页。在文中陈氏称鲍心增为"吾邑长者,时任军机章京,从驾西行,故得拟旨"。

〔4〕冯煦:《鲍蜕农传》,《清代诗文集汇编》第775册,第552页。

〔5〕冯煦:《清故青州知府鲍君墓志铭》,《清代诗文集汇编》第775

册,第 549—550 页。

〔6〕柳定生:《史学家陈恭禄先生传略》,《丹徒文史资料》第 2 辑,第 58 页。

〔7〕陈恭禄:《中国史》第一册自序,商务印书馆,1940 年。陈氏在该书卷首的致谢辞中写道:"纪念先师鲍心增先生"。

〔8〕南京大学高教研究所校史编写组编:《金陵大学史料集》,南京大学出版社,1989 年,第 22 页。

〔9〕南京大学档案馆陈恭禄档案所附《自传》,转引自田燕《求真唯实　以史经世:历史学家陈恭禄》,张宪文主编《民国南京学术人物传》,南京大学出版社,2005 年,第 149 页。

〔10〕柳定生:《史学家陈恭禄先生传略》,《丹徒文史资料》第 2 辑,第 58 页。

〔11〕柳定生:《史学家陈恭禄先生传略》,《丹徒文史资料》第 2 辑,第 59 页。

〔12〕柳定生:《史学家陈恭禄先生传略》,《丹徒文史资料》第 2 辑,第 59—60 页。王应宪编校:《现代大学史学系概览(1912—1949)》上,上海古籍出版社,2016 年,第 294—297、404—421 页,为金陵大学历史学系 1933 年、武汉大学史学系 1933 年—1935 年的教学计划。

〔13〕王应宪编校:《现代大学史学系概览(1912—1949)》下册,上海古籍出版社,2016 年,第 726 页。

〔14〕章开沅:《忆贝德士》,《实斋笔记》,东方出版中心,1998 年,第 39 页。

〔15〕欧阳军喜:《20 世纪 30 年代两种中国近代史话语之比较》,《近代史研究》2002 年第 2 期。

〔16〕章开沅:《怀念业师恭禄先生(代序)》,陈恭禄《中国通史》,中国工人出版社,2014 年,前言第 1 页。

〔17〕陈恭禄:《中国近代史》,自序第 3 页。

〔18〕陈恭禄评《太平天国杂记》(第一辑),《国立武汉大学文哲季刊》1935 年第 5 卷第 1 期。

〔19〕陈恭禄:《论史料真实性》,《南京大学学报》1962 年第 4 期。

〔20〕陈恭禄:《中国上古史史料之评论》,《国立武汉大学文哲季刊》1936 年第 6 卷第 1 期。

〔21〕陈恭禄:《近代中国史史料评论》,《国立武汉大学文哲季刊》1934 年第 3 卷第 3 期。

〔22〕刘龙心:《寻求客观对话的空间:1930 年代中国期刊报纸中的史学类书评》,《北京大学教育评论》2010 年第 8 卷第 3 期。

〔23〕陈恭禄:《近代中国史史料评论》,《国立武汉大学文哲季刊》1934 年第 3 卷第 3 期。

〔24〕李孝迁编校:《中国现代史学评论》,上海古籍出版社,2018 年,第 278 页。

〔25〕陈恭禄:《论史料真实性》,《南京大学学报》1962 年第 4 期。

〔26〕陈恭禄:《中国近代史》,第 831—836 页。

〔27〕陈恭禄:《中国通史》,第 8、10 页。

〔28〕陈恭禄:《近代中国史史料评论》,《国立武汉大学文哲季刊》1934 年第 3 卷第 3 期。

〔29〕章开沅:《怀念业师恭禄先生(代序)》,第 5 页。

〔30〕克罗齐著,傅任敢译:《历史学的理论和实际》,商务印书馆,1982 年,第 2 页。

〔31〕陈恭禄:《中国史》第二册,商务印书馆,1947 年,第 312 页。

〔32〕陈恭禄:《中国通史》,第 379 页。

〔33〕陈恭禄:《教育的功用》,《国立武汉大学周刊》1934 年第 214 期。

〔34〕陈恭禄:《中国近代史》,第 558 页。

〔35〕欧阳军喜:《20 世纪 30 年代两种中国近代史话语之比较》,《近代史研究》2002 年第 2 期。

〔36〕章开沅:《怀念业师恭禄先生(代序)》,第 2—3 页。章氏所言是针对建国后陈恭禄遭受陈伯达批判一事。

〔37〕《南京四十七教授为当前时局告国人书》,《大公报》(上海版)1948 年 3 月 25 日第 2 版。

〔38〕《京教授时事座谈》,《大公报》(上海版)1948 年 4 月 7 日第 2 版。

〔39〕陈恭禄在《教育的功用》一文中的原话,原文只就学习而言。

〔40〕王春南:《被遗忘的贝德士遭遇》,《世纪》2016 年第 1 期。

〔41〕陈恭禄:《对旧著〈中国近代史〉的自我批评》,《教学与研究汇刊》1956 年第 1 期。

〔42〕王春南翻查过陈伯达的著作,发现并没有对陈恭禄的文字批判,见氏著《被遗忘的贝德士遭遇》,《世纪》2016 年第 1 期。

〔43〕陈恭禄:《对旧著〈中国近代史〉的自我批评》,《教学与研究汇刊》1956 年第 1 期。

〔44〕潘狄:《史学研究工作者必须有正确的立场、观点——南京大学第二届科学讨论会旁听记》,《新华日报》1956 年 6 月 1 日。

〔45〕陈恭禄:《对旧著〈中国近代史〉的自我批评》,《教学与研究汇刊》1956 年第 1 期。

〔46〕蒋孟引:《从对亚罗事件的分析看陈恭禄先生的历史观点——评陈恭禄的"中国近代史"中的一页》,《历史研究》1958 年第 12 期。

〔47〕施一揆:《南京大学历史系教学改革及科学研究的新途径》,《历史研究》1958 年第 12 期。

〔48〕石湾:《想起陈恭禄先生》,《文汇报》2012 年 10 月 18 日第 10 版。

# 陈旭麓的《初中本国史》及其编纂出版始末

多年来阅读接触陈旭麓先生的文集以及相关传记，笔者注意到前后诸多记载中提到了其早年编撰的一本著作，有称之为《本国史》，又有称之为《初中本国史》，是一本初中历史教学用书。论者往往将其视为陈氏在历史学领域最早的著作，但一直缺少此书更多的介绍，长期以来也未见原书的庐山真面目。[1]

## 第 一 部 著 作

关于这部著作的大致情况，在陈旭麓先生 1988 年 12 月去世后，家属和学生所编的历次纪念集、文集中都有或多或少的介绍。如逝后一周年后印行的《陈旭麓先生哀思录》中所收的《陈旭麓先生传略》称："1941 年 9 月至 1942 年 7 月又被贵阳文通书局聘为编辑干事。文通书局编辑所所长是谢六逸先生兼任的。就是应谢老先生之邀，这位尚未毕业的青年学生得以到文通书局兼职的。在求学与兼职期间，先生利用闲暇时间撰著了一本中学授课教材《本国史》，并于 1942

年 10 月由文通书局公开出版。"[2] 在同书的《著述系年》中，书名也作《本国史》，而出版时间只写了年份即 1942 年。[3] 1990 年的《陈旭麓学术文存》所附传记和系年中，也基本是这个说法。[4] 在 1997 年出版的四卷本《陈旭麓文集》中，第四卷《浮想偶存》同样收录了这篇传记，而在此后的著述系年中，书名则被改作《初中本国史》，出版时间则一仍其旧为 1942 年[5]。至 2002 年，周武在《史魂：上海十大史学家》一书中撰写陈旭麓传记，介绍这本著作时称："1942 年 10 月在贵阳文通书局出版了第一本书《初中本国史》，"[6] 说法大致与前列相同，综合了《陈旭麓文集》中的说法。到了 2011 年，长期从事于搜集陈先生散佚著述的周武教授在选编《陈旭麓学术文集》时重写陈氏传记，其中对于该书的记载做了修正：1938—1943 年，"期间曾撰著《初中本国史》一书，作为马宗荣、谢六逸主编的《中学复习授验丛书》的一种，于 1942 年由文通书局出版。"[7] 此处增加了该书附属的丛书信息，而关于出版时间则仍如旧，在《学术文集》所附《陈旭麓先生主要著述目录》也作如是处理。这主要是因为一直以来没有看到过这部著作的原貌，所以从《哀思录》开始，称该书出版于 1942 年 10 月，是所见最具指向性也最精确的提法。但在其后来的传记和著述系年中，其实越来越偏向于一种模糊的说法，即只提年份，而书名基本被确定为《初中本国史》。此前学界已有关于陈旭麓第一部著作《初中本国史》的介绍情况大体如此。

　　直到 2016 年,在周武主编的《上海学》集刊第三辑中,刊登了沈渭滨教授的遗著《陈旭麓先生年谱长编稿》(以下简称《年谱长编》),该谱引用大量陈氏在新中国成立后的自述文献,为读者了解《初中本国史》编写的前因后果提供了更为详实的史料证据。沈渭滨教授在陈先生去世后,尽管足疾缠身,但仍决志为先生编纂年谱,撰写先生传记,直到晚年念兹在兹的全在这部年谱和传记,遗憾于 2015 年赍志以殁。沈先生留下的是一部未完稿,所编年限为 1918—1949 年,其中最宝贵的是利用了诸多陈旭麓的未刊自述手稿,如 1956 年的《干部自传》、1950 年的《三十二年生活》、1952 年的《我的思想转变过程》《思想批判总结》等,以及陈氏档案中同学友人撰写的证明材料,如 1956 年 6 月 6 日张英年撰写的《关于陈旭麓历史证明的材料》、1956 年 8 月 2 日陈纯仁撰写的《关于陈旭麓政治历史情况》等。

　　《年谱长编》中有关陈旭麓早年《初中本国史》的情况的关键内容如下:"1941 年 23 岁,仍在大夏大学历史社会系读书,自本年二月起至七月,兼任大夏附中历史教员,九月起至次年六月在贵阳文通书局担任编辑干事,出版《初中历史复习书》。"此处沈氏注释云:"《初中历史复习书》,先生在其自述手稿中称为《初中本国史》,1942 年由贵阳文通书局出版。"[8] 而沈氏依据的正是陈旭麓的《干部自传》,其中提道:"在贵阳文通书局担任过编辑干事半年,因为谢六逸先生是大夏的文学院长兼文通书局的编辑所所长,是他找我去协助他编《文讯》杂志的……在贵阳的后两年,写过一本《初中历史复习书》,文通书局出版。"在《三十二年生活》中则记载:"这时谢(六逸)先生还兼任贵阳文通书局编辑所长,因为他的介绍,我也在那里担任编辑干事,帮助他编《文讯》月刊,还写过一本初中本国史。"另外陈氏在大夏大学毕业后,还曾试图用这本书作为敲门砖到贵州大学找工作,可惜未能成功。[9] 而结合之前提到的已有研究,在未见原书以前,可知这部著作应是如陈氏自道名为《初中本国史》,是其在贵阳大夏大学学习和文通书局兼职期间完成,1942 年由文通书局出版,且为当时执掌书局编务的谢六逸先生促成。[10] 而由《年谱长编》摘录的陈氏回忆资料可知,此前关于《初中本国史》的种种提法,也均是由陈氏自述得来。

## 《初中本国史》的基本内容

在搜索陈先生散佚文字的过程中,笔者有幸于 2015 年底,从国家图书馆的民国图书数据库中找到了这本原名为《初中本国史》的全文电子文档。因此有必要将该书的详细内容和成书前后的人事因缘做一番梳理和交代,以助于了解陈氏早年的求学经历和师友交往情况。

从《初中本国史》的版权信息来看,该书所属的丛书,据前引周武所言"作为马宗荣、谢六逸主编的《中学复习授验丛书》的一种",其实该书的外封面和版权页均作"中学复习受

中學補習投受驗叢書

初中本国史

陳旭麓 編

姚薇元 校

文通書局發行

陈旭麓编《初中本国史》

验丛书",而内封面中又作"中学生复习受验丛书"。[11]正文页码共计 167 页,全书由例言、目录和正文三部分组成。而据版权页可知,该书是 1942 年 4 月初版发行,而非 10 月。[12]另外从该书开篇陈氏自撰的"例言"落款可以断定,此书在 1941 年 12 月 19 日之前于贵阳大夏大学编写完成。该书定价为"每部战时售价国币六元"。而在作者信息处,除了获知编者为陈旭麓之外,尚有校订者为姚薇元。丛书主编为马宗荣和谢六逸,发行人是贵阳文通书局的老板华问渠,印刷和发行都由文通书局承担。

就《初中本国史》的具体内容而言,陈旭麓在开篇共有"例言"六条:"一、本书参照各书局最近出版之初中本国史教科书编定,务期适合初中学生升学及一般阅读之用;二、本书内容共分总论、上古史、中古史、近世史、现代史、及名词汇释六编;三、本书体裁分问答、表解、及名词汇释三种;四、本书为应实际需要起见,所拟问题尽量参照各省市历届初中命考及高中入学考试试题。全书共三百一十八题,逐题解答,其比较繁复之答案,则采用表解,以便记忆;五、若干历史上名词,为一般读者所难索解者,本书特汇集注释,共一百五十一条,依首字笔画次第,极便检阅;六、本书仓卒草就,遗误之处,在所难免,尚望识者指正。"[13]而据目录可知,全书共分为六编:第一编:总论。第二编:上古史,第一章太古至黄帝、第二章唐虞夏商、第三章周。第三编:中古史,第一章秦、第二章汉、第三章三国、第四章两晋南北朝、第五章隋唐、第六

章五代、第七章宋、第八章元、第九章明。第四编:近世史
(清)。第五编:现代史(中华民国)。第六编:名词汇释。

从"例言"第一条以及所属丛书名称可以看出,这本书并
不是一本授课教材,而是类似于今天的考试辅导用书。因此
其体裁分为问答、表解及名词汇释三种,试题答案和名词解
释均力求精炼,便于初中学生参加高中升学的考试复习所
用。其中的条目数量,第一至五编的问答、表解共计318则,
名词汇释部分共计151则,内容和范围涵括整个中国史的教
学考试范围。而在今天看来,这本书本身的纪念价值大过其
学术价值,其中的条目也均是中国史学习中的基本知识点。
只是在开篇总论部分,陈旭麓自问自答了两个问题——"何
谓历史?"与"我们为何要学习历史?",从中可以反映陈氏当
时的历史观。在开篇第一个问题"何谓历史?"中,陈氏自答
道:"历史就是记载人类过去的一切活动,使我们明了社会演
变的一般情形及其发展的阶段。"第二个问题"我们为何要学
习历史?",则回答曰:"我们学习历史的意义:(一)人类知识
是累积的,历史供给我们过去人类的许多知识;(二)历史常
叙述着国家民族的发展,使个人明了与国家民族的关系;
(三)人类文化永久是流动的,历史就是告诉我们流动的复杂
现象。"〔14〕其中第一则问答,这种试图展现社会演变和发展
阶段的历史观,明显与陈氏当时接受马克思社会主义学说有
着较大的关系,〔15〕如其在大夏大学中就因喜欢看马列书籍
而被同学戏称为"牛克斯"。而在回答为何要学习历史时,陈

氏关注的"使个人明了与国家民族的关系",也极富时代特色,也可说是一种史学经世。比如在《初中本国史》的第 78 页,将朱元璋称作第一位民族革命成功者,是反抗日寇喻指下的另一种"驱除鞑虏,恢复中华"。同时书中还留下了写作地点的地方特色,如第 84 页的第 20 专门设问"明时有何大学者来贵州?他的学说怎样?"其答案便是王阳明的龙场顿悟。[16] 而至于各编目录所反映的历史分期问题,则应是根据当时教育部规定而来[17],与之同时期的中学历史教科书也大体相同。

另外,据该书的收藏印记显示,该册《初中本国史》原是商务印书馆东方图书馆重庆分馆的藏书。而在笔者查阅过程中,也发现重庆市图书馆曾在 1957 年编写过一本《抗战时期出版图书书目 1937—1945 第 1 辑(初稿)》,其中就记载有该书的收藏情况:"《初中本国史》,陈旭麓编著,1942 年,贵阳,文通书局,172 页[18],《中学复习受验丛书》"。[19] 可见由于该书是抗战时期在大后方出版,且具有一定影响力,故位于中心地位的重庆多有收藏此书的记录。[20]

## 编纂和出版始末

在介绍《初中本国史》的详情之后,关于该书成书前后的因缘际会,更有必要做一番交代。其版权信息中的"出版社""丛书主编"和"校订者"等线索,因与该书的编纂和出版情况有关,尤其值得一说。

据前引陈旭麓后来的回忆资料称,当时编写这本书是在协助文通书局编《文讯》杂志之时,由时任大夏大学文学院长兼文通书局编辑所所长的谢六逸促成。而在搜索大夏大学、文通书局编辑所、谢六逸和《文讯》杂志等相关史料时发现,陈氏的回忆稍有失真。在 1942 年的最后一天,贵阳文通书局印行了一本名为《文通书局及其编辑所》的小册子,笔者注意到在开篇的《卷头语》中,落款为"文通书局编辑所所长马宗荣",[21]而在《文通书局编辑所编审委员会》这份名单中也可以看到,"马宗荣先生兼所长""谢六逸先生兼副所长"的信息。[22]同时另据同为编辑所秘书主任、也是文通书局老板华问渠女婿的蒲鸿基后来回忆,当时"编辑所主任由马宗荣担任,蒲鸿基为秘书主任……并由马君约请谢六逸为编辑副主任"。[23]而相信读者也会注意到,马、谢二人正是《初中本国史》所属丛书《中学复习受验丛书》的两位主编。另外巧合的是,马、谢二人不仅同属贵州籍,而且当时同为大夏大学的教授。

至于陈旭麓如何进入大夏大学,并与文通书局结缘,则要从其生平说起。陈氏原名修禄,出生于 1918 年 3 月 31 日,他是湖南湘乡人,从小在当地接受私塾教育。1934 年 16 岁时,到长沙短期补习英语、数学,进入孔道国学专科学校学习。此后三年间,在孔道专校中,开始接触新学书籍,接受爱国救亡思想,学会写旧体诗,并正式改名旭麓。而当 1937 年

號刊創

創刊辭

本局設編輯部的動機及動向　　馬宗榮

同紀人華化考　　姚薇元

新聞標題研究　　謝六逸

貓與地球　　懋天

行發局書通文陽貴

《文讯》创刊号

毕业时,曾到武汉拟报考抗日训练班,因生病未考,遂回长沙。次年二月,考取内迁长沙的无锡国学专科学校,但因觉无味,旋即决定去贵阳报考当时因为抗战爆发而内迁的大夏大学。甫一入校,陈氏原就读中文系,一年后转入历史社会系。在校期间,陈氏受到进步教授梁园东的影响,对其用社会发展史的观点来讲授中国通史颇感服膺,同时还与同学丁莹明等一道阅读了不少马列书籍,思想激进。到 1941 年时,便由文学院院长兼文通书局编辑所副所长谢六逸介绍,到书局兼任编辑干事,帮助其编辑《文讯》月刊,也正是在此期间,编写了这本《初中本国史》。

前揭《初中本国史》还有一位校订者姚薇元,在陈氏后来的回溯中,也多次提到了这位读书时期的师长。陈氏《自传》中提道:"在大夏读书的后期,还有两个较接近的教师,一个是姚徽[薇]元(现武汉大学历史系教授),一个是何惠廉(现东北师大历史系教授)。但与他们的接近不是通过政治思想,而是纯业务关系,主要还是他们主动的找我。"[24]另外在《思想批判总结》中,他也回忆道:"就在这时(陈氏毕业后),大夏历史社会系一位姓姚的教授,介绍我去看贵州大学伪校长张廷休。"[25]这位姚教授应该也就是姚薇元。姚氏介绍刚刚毕业的陈旭麓到贵州大学等处谋职,虽告失败,但也可看出他对陈氏的赏识。因此回过头去看姚薇元参与《初中本国史》的校订,一方面是对于该书学术质量的把关,一方面相信在此过程中对于陈氏的学术指点也必不可少,应该也即是陈氏回忆所称的"业务关系"。姚氏毕业于清华大学,曾受业于郭廷以和陈寅恪两位史学大家。其本科论文师从郭氏研究中国近代史,利用中英两方有关鸦片战争的记载资料,对魏源的《道光洋艘征抚记》逐段进行考核。后来在硕士阶段师从陈氏研究魏晋南北朝史,撰成《北朝胡姓考》一书,均卓有成绩。[26]尤其是近代史的研究,对于陈旭麓后来从事的研究方向也有着引路意义。

陈旭麓入学大夏是抗战爆发后东部高校纷纷西迁的结果,当时为大后方交通枢纽的贵州先后容纳过如交通大学、浙江大学、大夏大学、复旦大学等名校,一度文化繁荣。因此在前提文通书局编辑所的编审委员会名单中,可以看到一众知名学者的名字,如有马宗荣(兼所长)、谢六逸(兼副所长)、萨孟武、梅光迪、王伯群、周鲠生、李宗恩、茅以升、竺可桢、陈钟凡、张奚若、朱有瓛、张其昀、萧一山、卢前、欧元怀、贺麟、姚薇元等等一百多位在列。文通书局也"一变而为与国内在沪上久已驰名的几大出版机构如商务、中华、正中诸家并驾齐驱的出版单位"。[27]所长马宗荣 1942 年底在《文通书局增设编辑部的动机及其计划》一文中[28],也呼吁道:"西南为民族复兴的根据地,而贵阳又为西南各省交通中心,故在这个伟大时间,贵阳的的确确是一个重要的空间。我们在贵阳服务的人们,自应继续尽其全民总动员的义务,从各方面去加紧努力,以期抗战必胜,建国必成。"所以原本由于交通阻隔和人才缺乏,只是志在"灌输新知识,以促进贵州学术,提高西南文化"的文通书局,此时加上战争使得原有沿海各省出版运输受阻等因素的刺激,则需要肩负起"介绍专门学术,并求学术之社会化、全民化,增加民众之民族意识、国家观念、建国信仰,提高民族文化,促进民众之现代常识,兼负整理流通地方文献"的责任。[29]

当时谢六逸在文通书局编辑所负责文学艺术部门,主编喉舌刊物《文讯》月刊。据当时人回忆:"六逸所负责的《文讯》,系渠与在遵义的浙大教授张其昀合编,合稿到局后,六逸负责编审出版。《文讯》是六逸构思的产品,抗战期间,该刊物负起后方文坛联系的任务。"[30]在1941年双十节的创刊号上,谢六逸撰写创刊辞,其中也提道:"出版事业的兴衰足以代表一国文化的升降,而今日的贵阳已成为后方的重镇。本局同人有鉴于此,拟定编辑计划,按期出版,使精神食粮,无论在战时战后,都能够接济不断。"[31]因此陈氏参与其间,对其将来的发展轨迹留下了很深的烙印。陈氏在新中国成立后所写的《思想批判总结》一文中就曾提道:"前者(教育事业),大夏就是我的模型,后者(文化事业)也可能是受了在文通书局工作的影响。"[32]

而回到《初中本国史》本身,当时文通书局对其出版发行做了诸多宣传的工作,以便于销售传播。从《文讯》第2卷第3期(1942年3月10日出版)开始,就为尚未正式发行的《初中本国史》打广告。在该期的"文通书局三十一年四月份出版新书预告"中,就做了报道:"本书(《初中本国史》)内容分问答、表解、名词注释三种。概括本国五千年来之重要史实，极便复习及升学之用，其中名词解释一项，为一般复习历史书中所无者，本书特汇集注释，使初学者更易明了。原书经大夏大学历史教授姚薇元氏详为校订，精确可知。"[33]此后在下一期"文通书局三十一年四月份出版新书"的介绍中也有相同的广告。而在笔者所见的《文讯》第2卷第6期、第3卷第1期、第4卷第4与5期合刊中，则都在"文通书局出版新书"表格中持续加以简单介绍。到了1942年底的《文通书局及其编辑所》的"文通书局出版图书表"中，也如新书预告版详加广告。[34]而与该书出版缘起相关的是，在马宗荣那篇《文通书局增设编辑部的动机及其计划》中，还谈到编辑所的几点计划，其中第二点计划为"编辑中学生预习、复习、自学辅导图书，以提倡中小学教育之自学辅导化及学习彻底化，藉以增高中小学生之学力"。[35]因此《初中本国史》及其所属的丛书，便是这个计划的成果，当时除了此书之外，还有顾文藻编的《高中生物》、吴庆鹏编的《高中国文》、冯楠编的《高中本国史》、刘质赈、卢梦生编的《初中代数》等共十种。[36]此外，马、谢二人还主编了《大学丛书》《中学自学辅导丛书》等。[37]

文通书局编印的这批教科书和教辅书籍，尤其是基础教育的书籍，其出版的背景是当时全国范围内出现了"教科书荒"。教科书的大量缺乏，其中的主要原因是战乱导致纸张印刷和运输的成本高涨。如1940年《浙江战时教育文化》刊

登评论指出,上海成为孤岛与内地隔绝之后,"最成为问题
的,即是各级学校的教科书籍:第一是根本供不应求,学校里
的学生常常有买不到书的现象,第二是书价太高,运费加到
十几成,有的学生买不起书。"〔38〕因为抗战爆发尤其是 1941
年底太平洋战争爆发,上海孤岛和香港的沦陷有着直接的关
联。如《中华书局十年报告》中称:"是时(抗战爆发后)政府
迁渝,教科书虽在内地逐渐翻印,然沪港印本仍得源源内运
接济,直至三十年十二月八日太平洋战事突发,沪港同时沦
陷,教科书供应始告断绝。"〔39〕因此陈旭麓参与文通书局编
辑所的这项工作,对当时大后方的教育事业意义非凡。

当时大夏大学的教授师生不仅主持参与多种出版教育
事业,还深入民间调查研究,甚至赴前线为战地工作服务等
等。〔40〕尤其是出版教育事业,为大后方乃至全国的基础教
育和知识普及做出了极大的贡献。如陈旭麓 1946 年在《内
迁十年纪事》中便回忆道:"回溯十年,虽处境艰屯,经费奇
绌,而于为国育才,倡明学术之旨,曾未少懈,尤以贵州偏处
西南,前无大学之设立,今日教育文化之日跻兴盛,实胚胎于
本校与夫毕业校友之深入每阶层也。"〔41〕

# 余　　论

战争对近代中国社会的影响甚巨,诚如陈旭麓先生所言
"近代中国不是走出中世纪的,而是被人家用洋枪大炮轰出

本局創辦華人延齡先生

吳劍邨先生繪
瑞平贈書

**文通书局创始人华之鸿**

中世纪的",[42]便指的是民族战争对近代中国社会变迁的作用。而抗日战争"作为一场血染山河的全面战争和支撑了八年的长期战争,这段历史正以前所未有的战争苦难反衬中国人前所未有的全民抗战,醒目地显示了二十世纪中国与十九世纪中国的不同。……开始于十九世纪的历史变迁(集中于沿海和上层)遂得以为这种动员和组织所导引,自沿海进入内地;从知识人走向民众;并一步一步移其重心于社会下层。以历史内容而论,显然是动员、组织、牵连、拽动以及其间的互为因果,都在使这种支撑民族战争的过程同时又成了大幅度改变中国社会的过程。"[43]

抗战胜利后的 1946 年有人在《金融汇报》上撰文表彰贵阳华氏的"茅台酒与文通书局",尤其是后者。该文提道:"文通书局,设在贵阳,已有三十余年历史,为华家所独力创营,成立之初,即筹备举办造纸厂、印刷厂,所有机件都由港沪运到贵阳,其意在办成一家规模完整的文化机构,并独步西南后方,其事业精神,是很值得钦佩的,以限于地域的闭塞,与兵乱等关系,始终也无扩充的机会。直到抗战期中,江海区相继沦陷,该区内之文化事业机构,都破坏和转徙得焦头烂额,疲惫不堪,最后一般文化消费者皆到了西南大后方去,于是文通书局的地位才比较的提高了。光复之后,教部将国定书籍发行权交与所谓七联——商务、中华、世界、正中、大东、开明、文通,文通之加入七联,也就是他在西南有相当完整的组织系统,过去也有相当的成绩的缘故,偏处一隅的文通书

局,现在居然'悬牌'在全国各大都市之中,而变成全国性的组织了。"〔44〕

到了第二年,文通书局老板华问渠自己回顾书局在抗战期间的这段历史时也说道:"(文通书局)正式经营现代出版,则自民国三十年创立编辑所始。先是抗倭军兴,枢府西狩,文物声教随而萃被于西南。故教授马宗荣、谢六逸亦回黔主大学讲习,二君皆黔人,与本局声气素通。至是,本局经理华问渠先生乃商诸马、谢二君,有创设编辑所之议。……数年之间,成绩斐然。计刊行'大学丛书',各种专著、期刊百数十余种,流布各地者,不下三十万册;复自编小学教科书供应各校,为数亦数十万册。嗣经教育部采撷,与国内出版家暨国立编译馆所编,合成部定科书,颁行海内,称国定本。并与各家合组国定中小学教科书七家联合供应处,负责发行。"〔45〕抗战期间,文通书局在大后方的作为和贡献,在现代中国出版史上的确写下了浓墨重彩的一笔,同时也使得书局一度和几大全国性出版机构并驾齐驱。但从华氏的回忆中可知,原先编辑所的两位所长,也是"中学复习受验丛书"主编的马宗荣和谢六逸均早已故去。"做事认真负责,坚忍不拔"的马宗荣于1944年1月20日去世,在动荡流离的年代,留下的是"性高于天,长才莫展"的遗憾。〔46〕而继任编辑所所长的谢六逸在1945年8月8日也因贫病交加而离世,未能等到抗战胜利到来的那一天。这两位主心骨的相继离开,加上日军侵入黔南,也使得文通书局的出版工作大受影响,一度几乎陷于停顿。此后文通书局也几经播迁,直到1945年续聘顾颉刚、白寿彝主持编辑所,并迁到重庆,到1947年又跟随顾氏迁到苏州,那已是后话了。用华问渠的话说:"溯自编辑所成立,迄今七年,其间世潏洞,人事变离,缔造继承,备极艰辛。"[47]

而从陈旭麓《初中本国史》这样一部小书在文通书局的编纂出版可以看到,在抗日战争这样一场兵燹浩劫中,中华民族经历了一次前所未有的磨难和洗礼。而伴随着全国文化机构和人才资源的大迁徙,也使得像陈氏这样原本局于西南一隅的青年以及文通书局这样地方性的出版机构,得到了与外界交流碰撞的契机。对于青年陈旭麓而言,也继承了近代湖湘儿女的"出湖"精神[48],从入学而任教于大夏大学,并于战后随学校回迁而落户上海,终于将来名满天下。战时参与文通书局的编辑工作,使其走上了从事教育和历史研究的人生道路。陈氏后来在近代史研究和教学之余,还编纂了大量工具书和历史读物,这些事业均与其早年参与文通书局编辑工作这段宝贵的经历密不可分。在此期间结识的众多良师益友,在学术和思想上都对他后来的人生起到了指引的作用。

**注释**

〔1〕该书现已收于《陈旭麓文集》第1卷,上海教育出版社,2018年。

〔2〕《陈旭麓先生哀思录》,1989年,自印本,第150—151页。

〔3〕同上书,第184页。

〔4〕陈旭麓:《陈旭麓学术文存》,上海人民出版社,1990年,第1387、1417页。

〔5〕陈旭麓:《陈旭麓文集》(第四卷),华东师范大学出版社,1997年,第643页。

〔6〕周武:《以史经世:史学良知的当代之旅——陈旭麓传》,姜义华主编《史魂——上海十大史学家》,上海辞书出版社,2002年,第217页。

〔7〕陈旭麓:《陈旭麓学术文集》,上海人民出版社,2011年,第413页。其实在2009年陈江、陈达文编撰的《谢六逸年谱》中,已经列举谢氏所编丛书目,其中《中学复习受验丛书》(该年谱误作"授验丛书")中就有"陈旭麓著《初中本国史》",见《谢六逸年谱》,商务印书馆,2009年,第229页。

〔8〕沈渭滨:《陈旭麓先生年谱长编稿》,周武主编《上海学》第三辑,上海人民出版社,2016年,第234页。

〔9〕同上书,第239页。这是陈旭麓1952年8月为入党而写的《思想批判总结》,其表述为:"贵州大学是战时新成立的学校,我想到那里混个讲师,可是我刚从大学毕业半年,资历是不够的,却撒谎说毕业了三年,把曾经发表过的一篇论文——《司马迁的历史观》和在文通书局编的中学历史课外读物,送给这个CC分子的校长看,想邀他的'青睐'。"

〔10〕因此《陈旭麓先生年谱长编稿》中,"初中历史复习书"应去掉书名号,而在其摘录的《三十二年生活》段落中,在"初中本国史"处加上书名号。

〔11〕后来核对文通书局出版的《文讯》月刊和《文通书局及其编辑所》有关该书的广告,也可知有此两说,但此属细末之事,不作展开。

〔12〕实则在2010年,王有朋主编的《中国近代中小学教科书总目》已著录了该书的详细信息:"《初中本国史》,陈旭麓编,姚薇元校,贵阳,文通书局,民国31.4〔1942.4〕,168页,图表,32开

（中学复习受验丛书）"，收藏于上海辞书出版社图书馆，见《中国近代中小学教科书总目》，上海辞书出版社，2010 年，第 572 页。笔者当时未能及时获知，但此次核对原书发现，王氏著录称有 168 页仍属失误。

〔13〕陈旭麓：《初中本国史》例言，第 1—2 页。

〔14〕同上书，第 1 页。

〔15〕如陈氏自道当时受大夏大学梁园东教授的影响，接受新思想："进入大夏的第一年，梁园东先生教中国通史是根据社会发展规律讲授，我觉得很新奇。"沈渭滨：《陈旭麓先生年谱长编稿》，《上海学》第三辑，第 235 页。

〔16〕同上书，第 84 页。

〔17〕1933 年教育部颁发的《初级中学历史课程标准》中，对于中国史的分期便是如此，见《初级中学历史课程标准》，《浙江教育行政周刊》1933 年第 4 卷第 24 期。这个标准至少到抗战爆发时仍还适用，如吕思勉的《初中标准教本·本国史》，1935 年初版发行，到 1937 年 7 月经教育部审定，所采用的历史分期也是相同的，见吕思勉：《初中标准教本·本国史》，收于《吕思勉全集》第 21 卷，上海古籍出版社，2016 年。

〔18〕此处应指的是该书全部页码总数，实则正文页码仅为 167 页。

〔19〕重庆市图书馆编：《抗战时期出版图书书目 1937—1945 第 1 辑（初稿）》，重庆市图书馆，1957 年，第 241 页。

〔20〕另据周武教授告知，陈旭麓先生晚年对其回忆称，"文革"期间在复旦大学历史系资料室见过《初中本国史》原书，后未能找到。

〔21〕马宗荣：《文通书局及其编辑所》，文通书局，1942 年，第 1 页。

〔22〕同上书，第 6 页。

〔23〕蒲鸿基：《文通书局编辑所》，《出版史料》1991 年第 4 期，第 79 页。

〔24〕沈渭滨：《陈旭麓先生年谱长编稿》，《上海学》第三辑，第 236 页。

〔25〕同上书,第 239 页。

〔26〕萧致治:《姚薇元教授的治学之道》,《薪火文集》,岳麓书社,2010 年,第 149—150 页。姚薇元的《鸦片战争史事考》(又名《道光洋艘征抚记考订》),最早也是 1942 年在文通书局出版,后修改补充,改名为《鸦片战争史实考》,1955 年由上海新知识出版社再版。

〔27〕蒲鸿基:《文通书局编辑所》,《出版史料》1991 年第 4 期,第 79 页。

〔28〕该文内容实最早刊发于《文讯》1941 年创刊号,刊发时题为《本局增设编辑部的动机及其动向》。

〔29〕《文通书局及其编辑所》,第 4—5 页。

〔30〕蒲鸿基:《文通书局编辑所》,《出版史料》1991 年第 4 期。

〔31〕《文讯》创刊辞,1941 年 10 月 10 日创刊号。

〔32〕沈渭滨:《陈旭麓先生年谱长编稿》,《上海学》第三辑,第 238 页。

〔33〕《文通书局三十一年四月份出版新书预告》,《文讯》1942 年第 2 卷第 3 期。

〔34〕《文通书局及其编辑所》,第 37 页。在这则广告中,姚薇元个人信息被写作贵州大学教授,可能是 1942 年底也在贵州大学任职的缘故,所以在第二年陈旭麓毕业谋职时,姚氏还将其推荐给贵州大学校长,但未能成功。

〔35〕《文通书局及其编辑所》,第 5 页。

〔36〕《谢六逸年谱》,第 229 页。

〔37〕同上书,第 228—229 页。

〔38〕朱沛人:《教科书荒》,《浙江战时教育文化》1940 年第 2 卷第 4 期。

〔39〕樊琳整理:《中华书局十年报告(1937—1946 年)》,收于上海市档案馆编《上海档案史料研究》,第十三辑,上海三联书店,2012 年,第 268 页。

〔40〕大夏大学编:《大夏大学概况》,1941 年,第 29 页。

〔41〕陈旭麓：《内迁十年纪事》，《大夏周报》1946 年第 3 卷第 23 期。

〔42〕陈旭麓：《陈旭麓文集》（第三卷），第 71—72 页。

〔43〕杨国强：《窒迫的近代化》，见沈洁《1912 年：颠沛的共和》，东方出版中心，2015 年，总序第 4 页。

〔44〕仲朴：《茅台酒与文通书局》，《金融汇报》1946 年第 19 期。

〔45〕《文通简史》，《文通》1947 年创刊号。这是文通书局 1947 年新创的刊物。

〔46〕谢六逸：《继华的性格》，收于陈江、陈庚初编《谢六逸文集》，商务印书馆，1995 年，第 77 页。

〔47〕《文通简史》，《文通》1947 年创刊号。

〔48〕陈旭麓：《湖山情思》，收于《陈旭麓文集》第四卷，第 446 页。

# 刺汪烈士陈三才事迹新探

今天是 7 月 7 日,是卢沟桥事变爆发的纪念日,也是敬爱的王家范老师离开我们一周年的日子。期间曾多次举笔想要写点东西,但苦于学殖浅薄、文笔枯涩,始终也不敢写点什么。前不久,经师友提醒,加上"七·七"这个独特的日子,使我想到可以通过写一位抗日英烈,也是王老师故乡的陈墓(现名锦溪)先贤——陈三才的事迹,来纪念那同一方水土养育而成的老师。

王老师对家乡极有感情,对陈墓的一草一木、一人一事都充满着眷恋。我第一次知道陈三才这位"当代荆轲"的事迹,记得是在 2015 年 8 月。由于是纪念抗日战争胜利 70 周年的大庆之年,上海电视台纪实频道和昆山电视台合作拍摄了一部叫做《清华英烈陈三才》的纪录片,由王老师的学弟陆宜泰先生策划。王老师第一时间将视频原版分享给我们,并在微信群中作了一些口头的评价:"《清华英烈陈三才》在抗战胜利大纪念前已完成。看过一遍,极好,有大量珍贵的历史视频史料。""无党无派,以身殉国。""陈三才极像明末清初的陈子龙,这都只有从文化积淀的历史深层中去体味。有些

陈三才

事,在久经传统文化薰陶的士子那里,永远是过不去的,宁为玉碎,不为瓦全!"而在观看视频和陆宜泰所编《陈三才》的册子后得知,陈三才留下的资料极少,后来为证明其刺汪抗日的真实性,重新确定其烈士身份,陆宜泰等人花费了大量的心血,功莫大焉。此后,我也一直关注搜集陈三才的点滴史料,稍有所获便向王老师"献宝"。但由于材料都是断编残简,直到老师去世,也一直未能写成文字,心中时常感到遗憾。因此,今天也只是选取了几个重要的片段,略成一稿,相信老师定会很感兴趣。

## 急公好义——以仁社等史事为核心

按照清末民初社会地位评价标准的新陈代谢,陈三才无疑是一个极为成功的范例。他1902年出生于江苏昆山陈墓的望族,家境殷实,人才辈出。陈氏自幼学习优异,1916年由江苏省保送到北京清华学校学习,1920年毕业赴美留学,入伍斯特工学院,学习时髦的电气工程专业。1926年学成归国后,在上海创办中美合资的北极公司,经销冰箱、空调等电器,生活优渥,名利双收。但陈三才却并不满足一己之荣华,据他的清华同学也是社团同道刘驭万回忆:"他在华贵生活里乱混之时,始终没有忘记他对国家建设的义务。一方面对于社会福国利民各种事业,他总是'当仁不让',只要是为公,他从不推却。不管是学校、是医院,或是男女童子军,或是少年城（Boys Town），你请他帮忙，他是从不拒绝的。有时捐款，有时出力；有时出钱又出力。我在上海住了六七年，每次想办点公益事，一开头就打电话给三才。什么 Y's Men 会（即联青社）、扶轮社，以及其它各色的社会团体，没有 'Sarcey'（陈三才英文名）好像是不能推动的样子。不消说得，我们的仁社，我们的清华同学会，以及他最爱惜的中国工程学会，也好像是什么事都非他不行的！"[1]

　　刘氏提到了诸多陈三才参与的社会团体，其中绝大部分今天都已较为熟悉，只是"仁社"则相对少为人知。其实仁社也是一个留学生创办的组织，据仁社留存的资料可知，该社发轫于 1919 年 3 月 20 日，当时是 9 位留学生在纽约共同发起，本着"合群心"和"服务心"，"讨论结社之紧要，谋集合同志，群策群力，为祖国造福利"。不过一开始，该社对外严守秘密，且范围只限于纽约一隅。在一段时间内，由于留学生中间"党派繁多，状至纷乱，群众对于秘密结合，率加猜疑"，因此社务停顿，会务宽弛。直到 1922 年，修改社章，才征求新社友，放宽入会门槛。到了 1923 年仁社年会时，更通过大量议案，增进会务发展，其中"最要者为推广区域，招致新友，提倡精神，募集基金，组织会所等等。其次若会员录之印行，及会徽之制作，均于是时起实行。同时欧洲分社成立，美国分社，亦增至八处之多。社友均留学界之精锐，代表十二行省，人才济济，各业俱全。"[2]

　　近代中国的社团，其实几乎都是借鉴西方的各种组织模式,从仁社起初的秘密性,更可看出是直接仿效美国大学生的兄弟会。当时美国兄弟会的模式,往往"入会时须行一种希奇古怪的入会手续,使之发生一种宗教的神秘的意味,既入会则彼此以兄弟相称,以极互相援引回护之能事",[3]可见其组织性极强。不过当时留美学生结成仁社,则有其强烈的爱国情怀和现实关怀,正如后来仁社社长任嗣达在1927年仁社中国分部成立的宣言中回顾:"忆昔留美之际,祖国多事,政纲未定,百业废弛,旅居异域,日睹其璀璨河山,富庶兴旺之象,不觉奋然勃兴,勇气百倍,救国之志,于斯以立。徒以学业未成,经验缺乏,虽有大志,无以致用。乃集合同志,常相聚会,切磋砥励,互相奋发,为异日回乡救国之预备。"而将仁社引入国内,成立仁社中国分部,正是鉴于"国事紧张,日甚一日",而希望通过"抱爱国利群之旨,立舍己益人之志。真诚相与,忧乐与共。服务惟恐不先,分利惟恐不后。己之于社,先社而后己。社之于国,先国而后社"的精神,[4]以求实业救国的目标,其理想和责任早已超出兄弟会的范畴。

1926年6月,陈三才从伍斯特工学院硕士毕业,甫回国不久,正好加入仁社中国分部的创办工作之中。而仁社的资料中,我们可以知道更多他刚刚落脚上海时的情况,1926年10月,陈氏已经参加仁社上海分社的联谊活动,[5]他当时的住址是在康脑脱路(今康定路)康乐里六七七号。[6]而且并非一开始就自创公司,他先是任职于美电洋行,于1927年

前行自右而左　陆梅曾何鼐林李元　任调遥
　　　　　　　汪英嶺蕴其瑛陞三　才

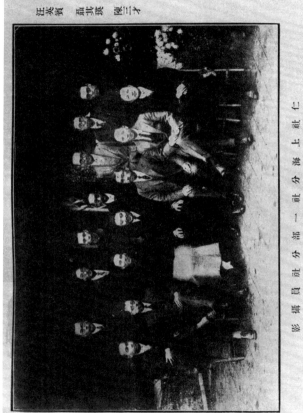

影　摄　员　社　社　分　部　一　第　分　海　上　社　仁

仁社上海分社部分成员合影（前排左一为陈三才）

後行自右而左　王祖燦　吴逖枚　徐恩督　曾昭承
欧元懷　王瑞珠　罗鑫银

5月转投恒敦洋行，做的是进出口贸易。[7] 陈三才当时担任仁社中国分部的社员委员会书记，专门负责"物色适当人才介绍入社事宜"。[8] 目前还可以看到当时他起草的一份鼓励招募新社员的文告：

> 仁社同志如见：窃维本社中国部正式组织以来，已将匝岁，赖诸职员之牺牲、各社友之热忱，社务日就条绪，团结日见巩固，各处分社均进行不遗余力，各委员亦俱认真合作，故对于本社之将来，想同志亦须抱乐观也。际此本社精神方兴未艾之时，正宜开始征求新同志，俾他日规范扩充，社务繁多，不致有乏人之虞，故本委员会深愿同志随时地留心物色，务使本社同志日增月加，以手足之感情，助协作牺牲之精神，而谋中国之幸福焉。然选择新同志时，宜慎而不宜滥，本社之目的有二：一曰联络社友感情，二曰为国家谋幸福。故物色人才，亦宜以此为标准。如介绍新同志时，即应考其（一）能否与本社同志溶合协作与？（二）有否一长之处，能为社会国家效力？至于介绍手续已详载《仁声》第二期中，兹不赘。各种空白表格，各分社书记处暨本委员会均备，随索即寄。专此谨颂进步。
>
> 中国部社员委员会书记陈三才启。五月念五日。[9]

由此也可知该社精神之一贯，而在当年8月举行的仁社大会

上,陈三才又被选举为司记,即记录秘书,成为四位领导之
一,[10]更可见其在社中的地位和号召力。

从目前可知的陈三才参与的主要社团来看,最重要的是
两个圈子,一是留美学生圈,另一个便是清华同学圈。后者
主要是清华同学会,前者组织则相对较为繁多。从仁社的组
织和事务可知,主要还是事业上的同道,入会门槛相对也较
高,如《仁社中国总社职员题名》中将主要的社友分为银行、
教育、交通、进出口、纺织、报纸及广告、工程、电影等,可见事
业层级相对也较高。而中国工程师学会是从专业学术出发,
至于联青社(即基督教青年会成立)则更多是从事公益事业。
上海联青社实际上也是"留美学生返国后从事商业者所组
织,宗旨与扶轮社相同,以真诚服务社会,发展工商事业,增
进国际亲善,及辅助公共建设为宗旨。"[11]具体如1927年,
联青社"鉴于儿童健身之需要,以为疾病之预防",在闸北创
设的儿童施诊所,便是陈三才积极参与的结果。1935年10
月,陈三才拉上美籍夫人桑梅史所办的舞蹈学校,在兰心戏
院义演,所筹善款全部充作儿童施诊所经费。[12]1936年,他
又参与了同人发起的4月在大上海影剧院,以及6月在百乐
门大饭店的筹款活动,目的不仅是维持儿童施诊所,同时计
划在中山路模范村设立一运动场。[13]陈三才当时担任联青
社的董事一职,后来还担任社长,为该社的公益活动可谓尽
心尽责。

## 烈士身份——就义后的纪念活动

1937 年,陈三才一方面婚姻发生变故,另一方面由于国难当头,实业救国的抱负愈发难以实现。可以想见,生活和事业的苦闷,留在沦陷区忍气吞声,定使他极为痛苦。1940年 10 月,陈三才因刺杀汪精卫未遂而被逮捕残杀之后,总社迁于重庆的仁社接到了上海支社的报告,其中称:"陈三才同仁前曾被绑,解往宁垣,近忽被枪决,闻其罪状为政治暗杀,其实陈同仁对于政治向不感兴趣,今乃以此而丧身,实非意料所及,可不悲哉! 同仁闻之,均极为之扼腕叹惜不止!"〔14〕其实从后来的资料得知,陈三才至少自一二八事变始,已经积极参与抗日救亡工作。而之所以给人以对政治向不感兴趣的假象,则是因其加入了军统组织的地下工作。

所以即使是时任军统上海站站长的陈恭澍,虽然明确知道陈三才与戴笠及军统合作的事实,但对于陈、戴二人如何取得联系,也无法确知。他在回忆录中称:"三才先生是怎样与雨农先生相结识的,我不十分清楚,是否透过某将军的妻媵一位姓田的女士或姓陈的女士所介绍,实在不敢说一定,总之,他们之间的关系是朋友而绝非僚属。"〔15〕所幸笔者后来找到了军统局在抗战胜利后编写的《先烈史略稿(初辑)》中,专门为陈三才所立的传记——《陈三才烈士殉职事略》,其中明确提到:"廿八年,得朱世明先生夫人谢韵秋介绍,入本局沪区担任制裁汪逆精卫之工作,不辞艰险,购求线索,事为运用之白俄所泄,不幸被逮,缧绁三月,备受荼毒。"[16] 将上述两则材料对比可知,陈恭澍所提到的"某将军的妻媵一位姓田的女士或姓陈的女士",极有可能便是朱世明夫人谢韵秋(实为谢文秋)。朱世明夫妇均是留美学生,且朱氏后来成为蒋介石的翻译和近侍,夫人谢文秋受其父亲谢洪赉影响,是中国基督教女青年会的领导。所以不管是从留美学生的圈子,还是基督教青年会的公益事业(尤其是有关儿童),陈三才与谢文秋都有着高度的重合。而从时间上看,《陈三才烈士殉职事略》中称是 1939 年得谢文秋介绍,而 1938 年谢氏正在上海参与南市难民区的救济工作,[17] 直到 1940 年 6 月 30 日难民区宣告关停。因此,笔者推测很可能是这段时间,陈三才由谢文秋介绍,与军统合作刺汪。

陈三才身份的隐蔽,当然与地下工作的保密要求相关,同时也由于戴笠在抗战胜利后不久便意外身亡,否则正如刘驭万所讲"我深信戴雨农不会让他死得这样沉默,甚至于可以说,死得这样不明不白!"[18] 后来为了证明陈三才"烈士"的身份,陆宜泰先生等为之奔波不已。其实从历史事实来说,在陈三才"刺逆未捷身先死"之后,从各界为其举办追悼会、军统局为其立传,便可切实证明其抗日烈士的身份。陈三才是 1940 年 10 月 2 日在南京雨花台遇害的,其追悼会则要等到 1942 年 2 月 1 日,方由中国工程师学会、清华同学会、联青社等在重庆筹办,然而费用全是戴笠一人承担,当时他对刘驭万直言不讳:"我生平不佩服清华毕业生,我生平不佩服美国留学生,因为他们不肯革命的,但是对于陈先生我是绝对地佩服,他的为国舍身,改变了我轻视你们留美清华学生一种的'错误印象'。"由此足见陈三才在戴笠心目中的地位。[19] 当时重庆各界筹备追悼会的消息,由中央社报道,《中央日报》《新华日报》《大公报》等重要报刊纷纷刊登转发。当时戴笠还请蒋介石颁发"烈并常山"挽额,将其与常山赵子龙相提并论。[20] 同时追悼会主办方邀请张一麐主祭,冯玉祥、吴国桢等陪祭。其中张一麐是陈三才江苏吴县同乡,同时作为政坛耆宿,在抗战爆发后,一度与马相伯等筹办老子军,欲与日寇以老命相搏。以他为主祭,可谓正当其选,也可见主办方的用意深远。

到了抗战胜利后,由于环境等各方面的限制逐渐消失,为陈三才鸣冤复仇和重加纪念的活动也顺理成章地开展起来。首先,伴随战后汉奸审判工作的进行,与陈三才被害一案相关的大恶小奸也分批受审。1946 年 7 月,出卖陈三才的白俄兄弟陶次沙格尔和陶次波里斯,在南京高院接受审讯,并由证人汤恢宇指证。[21] 涉嫌为伪特工总部充任情报员的邮差范日新,也因密报拘捕陈三才及其他地下工作人员,经过庭审讯并羁押,但其始终矢口否认。8 月,范日新终因查无实据,宣告无罪释放。[22] 而白俄兄弟在经法院三度审讯后,"延请律师百般狡赖辩护",于是翌年 3 月宣判之际,清华大学同学会、上海联青社等纷纷上书,以事实俱在为由,

要求法院对两凶犯处以极刑,"以慰英魂而快人心"。[23]不过最终结果并未如愿,《申报》详细报道了后来的结局:

> 前北极公司总经理陈三才,抗战期间在沪担任地下工作,因计划谋刺汪逆兆铭,事机不密,被白俄陶次出卖,被捕后在京罹难。胜利后该白俄经当局捕获,清华同学会等迭请予以严惩。兹悉:陶次已于本月十五日由高院判处徒刑十五年,按陈三才氏隶属军统局,当时与该白俄陶次等密谋行刺汪逆,因拒绝陶次需索巨额款项,遂被出卖报告伪方。陈氏寓所在大西路美丽园,当时所谓"歹土"区域内。二十九年七月中,陶次引领伪方人员将陈捕去,解送南京。汪逆初尚不拟加害,而以外交部上海办事处处长及交通部次长等伪职利诱,但陈不为所动。后汪逆再度遇刺,遂迁怒于陈,于该年十月二日绑赴雨花台枪决。当陈被捕之时,其表侄汤恢宇亦一并被绑,旋即获释。渠在狱中时闻知此事全系白俄陶次所暗害,故出狱后曾报请工部局将陶次一度拘捕监禁于静安寺捕房,旋因受七十六号之压力而释放,但曾秘密为陶次摄下一影作证。胜利后据情呈报戴笠将军,不料陶次于抗战后期又转变担任忠义救国军工作,故最初未予法办。后经被害人亲友力请雪冤,始于去年一月将陶次及其弟拘捕,最近清华同学会及联青会复呈请当局迅予判罪,本月十五日晨经高院以通谋敌国罪处有期徒刑

十五年，其弟则宣告无罪。[24]

这篇报道交代了诸多陈三才遇难前后的细节。至于白俄兄弟的定罪，很可能正是牵涉抗战后期的忠义救国军问题，法院且以判决在先，最终未能对罪犯处以极刑，但其出卖谋害陈三才的事实终究是铁板钉钉了。

在战后追加纪念方面，1945年10月初，适值陈三才牺牲五周年到来之际，生前旧侣在上海一所美国教堂为他重新举办了一场隆重的追悼会，"行述与悼词由陆梅僧、黄宣平、顾毓琇、李惟果、李元信诸先生担任，讲到悲愤处，令人凄然泪下！尤其是黄宣平宣读烈士由南京狱中寄他的一封英文信，表明他的心迹，更值得吾人敬仰。威武不能屈，烈士可以风矣。"[25]而在家乡，首先是1946年5月，吴县抗战史料编纂委员会搜集整理抗战烈士传记资料，认为陈三才事迹"内容确实，合于本会烈士规定标准各款，应称'烈士'"，并将其资料函送国史馆。[26]12月底，昆山县政府社会科发布公告，计划于翌年元旦举行忠烈入祠典礼，其中第一批入祠公示名单中，陈三才位列第一。[27]等到1947年1月1日，忠烈入祠典礼顺利举行，当地报纸详细记录了当时的实况："忠烈入祠典礼，定今日上午十时于庆祝大会后举行，核定入祠忠烈计陈三才等二十三位。入祠行列如下：一、横额，二、驻军宪兵，三、鼓手，四、烈士神位亭，五、烈士家属，六、细乐队，七、参议会及党团，八、县政府及所属各机关，九、农工商渔教育

昆山县政府社会科公告（本报特载）——为各忠烈军民应否入祠问题征询各界人士意见以昭慎重由

《昆山县政府社会科公告——为各忠烈军民应否入祠问题征询各界人士意见以昭慎重由》

自由职业团体,十、各学校代表,十一、警察及保安队,其经由路线:由中山堂大门出发,经新县前宣化坊,右折入中大街至老县前,经县西边百花街,过半山桥向西走西塘街入忠烈祠。入祠典礼举行时,由沈县长亲临主祭,各忠烈遗族,亦已由筹备会邀请出席观礼。"[28]

如果说前面是地方政府行为,那么在 1946 年 11 月,昆山陈墓镇各界"因忆念烈士陈三才先生之忠魂起见",在"陈墓镇中心国民学校朱校长及徐进初、陆调梅"等人的倡议下,发起筹款募建陈烈士纪念塔的活动,则完全是民间自发行为。[29]第二年,陈墓镇槃亭中学为纪念陈三才烈士,在教员休息室中也悬起了一块白底黑字题名"三才堂"的横额。巧合的是,王家范老师是 1951 年进入该中学读书,只是他对学校的回忆中并未提及这一块匾额,而我也没有机会再向他请教。更为遗憾的是,2017 年我因故未能跟随老师到昆山参加顾炎武思想学术研讨会,后来老师生病住院,计划中的陈墓之行也最终未能成行,所以迄今我也没有踏上过那块土地,这款匾额的疑问也只能待到将来专程拜访了。

## 附:陈三才传记三种

### 陈三才烈士殉职事略

陈烈士三才,江苏吴县人也。秉渊深之精,穆峻厉之容,英锐奋发,卓荦不羁。在乎幼冲,固已藐然有烈节矣。读书里庠,日诵千言,二三过不忘。及冠,入清华大学,坚苦奋砺,试频衰然高列。烈士志窥远大,雅慕新奇,尝谓欲谋国民乐利,其必以电工为依归,于是慨然有远者[着]之志。民国九年,负笈留美,入乌斯脱大学习电机,殚心钻研,成绩卓异。既得学位,入美国名厂威士丁好思实习,造诣益深。当是时,留美习工程者,发起组织中国工程师学会,烈士奔走筹维,日不暇给,学会之成,烈士与有力焉。十四年归国,创北极电气冰箱公司于沪上,自任经理,精心擘画,规模宏廓,公司之名日彰。业余则致力社会公益,昕夕栖皇,未尝暖席,其尤著者,为协办儿童义诊院,被泽者逾万,其天性盖以为善最乐也。一二八之役,烈士纠集同志,以技术助国军工事设备,复秘密参加沪上救亡工作。七七变起,烈士慷慨激昂,以杀敌锄奸自誓。孤岛沦落,此志益坚。洎乎汪贼叛国,腼颜事仇,奔走宁沪,组织伪府,河内志士,椎中副车,大义磅礴,烈士效风,欲再投渐离之筑,尝语人曰:"救国当先除败类,不寝汪逆之皮,食汪逆之肉,非丈夫也。"廿八年,得朱世明先生夫人谢韵[文]秋介绍,入本局沪区担任制裁汪逆精卫之工作,不辞艰险,购求线索,事为运用之白俄所泄,不幸被逮,缧绁三月,备受荼毒。敌伪桀黠,佯称烈士业已悔过输诚,将畀要职,诡辞诬枉,冀夺其节,烈士早置生死于度外,威胁利诱,皆弗为动。汪贼尝亲讯始末,烈士曰:"予与尔无私怨,欲诛国贼耳,国贼人人得而诛之,何问为?"贼语塞,遂从容就义,时为二十九年十月二日,其地则南京雨花台也,春秋三十有九,其不满二十龄之外甥女自沪入京,为收遗骸,葬于沪。遗孤一,曰华伦,方八龄,今居香港。期年,陪都各界追怀风烈,公祭于忠义堂,领袖题颁"烈并常山",以旌忠荩,领导者亲临致祭,远近闻而来吊者,冠盖相望,此非所谓死有重于泰山者欤? 烈士曾发明冷气装置,惜未竟其功而身先殒,弗得造福人群,死犹泯泯也。[30]

## 陈烈士三才传

编者按:陈烈士三才,邑陈墓人,于敌伪时,为汪逆所劫,遇难于宁雨花台,兹觅得联青社、北极公司等在沪举行追悼会中之《陈烈士三才传》一份,特将原文录下:

陈烈士定达,字三才,江苏昆山人,生于清光绪念八年七月一日,幼承家学,聪颖过人。早年肄业苏州草桥中学,每试辄列前茅。年十四,负笈北平清华学校。民九年毕业,即渡美投"吴士德工业专门学院"专工电机学。民十三年学成,获理科学士位,更求深造,复进美国"唯是顶安"电子公司实习。烈士英才荦卓,谦霭可亲,中外人士,咸乐与之交。返国后任北极公司总经理,嗣为副总裁,兼中国通惠机器公司常务董事,并为美国冷气、电气、暖气、通风等工程学会会员,又历任上海联青社社长,清华同学会会长等职,鸿裁硕画,沉毅明允,有声于时,遇下未尝疾言厉色,而所属咸加仰戴,品德之崇高,慨可想见。民廿六年,中日战祸暴发,京沪沦陷,奸权当道,烈士愤叛逆之附敌,秘密参加地下工作,誓以锄奸为己任。民廿九年七月九日,谋泄被逮,逆方威逼利诱,冀为己用,辄遭峻拒。据当时亲属设法营救者谈,汪逆曾许有电政司一席,欲彼担任,能则可无条件投降,当遭三才先生严词拒绝,最后只须具悔过书一纸,即可开释,陈烈士云:"吾无过,何悔之有? 能放则放,惟以无条件为原则。"汪逆羞怒之下,即令枪决,当于今年十月二日遇难于宁之雨花台,临终不挠,从容就义。呜呼,戚属为之安葬于上海静安公墓,遗一子曰华伦。富贵不能淫,威武不能屈,陈烈士可以当之无愧矣。[31]

## 陈烈士小史

中央社讯:陈三才烈士为沪上名工程师,前以谋刺汪逆不幸事泄被害,中国工程师学会、清华同学会等团体,及各界人士拟联合举行追悼会,以慰英魂。陈烈士小史如下:

陈君三才,江苏吴县人,民国纪元前十年八月四日生,幼而聪颖奇巇,肄业清华大学,每试辄列前茅,体格健壮,长于球技运动,性亢爽,慕侠义,而接物以和。民九至美国入乌斯脱大学习电机科,成绩卓异。既毕业,入美国名厂威士丁好思等实习,造诣益深,遂矢志电工救国。当是时,留美习工程者发起组织中国工程师学会,君奔走筹维,惟恐或后。十四年归国,历任西屋、威士丁好思诸大公司要职,居沪既久,举社会事业之关福利者,君无不与。其尤著者,为协办上海联青社主办之儿童义诊院,造福儿童逾万人,君之天性,盖以为为善最乐也。复手创北极电气冰箱公司,任经理。十余年来,赖君悉心擘[原文如此,疑有缺字],规模宏廓,公司之名日彰。一二八之役,君纠集同志,以技术助抗日军种种工事设备,复秘密参加沪上救亡工作。七七事变起,君士慷慨激昂,以报国自任,厥后汪贼附逆,为伪组织于南京,河内烈士狙击未中,君义愤填膺,谓救国当先杀败类,乃集沪上爱国份子,谋再投博浪之锥,不幸事泄被逮,缧绁三月,备受荼毒,凡贼威胁利诱,皆弗为动,君已置生死于度外矣。贼曾亲审君,君曰:"余与尔无私怨,欲诛国贼耳。国贼人人得而诛之,何问为?"贼语塞,君遂从容就义,死其时则二十九年十月二日,其地则南京雨花台也,年三十有九,家人异遗骸葬于沪,遗孤一,曰华伦,方八龄,今居香港。[32]

## 注释

〔1〕刘驭万:《为国舍身的陈故同学三才》,《学府纪闻　国立清华大学》,南京出版有限公司,1981年,第206页。

〔2〕《仁社略史》,《仁声》1927年第1卷第1期。

〔3〕梁实秋:《留美学生与兄弟会》,《醒狮》1926年2月6日第2版。

〔4〕任嗣达:《仁社社长宣言》,《仁声》1927年第1卷第1期。

〔5〕《分社消息》,《仁声》1927年第1卷第1期。

〔6〕《仁社同志通信住址》,《仁声》1927年第1卷第1期。

〔7〕《社友个人消息》《上海社友职业分类表》,《仁声》1927年第1卷第2期。

〔8〕《仁社中国总社职员题名》,《仁声》1927年第1卷第1期。

〔9〕《仁声》1927年第1卷第2期。

〔10〕《大会纪录》,《仁声》1927年大会号。

〔11〕《世界联青社沪分社正式成立》,《申报》1924 年 12 月 14 日第 14 版。

〔12〕《联青儿童施诊所近讯》,《申报》1935 年 10 月 17 日第 12 版。

〔13〕《联青社筹款盛举》,《时事新报》1936 年 4 月 26 日第 9 版。

〔14〕《丁佶陈三才两同仁噩耗》,《仁社通讯录》1940 年(渝字)第 18 号。

〔15〕陈恭澍:《河内汪案始末》,传记文学出版社,1983 年,第 339 页。

〔16〕军统局编:《先烈史略稿(初辑)》,军统局出版,1946 年,第 5 页。

〔17〕张晓菲:《上海难民救济研究(1937—1942)》,山东师范大学 2020 年硕士学位论文,第 63 页。

〔18〕刘驭万:《为国舍身的陈故同学三才》,《学府纪闻 国立清华大学》,南京出版有限公司,1981 年,第 206 页。

〔19〕同上书,第 212 页。

〔20〕陈恭澍:《河内汪案始末》,第 340 页。

〔21〕《残杀志士两凶手 罗宋密探昨受审》,《申报》1946 年 7 月 12 日第 4 版。

〔22〕《小奸大批受审》,《时事新报》1946 年 7 月 7 日第 3 版。《毛铁梅等发回更审》,《申报》1946 年 8 月 9 日第 4 版。《黄香谷、孙曜东各判徒刑七年》,《申报》1946 年 8 月 27 日第 4 版。

〔23〕《附逆白俄计杀陈三才 清华同学会要求严惩》,《中央日报》1947 年 3 月 12 日第 4 版。

〔24〕《谋刺汪逆不成陈三才殉难案 白俄密告人判刑十五年》,《申报》1947 年 3 月 20 日第 4 版。

〔25〕张美棣:《从美国教堂归来 悼陈三才烈士五周年》,《立报》1945 年 10 月 7 日第 3 版。

〔26〕《公开扩大征集抗战期间一切史料 搜集抗战烈士传略以留纪念》,《苏州明报》1946 年 5 月 2 日第 3 版。《烈士史迹准列史馆》,《苏州明报》1946 年 11 月 3 日第 2 版。

〔27〕《昆山县政府社会科公告——为各忠烈军民应否入祠问题征询各界人士意见以昭慎重由》,《旦报》1946 年 12 月 21 日第 1 版。

〔28〕《忠烈入祠大典,邀请遗族观礼》,《旦报》1947 年 1 月 1 日第 1 版。

〔29〕《陈墓各界筹款建塔》,《苏州明报》1946 年 11 月 23 日第 2 版。

〔30〕军统局编:《先烈史略稿(初辑)》,军统局出版,1946 年,第 4—6 页。

〔31〕《陈烈士三才传》,《旦报》1946 年 9 月 20 日第 1 版。

〔32〕原题为《刺杀国贼汪逆事泄　工程师陈三才被害　渝各界拟举行追悼会》,《时事新报》1942 年 1 月 28 日第 3 版。

# 《凌霄汉阁谈荟》校读记

  近代掌故大家徐凌霄、徐一士的《凌霄汉阁谈荟·曾胡谈荟》《凌霄一士随笔》近期由中华书局出版，其中徐氏昆仲合写的《曾胡谈荟》《凌霄一士随笔》分别于 1995、1997 年曾由山西古籍出版社出版，而《凌霄汉阁谈荟》作为徐凌霄独著倒是首见。[1]

  徐凌霄，原名仁锦，生于 1886 年，卒于 1961 年。徐家本是江苏宜兴的大族，历代科举鼎盛，其伯父徐致靖与堂兄徐仁铸更是在戊戌年参与维新变法而闻名天下。徐凌霄与其弟一士在清末就读于山东高等学堂，后经学部考试，取得举人出身，成为"洋举人"。鼎革之后，徐氏成了著名的新闻记者，他的笔名甚多，常用的有彬彬、凌霄汉阁主、老汉等等。徐氏几十年间曾在《时报》《京报》等报刊发表了大量通讯、掌故、杂文，其长篇小说《古城返照记》更是在《时报》逐日连载将近两年半之久，数十万字的长篇小说以此种方式全文发布，名噪一时。据《时报》编辑包天笑回忆，徐凌霄与黄远庸、邵飘萍在民初同为三大通信员，专门负责《时报》的"特约通信"，其中徐、邵二人均由包氏推荐担任此职。在包天笑的印

徐凌霄

象中,三人以黄远庸最早,且最能胜任通讯员一职,其中缘故在于"飘萍太忙,发专电是专长;彬彬得不到重要消息,文章多肉而少骨"。[2]与之相似,同为报人的曹聚仁也回忆称:"上海《时报》《申报》三位驻京记者:黄远庸、邵飘萍和徐彬彬,都是一代写手。不过比较起来,彬彬文胜于质,飘萍质胜于文,远庸文质彬彬。"[3]不过黄、邵二人都因遭暗杀而英年早逝,故曹氏又说:"黄远庸以后,接替上海《申报》《时报》写通讯的,有邵飘萍(振青,浙江金华人)、徐彬彬(凌霄汉阁,江苏人)。……若就文学趣味及描写生动来说,那不能不推徐彬彬为第一。徐氏系清末大世家,与北京政界也有最密切关系。他们兄弟俩(一士)信手拾来,都是好资料(刊《国闻周报》,题名《凌霄一士随笔》)。他的通讯,好用剧白,风趣活泼,比黄远生还更能吸引读者。而视政坛如剧场,以戏剧笔法出之,更使人了解世变的线索,也是一代的奇才。"[4]而高伯雨也称赞徐氏是"近三十年来中国著名的新闻记者。他从事新闻活动,比汪康年、黄远庸等人后数年,但自康〔汪〕、黄谢世后(汪死于1911年,黄死于1915年),写新闻通讯的记者,似乎没有一个像徐彬彬先生那样受到广大的读者欢迎的。"徐氏文笔出众,受读者欢迎,也可以从前引包、曹二人的评点看出。因此高伯雨又评价云:"民国六七年以至廿五六年间,徐先生不愧是写北京通讯的好手。它的特点颇多,一、笔致轻松趣味,能把北京的新闻写成像小说戏曲一般,有妙喻,有批评,有时夹议夹叙。二、善于综合报道。他能把许多不相连的事情,运用他的生花妙笔,像穿珠子一般穿成一串,使读者得到整个事情的来龙去脉。三、他精通清末民初掌故,对于政府中人的身世与历史尤其熟悉,写起通讯来,对某一人物的性格、立场、背景皆了如指掌,能据此而推断其种种行事。四、善用戏词。在报道文学中常常用戏词加入,令人读了增加兴味,能收雅俗共赏之效。"[5]高氏概括的这四点,确实是徐凌霄的行文特色。

徐氏兄弟的掌故笔记,在科举、北京风俗、戏曲等方面的史料价值极高。笔者近年来对其散见的文章多有搜罗,因此第一时间寻来《凌霄汉阁谈荟·曾胡谈荟》细读,不想却发现《凌霄汉阁谈荟》的整理有诸多问题值得商榷。

关于这部《凌霄汉阁谈荟》(以下简称"整理版")的整理缘起,整理者在说明中称:"关于徐凌霄的遗著,以前我手头只有徐凌霄的嫡孙徐凯在1991年交给我的一份,这是他在国家图书馆复印上海《时报》刊载的《古城返照记》时发现的,名曰《凌霄汉阁谈荟》,是徐凌霄在1931年2月写完《古城返照记》之后不久,即在《时报》的《凌霄汉阁谈荟》专栏发表掌故文章,总共四十五期中写了二十八篇,同时在栏目之外发表了五篇通讯报导文章,总共三十三篇,五万余言。我随即手抄保存。此外,堂兄徐列早在十余年前自兰州图书馆馆藏北京《实报》半月刊中复印了一些凌霄、一士的文章寄给我,我同样抄写保存。……我把收集到的有关徐凌霄的文章加以遴选、分类,准备出版的共有七十一篇文章,即以《凌霄汉阁谈荟》作为书名。这将是徐凌霄第一部结集出版的文史掌故著作的单行本,很有代表性和史料价值。"[6]其实仅就这段文字而言,便有诸多不妥之处。首先,"整理版"并非"徐凌霄第一部结集出版的文史掌故著作的单行本",此前 2016 年在台湾由蔡登山搜集整理出版过一部《凌霄汉阁笔记》,是受苏同炳先生提示,搜集徐氏在《正风》半月刊等刊物上发表的掌故文章而成。[7]其次,整理说明中提及的《凌霄汉阁谈荟》篇目数有误,至于徐氏的通讯报导文字远远超过五篇之数,整理者搜罗实属不足。据笔者统计,题为《凌霄汉阁谈荟》的文字在《时报》上共刊登七十四期(从第一期"孙宝琦"到第七十四期"记杨度"),其中文章有时因分两期或三期刊登,因此共有四十八篇文章。而整理者提到的"通讯报导"更是不止五篇之数,在《凌霄汉阁谈荟》发表前后,徐氏以"老汉"为笔名,写作了大量的通讯和杂文。

而笔者几乎搜罗了此次"整理版"中收录文章的所有原刊,并对其中文字粗粗作了一番校对。归纳一下,发现存在以下几个问题:

# 一、大量的缺字情况

据笔者粗略统计,"整理版"全书大约有 300 余字的缺损情况,犹如袁阔成评书中鼓上蚤时迁身着的那件英雄大氅——补丁摞补丁。而这个情况却在整理说明中未见任何

（一）缺字较多且内容较为重要,根据原刊加以补全或
补正。如书中第 118 页的《欧化之三时期》一文,其中"乳娘
时期"部分的第二段第二句,共缺 10 字:

> 总起来说,是嫌以前那□□□□□□不是离落,所
> 以□□□□大开大敞把一缕一缕的洋空气,一微一忽洋
> 精神欢迎进来。

据《时报》原刊补正:

> 总起来说,是嫌以前那些维新革命,不甚离落,所以
> 最好好是大开大敞把一缕一缕的洋空气,一微一忽洋精
> 神欢迎进来。

又如第 184—185 页的《文人"坐书房" 伶人"坐科班"》
一文,有两处将近 50 字的缺损。其实此文原名为《书房生
活》,分两期刊发于《实报半月刊》1935 年第 5 期和第 6 期。
缺字第一处在"'为什么?''不为什么'"一节最末一句:

　　　　杜威的"三 W"主义，虽然在新文化讲坛上大放
□□，□□□□□□□□，□□□□□□，□□□□□□□□
□□。

据原刊补正：

　　　　杜威的"三 W"主义，虽然在新文化讲坛上大放光
明，在旧书房的寒窗下则无所用之，只好让春香女士独
有千古了。

第二处在"'念''背'是要紧的"一节最末一句：

　　　　字句艰涩，又岂止某君所举之"哈尔滨是□□□□"
□"□，□□□□，□□□□□□"。□□□□，□□□□□
□□□□。

据原刊补正：

　　　　字句艰涩，又岂止某君所举之"哈尔滨是俄国首都"
而已哉。此无他故，只因学校普通课目门类太多，又运
动事项亦太繁，心和力全分散了。

再如第 190—191 页的《翰林之称谓》一文，原刊于《实报

半月刊》1937年第2卷第15期，其中一段文字缺10余字之多。共有三处，分别在"不论馆而论官"以及"庶吉士"二节之中。第一处：

> 吴庆坻、徐世昌皆丙戌翰林，皆张百熙之后辈，然徐世昌挽张自称晚生，而吴庆坻□只写"署湖南提学使"，他如梁鼎芬□□□□□□翰林，因已为外官，故皆署官衔，"侍生""晚生"概不能用矣。

据原刊补全：

> 吴庆坻、徐世昌皆丙戌翰林，皆张百熙之后辈，然徐世昌挽张自称晚生，而吴庆坻则只写"署湖南提学使"，他如梁鼎芬、黄绍箕皆庚辰翰林，因已为外官，故皆署官衔，"侍生""晚生"概不能用矣。

第二处：

> 此次癸□□□□老翰林，中有外任司道知府者，若在前清□只能称官衔，因□□□已官都察院堂官也……

据原刊补正：

此次祭朱诸公皆老翰林,中有外任司道知府者,若在前清均只能称官衔,因朱师傅已官都察院堂官也……

第三处:

以翰林中之庶吉士,乃学习性质,□□□□□□□考试,分别去留。

据原刊补正:

又翰林中之庶吉士,乃学习性质,须期满后经散馆考试,分别去留。

(二)大片因原刊字体较小、辨认较难导致的缺字情况,实则即使没有《时报》等原刊也仍可以补正。如第155—157页的《假使"语体"尽取"现代文言"而代之,那不过梁启超与胡适之演一出〈受禅台〉》一文,其中引用梁启超的《知新报》《新民丛报》《庸言报》三篇发刊词性质的文章,完全可以根据三分报刊的原文加以补全。若以《知新报》之发刊叙例为例,可见缺字如此之多,几不成篇。"整理版"文字如下:

盖闻伐木之□,每感怀于□声,□□之柱,□□□于独木,□□见□,□喜欲狂,若夫报章所□,囡国消息,□

327

具前论，□□□，□□□□，□□□□。

子□好□，孔□卒□其功，贾生□策，孝景始感其言，言之若罪，闻者足□，□□说第一。

大哉王言，如丝如纶，□上□第二。

□□创巨痛深，知耻不殆。□□不忘在□，句□每□□□，□□□□，□□新政，□近□第三。

周知四国，行人之才，知己知彼，兵家所贵，□□□之□心，□□□之妙用，□□西国政事报第四。

生□□□，是曰大□。□□巧，不耻相师。□□西国□学□政商务工□格致等□第五。

**据《知新报》原刊补正：**

盖闻伐木之义，每感怀于友声，横流之砥柱。或危凛于独木，洛钟见应，闻喜欲狂。若夫报章所关，与国消息，义具前论，靡取缀疣。谨依来书，略标义例。

子舆好辩，孔图卒赖其功。贾生建策，孝景始感其言。言之若罪，闻者足兴。录论说弟一。

大哉王言，如丝如纶，录上谕弟二。

创巨痛深，知耻不殆。齐威不忘在莒，句践每怀会稽，海隅遨听，拭观新政，录近事弟三。

周知四国，行人之才，知己知彼，兵家所贵，观螳蝉之机心，识棒喝之妙用，译录西国政事报弟四。

　　生众食寡,是曰大道。智作巧述,不耻相师。译录
西国农学、矿政、商务、工艺、格致等报弟五。[8]

　　另如第220—223页的《真将军与真诗人》一文,其中引
用了黄遵宪的《聂将军歌》和《降将军歌》,因此又出现大约
40字的缺漏情况。其实这两首诗均收录在黄氏《人境庐诗
草》之中,在难以辨认的情况下,大可根据《诗草》加以补正,
此处就不再一一列举了。只是笔者校读发现,徐凌霄的引文
原来也存在问题,因此更须从史料源头加以修正。在第220
页最末一段中,徐氏引《聂将军歌》,"整理版"文字作:

　　　　大沽昨报炮台失,诏令前军做前敌。不闻他军来,
　　　但见聂字军旗入复出。雷声轻□起,起处无处觅。一炮
　　　空中来,敌人对案不能食。一炮足底轰,敌人□床不得
　　　息。朝飞弹雨红,暮卷枪云黑。白马横冲刀雪色,周旋
　　　进退来夹击。黄龙旗下有此军,西人东人□失色。……

此文原刊于《时报》,第三句诗徐氏原文断句原本作"雷声吰
吰起起处,无处觅一炮,空中来敌人","整理版"此处实际上
已经作了修改。而据黄遵宪《人境庐诗草》更可补正为:

　　　　大沽昨报炮台失,诏令前军做前敌。不闻他军来,
　　　但见聂字军旗入复出。雷声吰吰起,起处无处觅。一

炮空中来，敌人对案不能食。一炮足底轰，敌人绕床不得息。朝飞弹雨红，暮卷枪云黑。百马横冲刀雪色，周旋进退来夹击。黄龙旗下有此军，西人东人惊动色。……[9]

（三）个别处虽然字数极少，但因影响理解或较为关键，须加以补全，故拿来一说。如第 108 页的《综括一生的批评》一文，其中引用李汝谦挽张之洞一诗，有"直□新旧将焉党，最凛华夷却善邻"一句，缺的是"兼"字（"整理版"还将"却"字误作"都"）。徐凌霄认为李诗"独能宛转其词，代全身份"，"句句双层夹写，文笔既不落单调，意义尤不涉肤泛"。因此缺了"兼"字，则可能导致对李诗的误解，无法呈现其对于张之洞出入新旧而不党的评价。另外在徐一士的《一士谭荟》中其实有专篇表彰李氏文学之优，引了五首李氏挽张之洞诗，第二首便是这首，故照理更不应该出现错漏。[10]

## 二、篇目、内容缺漏和出处错误

笔者在文章开头已经指出，"整理版"不仅文字缺漏较多，另外还存在大量篇目缺漏的情况。前揭整理说明称："在《时报》的《凌霄汉阁谈荟》专栏发表掌故文章，总共四十五期中写了二十八篇。"因此"整理版"仅仅到第四十五期，也就是到 1931 年 6 月 17 日的《由样子雷说到香冢》。而核对《时报》发现,之后还有《为谈珍妃惨史》《"选皇后"与"选皇后"不同》《珍妃与翠姐之冲突》等列于"凌霄汉阁谈荟"之下的文章,最后一篇是1931年10月19日的《记杨度》。此外,还有大量通讯和杂文也没有收录其中,因此在总量上"整理版"的搜罗实属不足。

同时,就"整理版"已收录文章而言,在同一文章(因全文分刊于多期或由整理者合并而成的文章)篇目下也有缺漏的情况。如《凌霄汉阁自白》一文,原分三期刊载于《实报半月刊》1935年第1—3期。原刊无"整理版"篇首的目录和各节编号,而缺漏部分则出现在原刊第2期,即"整理版"第68页第八节"'斋名'与'别号'之嬗[嬗]变"。此处徐凌霄在举例说明斋名、别号之嬗变时提到"斋名如是两字或三字,纵然本非名号,亦很容易变成了号,两者本就是'台甫'之全形,即便是三字亦可以把末字抹去"的现象,下面依次以沈宗畸之"南雅楼"、袁克文之"寒云楼"及"寒云寄庐"、黄濬的"聆风簃"为例。而当斋名超过三字且为一个整体("寒云寄庐"中"寒云"可单独取出)时,则须注意不可随意取前二字为号,原刊分别以黄濬的"花随人圣庵"、李慈铭的"桃花圣解庵"及"白华绛跗阁"、何海鸣的"求幸福斋"、黄复的"须曼那室"为例,因为这些斋名均为一个整体而不可分割。但是"整理版"将黄濬的一段文字删去未收,或许是他身带汉奸污点的关系吧。现补原文为:"黄濬字哲维,又字秋岳,斋名'聆风簃',友朋亦或号之为'聆风',但若现在所署'花随人圣庵'则不能摘王一之先生前服務申報，後隨顧維鈞博士使節於美洲，近年僑夫人李小可女士久居瑞士，供職國聯秘書處仍充滬上各報駐歐通訊員，此片乃丁卯歲攝並手書題識，此述鄉人「齎名」及「別號」「籍貫」較爲清晰，眞面盧山，被其和盤托出矣。茲錄其所撰文如下：

徐彬字彬彬，別署凌霄漢閣，江蘇宜興人，專任上海時報特約通信之職

巳十餘載，時人推爲摭逃界三傑之一，所謂三傑一黃遠生，一邵飄萍，又一人卽徐彬彬也。徐君擅長中國詩詞，遠生或歉弗如，精究京調曲本，與世界之觀察所弗逮，晚年造詣益深遠旁通西士右行之書，具歷史之素養，歸然而爲報界之將殿靈光，能以一人兼善數事，實中國新舊交替間不可多得之大文學家，若在義國安見其不爲鄧遠南乎，影片卽請徐君坐書架前與西方大詩家莎士比亞（英）游斗（義）二人相那足也。昔顧維鈞博士出使前北美洲，每日瀏覽西書西報之暇，輒喜展讀上海大報之北京通信，獨於徐君之作，屢稱其爲有組織有思想，以予歷年所交西方新聞學家而論，別具天才，能左右有若徐君者，其惟巴黎時報常任國際聯合會通訊委職之那耶乎，然而舍那耶外，予詢不能更得一人，以與徐君相比擬焉。

《凌霄汉阁自白》"整理版"所缺部分

二字,称之曰'黄花随'或'黄人圣'。"而这一节中,徐凌霄在原刊插入了一段记者王一之所写的有关徐氏斋名及别号的文字(原为徐氏照片的题识),此文对徐氏的名号介绍颇详,对其文学和新闻之贡献推崇备至,亦全不见于"整理版"之中(占据一页之多,约 400 余字),甚为遗憾。

又如《小说丛话》一文,这是一篇在《时报》上连载的文章,整理者还专门在前言中加以介绍,以展现徐凌霄对于旧小说研究的深厚功底。不过核对《时报》原刊可知,"整理版"只收录了开头三期而已。其实冠以"小说丛话"这个标题,前后共有十三期之多,光是连续刊载的就有八期(标题下均标有连续的数字序号),此外还有未标序号的五期。而且缺漏的十期中,也不乏诸多重要的论点和考证,故已收录的三期实无法全面展现徐氏的小说研究贡献。另外需要指出的是,该文的出处完全错误,"整理版"注云"原载于 1931 年 3 月 25—27 日上海《时报》",核对原刊发现,《时报》1931 年 3 月 25、26 日第 2 版刊载的是《凌霄汉阁谈荟》第七、八两期《文坛二怪之趣史》,27 日第 2 版刊载的是《谈荟》第九期《由修道而及于造字》,根本不是《小说丛话》的内容,其发表的确切时间为 1928 年 5 月 25、26、28 三日。

再如《关于〈古城返照记〉》一文,这是一篇由整理者合并而成的文章,但其中收录的文章也是不全。《关于〈古城返照记〉》一文共有五部分组成,分别为:(一)凌霄汉阁启白;(二)《古城返照记》叙例;(三)答问;(四)替《古城》说几

# 淩霄漢閣啓白

十餘年來、以小說貢獻於下走者日夥、而此道實甚不易、其故已詳於小說叢話矣。當時說部何啻百千、求其有組織・有思想・弘大之規模・歷史之價值者、僅得一紅樓・一水滸。凡此作者、皆畢生萃力於一事、嘔心鏤骨於一書、所以積悠久之歲、副著作之名、良非偶然。若近代名家、誠不乏清俊之才、犀利之筆、然爲短幅小品則優、一涉長篇、鮮不旋踵潰亂。雖文明小史・老殘游記・亦祇以筆勝、未足言文、況次焉者乎。推其所以、大抵浮沉人海之中、勤勤治生之具、缺堅誠之毅力、無專壹之時間、即如鄙人日撰萬言、謀贍八口、抗塵走俗、惟[illegible]之是謀、每思擯除冗業、躡步前賢、不惟力有未勝、且亦勢所弗許。是以旁皇卻顧、竊竊未能。茲應本報主編之約、勉爲古城返照一篇、倉卒搆思、殊非慊意。律以小說正則、初不相符。惟即景抒情、尚冀言之有物、略資談助、作如是觀。敬布悃忱、諸希鑒察。

《凌霄汉阁启白》前半篇

句话;(五)有鉴于近时文豪作家之多,不敢轻言出版问世。这五部分实为分刊于五期的文字,因均与徐氏《古城返照记》的创作始末有关,故收录于一处也是合情合理,便于读者使用。但是核对原刊发现,"整理版"所收《凌霄汉阁启白》仅为后半篇,开篇即云:"本阁现在要做小说了,名目就是《古城返照记》。"其实在这么直接的表白之前尚有前半篇《启白》,且是重复刊载在三期报纸之上,阐明《古城返照记》创作的缘起。前后两篇《启白》正是小说正文未刊之前的广告和宣言。如《启白》前半篇言:"十稔而还,以小说责望于下走者日夥,而此道实甚不易,其故已详于《小说丛话》矣。""兹应本报主编之约,勉为《古城返照》一篇,仓卒构思,殊非惬意。律以小说正则,初不相符。惟即景抒情,尚觉言之有物,略资谈助,作如是观。"此外《答问》则是仅收录了前半篇,遗漏了后半篇,是对于"你说谈花,是不是夹些风花雪月,迎合弱点,曲文以阿世呢?""你这书是章回体、是札记体?""叙事夹以议论是何体裁?"三个问题的回答,对于我们了解《古城返照记》的创作意图和体裁也有帮助。

　　另外,同一期文章的内容也有缺漏的情况。如《"佛法"与"孔道" 洋名与华字》一文,该文共分三期发表于《时报》,在第三期的最末也就是全文末尾,漏掉了原刊中附录的"陈南春先生函"。实则整篇文章正是因陈氏来函质疑徐凌霄推崇佛法"为世界最高深之哲学"一语而起,故这样的缺漏未免遗憾。

而出处错误方面,除前揭《小说丛话》外,其实在整个"整理版"中还有多篇文章的出处注释存在问题。如《访胡记》实刊于《时报》1931年3月14日,而"整理版"误作15日;《八六老人樊增祥去矣》刊于3月21—24日,"整理版"误作22—24日;《文坛二怪之趣史》刊于3月25、26日,"整理版"仅列25日;《由修道而及于造字》刊于1931年3月27、28日,"整理版"误作26、28日等等。史料出处的出错,很可能整理者早先抄录已经留下的问题,本可理解。但如此多的失误以及绝大多数文章没有确切出处,可以推测是此次出版前并未核对原刊导致的。

## 三、体例不纯

"整理版"的整理说明主要介绍了本次整理的缘起,可是并没有统一的体例说明和整理标准,因此造成在整理上存在着体例不纯的问题。这其实通过前面两个问题已经可以看出一些端倪,如每篇文章的出处注释不一致等。

此处还要指出的一个问题,则是徐凌霄在《时报》刊发的文章中,如《凌霄汉阁谈荟》便有好几篇是配插图的,而"整理版"只有在《由样子雷说到香冢》一文中保留了插图。可能是有些文章的图片模糊未能采用,或者是出于香妃可能会引起读者好奇之故吧。而即使在《香冢》一文中,原文因共分三期刊登,故每一期均有插图一幅,"整理版"只收录后两期而删

两张香妃像(右图为《时报》原版,左图为"整理版"采用)

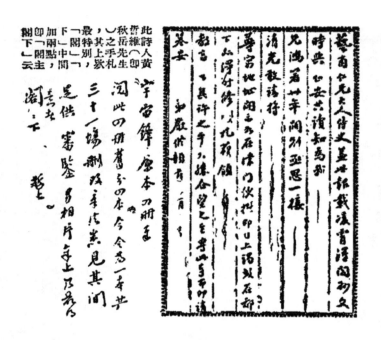

**黄濬、严修致徐凌霄手札**

去了第一期。且比对发现，"整理版"所用的香妃戎装画像与《时报》原刊并非一致，二者在眉目上相去甚远。

除却此文，仅《凌霄汉阁谈荟》系列诸篇中如《由修道而及于造字》一文中有王士珍和段正元的照片；《真将军与真诗人》有聂士成和天津八里台聂士成殉难处纪念碑图片；《妙峰之妙》有"第一武生杨小楼之道装"照片。上述诸文均收录于"整理版"而删去了插图。此外《凌霄汉阁谈荟》原刊另有《因孙菊仙再说几句平民的平凡的卫生法》一文，内有孙菊仙照片，不过文章未录，插图当然也就不得与读者见面了。又如前提《凌霄汉阁自白》一文分三期刊载于《实报半月刊》1935年第1—3期，其中后两期均有大量插图及注文，均未被收录。如第2期中有徐凌霄与莎士比亚及澹斗（但丁）像合影照、宋晋升手迹及徐氏注文（自道字号的缘起）、袁克文信札及注文、黄濬信札及注文，第3期中有严修手迹（信札文字释读后收入"整理版"，混于原文，但释文有个别错误）。这些照片、信札及徐氏注文的文献价值较大，不应擅加删去，且从全书体例统一的角度出发，也应一视同仁。

## 四、擅改篇名

笔者在校读时发现，对于校对而言有一更为麻烦的问题便是"整理版"对个别文章的篇名做了修改，因此在寻找原刊时颇费了些工夫。如《文人"坐书房" 伶人"坐科班"》一文，原刊名为《书房生活》，分两期刊载于《实报半月刊》1936 年第 5、6 两期。"文人'坐书房'伶人'坐科班'"仅为《书房生活》前半期第一节的标题，而后半期自"青灯之味"一节开始，因此将一个小节的标题作为全文的篇名，在内容上便难以涵盖，这种做法实属欠妥。

当然也需要承认的是，对于原本无标题的连载文章，为阅读和编目方便，在不损原意的前提下加拟标题是十分有必要的，如《凌霄一士随笔》《花随人圣庵摭忆》等大部头史料笔记的整理版都做了这类工作，嘉惠学林。不过一旦出现有损原貌的做法，则并不可取。这里需要补说的是，在新版的《凌霄一士随笔》中，个别篇目也有改动的痕迹。《凌霄一士随笔》在后期的文章中，其实有些本来已经加了标题，如《章太炎弟子论述师说》几篇便是如此。在《国闻周报》的原刊中，分别为 1936 年第 13 卷第 36 期的《章太炎弟子论述师说（上）》（大概徐氏预想并不止两三篇，故舍弃上下之类的命名方式，而"整理版"将"上"径改为"一"）、第 13 卷第 48 期的《章太炎弟子论述师说（二）》以及 1937 年第 14 卷第 18 期的《章太炎弟子论述师说（三）》三篇。但在新版《凌霄一士随笔》中，共收录了四篇《师说》文，据查可知，整理者是将《国闻周报》1937 年第 14 卷第 3 期无篇名的《凌霄一士随笔》（因其内容与三篇《师说》相近）命名为《章太炎弟子论述师说（三）》，而将原先的《章太炎弟子论述师说（三）》改名为《章太炎弟子论述师说（四）》。

# 五、分类整理的利弊

最后要讨论的是，此次《凌霄汉阁谈荟》的整理出版以及《凌霄一士随笔》的重新出版，一个新的特色便是对文章按内容进行了分类汇编式的处理。如《凌霄汉阁谈荟》整理版共分为史料杂谈、通讯笔记、品评论辩、科举教育、杂文小品、小说戏剧六类。新版《凌霄一士随笔》则共分为人物、史料、典制、旧闻、文苑、科举六类。这种分类的方式有助于读者根据需要，集中阅读主题相近的篇章，但不可否认也会带来诸多问题。

首先，归类的主题未必妥当。有时候各类之间的边界模糊、交集甚多，一篇文章其实很难一定将其放入某类，而不放于另一类。如《凌霄汉阁谈荟》整理版中的史料杂谈和杂文小品，都带有个杂字，所以从内容着眼便更难以分界了。又如新版《凌霄一士随笔》中收入"人物"的《左李功名比较》和《熊少牧其人》等文，何尝又不是"科举"史料呢？至于"科举"本是"典制"之一，且士子参加科考图的就是"学而优则仕"，因此科举与官制尤其是言官清流等职不可分割。所以"典制"一类中收录了大量这一方面的文章，而与"科举"一类割裂开了。因此，对于文章的分类整理在某种意义上可以说是整理者的二次创作了。

第二，由于徐氏昆仲的文章都是长年在报刊上连载发表,其本身有时间上先后的次序可以遵循,因此尤其是首次整理的文献,更应该保留其历史原貌。这种原貌不仅是文字内容的层面,更为重要的便是保留文献生成面世的历史过程。举例来说,《凌霄汉阁谈荟》整理版中的《蜜斯与姑娘》《欧化之三时期》和《洋化的势力 俗化的势力》三文在发生的逻辑上有着紧密的联系,都是藉着近代的称谓变化来谈欧风东渐的问题。如文中引出三篇文章话头的刘半农,以及女性称谓的变化(外来词),明显三篇文章是互相呼应的,且后二文皆因《蜜斯与姑娘》而起。三文第一篇是《凌霄汉阁谈荟》的第十四、十五期,第二篇是第二十一至二十三期,第三篇是第二十四、二十五期,因此若按照时序排列,则可以更为直观地发现三文之间的先后联系。但现在"整理版"既无具体的时间出处,又将其分列于"品评论辩"和"杂文小品"二类之下,导致先刊之文反列于后,打破了原刊文字间的前后关联和生成逻辑。又如在《凌霄一士随笔》中,有些时序性的字眼,更是在提醒读者注意关联性的阅读,而新版的分类方式导致的时序混乱,便会带来翻阅的不便。如下册第 1276 页归类于"旧闻"之下的《以服饰状貌威慑外人》一文,开头便有"上期拙稿"四字,而这篇被命名为《李鸿章卑视洋人》的"拙稿"因为分类的关系,被置于"史料"之下,放到了中册第 851页。因此若不知此情,要在新版《凌霄一士随笔》中寻找这篇"上期"文章,就如同大海捞针,只能徒唤奈何了。

笔者在这里强调尊重时序的重要性,旨在呼吁保留连载文章生成的历史场景。比如许多文章的行文中其实可以发现徐氏昆仲的写作缘起、文献来源等,而这些因缘往往通过人物的接触和学问的切磋勾连起来,有时会给读者展现一种掌故笔记生成过程的现场感,也可以说是一种内在的"文气"。故分类汇编式的整理便会在这个意义上损害文献的历史价值,不仅仅是打乱次序那么简单。据此,错字百出的山西古籍版《凌霄一士随笔》,因其按时序排列,反而还有索引工具的作用,在"文气"的贯通上也仍有其价值。

　　徐凌霄、徐一士昆仲留给后世的史料掌故宝库实在太过丰富,其自拟的栏目名称也因其创作生涯的长久而变得庞杂无比。就笔者所知,光是徐凌霄本人的笔记文章,冠以"凌霄汉阁"之名的就有谈荟、谈丛、谈往、谈文、谈戏、随笔、笔记、论诗、论唱、剧谈、剧话、诗话、联话等等系列,此外还有大量不作归类、不入系列的文章(如整理者所提的通讯报道等)。但是对于各篇笔记文章的地位,徐氏心中是有高下轻重之分的。如其在《挽樊樊山诗》一文中曾自道:"老汉个人与樊则素昧平生,与袁则交期莫逆。吾于樊之行迹不检,颇为曲谅,于袁之漫纵自喜,乃若有所憾焉。不敢以世俗漫谀辜我故人也。然樊山只附于《谈荟》,寒云则撰为专篇,即字里行间,亦非无亲疏之辨,本无容心,发于不觉,所谓情谊之周旋,亦止于是矣。"[11] 1931 年,樊增祥与袁克文相继谢世,徐氏都撰有专文,但将写樊之文附于《谈荟》系列之中是为《八六老人樊增祥去矣》,而于袁克文则专作《洹上归云记》以为凭吊。故笔者视此次整理徐凌霄的独著,以"谈荟"为名加以总括,实于意有不惬。在独著整理尚属起步的阶段,整理工作似乎还应以广搜博采为基础,以保存原貌为准则,循序而渐进,慢工出细活。

**注释**

〔1〕徐凌霄、徐一士著,徐泽昱、徐禾整理:《凌霄汉阁谈荟·曾胡谈荟》,中华书局,2018年。

〔2〕包天笑:《钏影楼回忆录》,中国大百科全书出版社,2009年,第347页。

〔3〕曹聚仁:《听涛室人物谭》,生活·读书·新知三联书店,2007年,第434页。

〔4〕曹聚仁:《文坛五十年》(正编 续编),生活·读书·新知三联书店,2010年,第279—280页。

〔5〕高伯雨:《听雨楼随笔》,辽宁教育出版社,1998年,第467—469页。

〔6〕徐凌霄、徐一士著,徐泽昱、徐禾整理:《凌霄汉阁谈荟·曾胡谈荟》,整理说明第3—4页。

〔7〕徐彬彬:《凌霄汉阁笔记》,独立作家出版社,2016年。

〔8〕梁启超:《〈知新报〉发刊叙例》,《知新报》1897年第1期。

〔9〕黄遵宪著,钱仲联笺注:《人境庐诗草笺注》(下),上海古籍出版社,1981年,第1038页。

〔10〕徐一士:《一士谭荟》,中华书局,2007年,第245—246页。

〔11〕徐凌霄:《挽樊樊山诗》,《时报》1913年4月13日第2版。

# 制度与"人事"

## ——思想文化史研究如何落到实处

在陈旭麓《浮想录》一书开头的题词中,收录了 1985 年他曾经写下的一句话:"思想在飞翔,要善于捕捉。"[1] 2017 年,瞿骏在《天下为学说裂:清末民初的思想革命与文化运动》(以下简称《天下》)这本书中,也明确提出了要捕捉转型时代"离地面近一些的思想",尤其是"当时流行于社会,同时又为当时社会制度所陶冶的思想及其格式"(借用张东荪语)。[2] 这里所谓的"近",可以理解是眼光向下的视角,也是在于落实和深入。正如书中试图解决的辛亥革命"有没有让民主、共和观念深入人心",或者"如何深入人心"等命题[3],均是该书作者近十年来持续思考并努力着手的。因此,思想史的"落地""落实"显然是作者在书中最想要完成的任务。就该书瞄准的这一任务而言,结合已有的思想史研究,大体有两种研究进路值得拿来一说,以资参照。概括而言,一是从制度入手,一是从"人事"入手。

### 制　　度

1956 年,邓广铭提出研究中国历史的四把钥匙,其中就

思想在飞翔，
要善於捕捉。

陈旭麓题赠
85年5月

陈旭麓题字

有"职官"一项。[4]当然本文所要讨论的制度,并非单一的如职官之类的政治制度史,而是一些制度性的角度作为思想史研究的抓手。举例来说,如张寿安在《打破道统·重建学统:清代学术思想史的一个新观察》一文中,曾提出从三个制度性的角度作为切入研究清代学术思想史,分别是:清代对于孔庙的改制问题,乾嘉汉学界议立周公、伏生、郑玄为五经博士这一始末,学术界祀统别立和学统重建。其中关涉的分别是当时学界对于孔门学谱重编的过程、清代学术转型(由"义理先行"的道学向"事求有据"[5]的汉学转型)以及乾嘉学界自立从汉到清的传经之儒的谱系(于官学之外另立学统)等问题。[6]将清初以降的学术思想转型问题,通过三个制度性的议题加以串联和切入,可以说是用制度来研究学术思想史的良好示范(但并不意味着用制度史代替思想史)。另外,在其研究清代礼制变迁的著作《十八世纪礼学考证的思想活力:礼教论争与礼秩重省》中,处理的是"礼经、礼制和礼俗三度空间在历史时间脉络里交互影响的复杂互动,从而为儒学思想史展开以人伦日用经验面向为焦点的另一章"。[7]在这本书中,张氏又"通过制度、实例和历代经解来观察理念转移、价值改变,甚至可能是价值扭曲、理念刊落"。[8]当然张氏的研究,因为关注的是礼学,本多与"典章制度"问题相关,其中包括礼的制度、法的制度,即所谓经验世界的秩序,包括秩序的原则和形式,[9]从制度性的角度入手也是合乎逻辑的。

　　而再以陈寅恪论儒家思想与制度等的关系的观点为例，陈氏认为："儒者在古代本为典章学术所寄托之专家……夫政治社会一切公私行动，莫不与法典相关，而法典为儒家学说具体之实现。故二千年来华夏民族所受儒家学说之影响，最深最巨者，实在制度、法律、公私生活之方面。"[10]陈氏的这种看法，此后便引出了余英时和王汎森等人对于近代儒学在制度性凭借方面的丧失，导致了清末民初儒学崩溃的种种议论，其着眼点也是落实在制度与思想的关系。在《天下》一书中，作者就辛亥革命的转折意义再历史化的问题，如以辛亥革命使得"延绵一千多年的传统思想及伦理纲常的四个重要建制性凭借——科举、法律、礼仪及政权在 20 世纪初依次倒台"等为佐证，明显受到了上述理路的影响。[11]

　　在《天下》一书的具体研究中，如前文所言，作者关注的是"为当时社会制度所陶冶的思想及其格式"，因此在最后一章讨论清末江浙地区的宪政选举时，便通过制度性的分析和实际操作，揭示宪政民主思想具体实践的过程及其结果。在作者的研究中，反映的是思想与实践的一致性与不一致性，以及民主共和到底是否和如何深入人心，所希望解决的就是清末宪政思潮"落地"的历史。[12]同时如第六章关注清末中小学废止读经一事的争夺中，作者深入中央教育会的讨论现场，以会议讨论和制度制定作为进路，重现了各方关于废经、废孔的争论纠葛及其在民初的延续，反映了清末民初各方心目中教育与儒家经典之间的复杂关系。[13]与之类似，作者注意到在国民政府时期,以宪法起草委员修宪为契机,新文化的健将蔡元培与胡适布局,藉此以提倡白话和普及国语的做法,展现的是其"以能吏为师",裹挟政府决策的进取心,[14] 也是深入思想产生和变易的具体过程之中,以实现思想研究的真正落实。这种进入思想文本制造过程中的具化和深描,使得思想成为似乎可以触摸的东西。此外,在第七章对于教科书这种"启蒙运动的生意"的研究,则是将思想变迁放入权力网络和资本市场之中加以讨论,这在作者前一本著作《辛亥前后上海城市公共空间研究》有关"生意与革命"的论述中已有相似的尝试[15]。

因此,关注制度作为思想史研究进路,一方面可能也是与笔者性之所近,故提倡借鉴这样的研究路径。另一方面也是希望防止如何炳棣所担忧的"如果自青年即专攻思想史,一生对史料的类型及范畴可能都缺乏至少必要的了解,以致长期的研究写作都空悬于政治、社会、经济制度之上而不能着地"[16] 这种困局的发生。

## "人　　事"

孔子曾自道其研究历史的方法:"我欲载之空言,不如见之于行事之深切著明也。"章学诚在《文史通义》里也讲:"古人不著书,古人未尝离事而言理,六经皆先王之政典也。"[17] 这里谈的是事与理的关系,而人是行事的主体,因

章学诚《章氏遗书》

此在《浙东学术》篇中章氏更是具体阐发"人事"与"义理"的关系,其云:"三代学术,知有史而不知有经,切人事也。"而"近儒谈经,似于人事之外,别有所谓义理矣",因此这种开启门户干戈纷争的弊病,他认为原因就在于"腾空言而不切于人事"。因此章氏认为:"后之言著述者……舍人事而言性天,则吾不得而知之矣",也就是说离开"人事"以谈义理,则史学无从谈起。[18]"人事"这个词在古代合起来可以理解为人的作为,如孟子讲:"虽有不同,则地有肥硗,雨露之养,人事之不齐也。"[19] 或世间的事,如杜甫《野望》一诗中所言:"跨马出郊时极目,不堪人事日萧条。"或者世路人情,如韩愈《题李生壁》:"始相见,吾与之皆未冠,未通人事。"分开来讲,就是历史中的人物和史事。

近代服膺章学诚学说的刘咸炘[20],则提出了"史学即人事"的说法:"吾党今日为学,所研究(即对象)之范围,即吾国先圣贤哲所研之范围,可以一言该之,曰人事而已……吾前言吾学止一史学(章先生实斋以史包万事),与今人言社会科学所指实同,横为社会,纵则为史,各举一端,不如直名之为人事,《一事论》所谓万物以人为中心也。"[21] 同时若细分加以理解,刘咸炘还有更进一步的发挥。刘氏认为:"所贵乎史者,为明著其政事、风俗、人才之变迁升降也。政事施于上,风俗成于下,而人才为之枢,一代之中,此三者有多端,每一端为一事,即为史识之一义。何时兆之,何时成之,因何而起,因何而止,何人开之,何人变之,非史不详。"[22] 因此历

刘咸炘(1896—1932),字鉴泉,别号宥斋,四川双流人。祖、父两代均为蜀中名儒,其英年早逝后,留下遗著《推十书》,内容广博精深,包括经史子集,旁及西学。

史的变迁升降、起承转合,又全在于将人作为枢纽,所以"史固以人事为中心,然人生宇宙间,与万物互相感应,人以心应万物,万物亦感其心,人与人之离合,事与事之交互,尤为显著"。[23]综合"人事"的关系,察风观势,也就是史家的史识所在。这种关系与网络的建立,陈旭麓也曾指出了具体的方法:"写具体人物、具体事件,要放在全局的链条上来考察;写全局性的问题,又要建立在一个个人、一件件事的基础上。"[24]而就刘咸炘的"人事学"而言,实则就是一般历史的泛称,受此启发,则思想史研究又不能脱离一般历史的研究叙述,要建立在"在一个个人、一件件事的基础上",更要建立在"全局的链条"上。

在《天下》一书中,如第四章所谈清末上海对江浙读书人的文化辐射,以江浙读书人张棡、徐兆玮等人的私人记录为主体材料,着眼于文化传播过程中"不同区域和不同人物相结合时会表现出非线性、非一致的多岐纷呈状态",同时注意思想文化被"使用"的具体问题。[25]书中对于其间的人际网络、权力网络和意义网络的勾连,观察思想的流衍和传布,有着十分精彩的论述。例如当地知识分子通过接受上海文化辐射的因子,使得其在当地社会诸如兴学、慈善、诉讼、税揽等为中心的"权势"层面掌握了竞争力。尤其是在清末新政开展的背景之下,例如科举废除之后,通过新学社群谋划上升出路,也使得新学本身更加便利地楔入知识分子的头脑和行动之中。此外,因为上海文化辐射的威力,甚至成为地方权势争夺利用的舞台和延伸的战场。陶渊明曾写诗自嘲称："误落尘网中,一去三十年。"但不为隐士的个人必定是在尘网之中,通过构建其人际网络而存在。另外,如书中第五章,作者试图揭示从清末到五四的"文化运动"是如何影响到具体个人的生命情境,又通过所谓"中间人物"[26]如何共同塑造"文化运动"的形态和走势,可以说是将思想史落实在人物的个体生命之中,将思想的影响过程和变化联系加以缕析。同时作者对于凌独见的性格与命运的描写也刻画入微,认为其"一方面对变幻莫测之新思潮确实具有天生敏锐的把握能力,但也不得不感叹,一个人自以为能顺应时局,从中取利,却往往多被时局操弄,甚至戏耍。"[27]

近年来,还耳食得来几种思想史研究的经验之谈,如杨国强教授提倡精做一个人物的研究,不一定是要最重要的人物(但绝不能是太低端的),以之为起点,圈起一个"人事"网络,作为研究的基本盘。王汎森回应思想史的研究方法,则强调将同时代思想人物论著(数十部文集)熟读横通的基础性工作。或许这类以人物为基础的笨功夫,才是思想史研究的"捷径"。

# 余　　论

笔者此处侈谈思想史研究方法,其实恰恰是历代高明史家所不屑为的。故于方法之外,《天下》一书的论述中尚有一点值得一提,那就是作者浓厚的现实关怀。在第一章末尾,作者由近代大分裂(天下为学说裂),联想到之后中国的文化性认同等问题。[28] 而以教科书为分析对象的两章中,在讨论教科书如何影响民初教育转型,以及启蒙的复杂图景的同时,又试图破除已有对于民国教育高度美化的迷思。作者注意到"讲求民权、遍设学堂之教育着意虽在普及众人,却在实际上封闭了很多人求学上进机会的吊诡历史现象",这与当下的评价相去甚远。因此,希望"面对纷繁诡奇、人言人殊的民国,或许只有努力走出以教科书为代表的种种迷思,于民国我们方能有更深刻的理解,于今日我们才能有更适宜的选择。"[29] 由此均可以看出其浓厚的经世之心和公共关怀。王汎森在《执拗的低音》一书中提到过一种德国式的历史主义:"'过去'的意义,是通过史家或行动者对于'现在'的理解或自我理解而建构出来的。"[30] 史家对于当下时代和生活的体悟,往往影响其寻求历史意义的深度和态度,在瞿骏的这本书中也可以看到这种"历史主义"的浓厚色彩。当然王氏在其论述中也提醒历史学家,在兼顾史学工作和关心时代的二重意义时,所求的是"存真理以关联呼应现实",而绝不是成为"时代的啦啦队"。[31]

## 注释

〔1〕陈旭麓:《浮想录——随感·序评·诗词》题词,重庆出版社,1991年。另见于该书第 46 页,又作"思想是飞翔的,要善于

捕捉它。"

〔2〕瞿骏:《天下为学说裂:清末民初的思想革命与文化运动》,社会科学文献出版社,2017年,自序第8页。

〔3〕同上书,第49页。

〔4〕刘浦江在《邓广铭传略》中记载:1956年,邓广铭在北大历史系的课堂上公开提出,要以年代、地理、职官、目录为研究中国史的四把钥匙。张世林主编:《想念邓广铭》,新世界出版社,2012年,第25页。

〔5〕容肇祖:《阎若璩的考证学》,收于《容肇祖集》,齐鲁书社,1989年,第619页。

〔6〕张寿安:《打破道统·重建学统——清代学术思想史的一个新观察》,"中央研究院"《近代史研究所集刊》2006年第52期。

〔7〕张寿安:《十八世纪礼学考证的思想活力——礼教论争与礼秩重省》,北京大学出版社,2006年,第1—2页。

〔8〕同上书,序言第1页。

〔9〕同上书,序言第3页、正文第9—11页。

〔10〕陈寅恪:《冯友兰〈中国哲学史〉下册审查报告》,收于《金明馆丛稿二编》,生活·读书·新知三联书店,2001年,第283页。

〔11〕瞿骏:《天下为学说裂:清末民初的思想革命与文化运动》,第63页。

〔12〕同上书,自序第10页。

〔13〕同上书,第186—197页。

〔14〕同上书,第233—234页。

〔15〕瞿骏:《辛亥前后上海城市公共空间研究》,上海辞书出版社,2009年。

〔16〕何炳棣:《读史阅世六十年》,广西师范大学出版社,2005年,第434页。何炳棣晚年的思想史研究结集名为"思想制度史论",亦可见何氏的用意所在,见《何炳棣思想制度史论》,中华书局,2017年。

〔17〕章学诚著、叶长青注:《文史通义注·易教上》,华东师范大学

出版社,2012年,第2页。

〔18〕同上书,第576—577页。

〔19〕朱熹:《四书章句集注》,中华书局,1983年,第329页。

〔20〕刘咸炘自道:"原理方法,得自章先生实斋",见刘伯毅、朱先炳所撰《刘咸炘先生传略》,黄曙辉编校《刘咸炘学术论集·文学讲义编》,广西师范大学出版社,2007年,第356页。

〔21〕黄曙辉编校《刘咸炘学术论集·文学讲义编》,广西师范大学出版社,2007年,第196—197页。

〔22〕同上书,第222页。

〔23〕同上书,第227页。

〔24〕陈旭麓:《浮想录:随感·序评·诗词》,第15页。

〔25〕瞿骏:《天下为学说裂:清末民初的思想革命与文化运动》,第115页。

〔26〕同上书,自序第9页。

〔27〕同上书,第175页。

〔28〕同上书,第42页。

〔29〕同上书,第245—246页。

〔30〕王汎森:《执拗的低音》,三联书店,2014年,第137页。

〔31〕同上书,第258—259页。

**图书在版编目(CIP)数据**

知所先后:近代人事与文献的考索/裘陈江著.—
上海:上海人民出版社,2022
(论衡)
ISBN 978-7-208-17738-3

Ⅰ.①知…　Ⅱ.①裘…　Ⅲ.①人物研究-中国-近代
Ⅳ.①K820.5

中国版本图书馆 CIP 数据核字(2022)第 116852 号


**责任编辑**　邵　冲
**封面设计**　赤　徉


论衡
**知所先后:近代人事与文献的考索**
裘陈江　著

出　　版　上海人&《出版社
　　　　　　(201101　上海市闵行区号景路 159 弄 C 座)
发　　行　上海人民出版社发行中心
印　　刷　上海盛通时代印刷有限公司
开　　本　787×1092　1/32
印　　张　11.5
插　　页　5
字　　数　207,000
版　　次　2022 年 10 月第 1 版
印　　次　2022 年 10 月第 1 次印刷
ISBN 978-7-208-17738-3/K·3205
定　　价　72.00 元